○江苏省社科基金后期资助项目"新时代博爱文化传承和创新研究"结项成果（项目批准号19HQ031）
○江苏省教育科学"十三五"规划课题"'课程思政'视域下博爱文化教育研究"阶段性成果（项目批准号B-b/2020/01/51）
○南京特殊教育师范学院2023年度教学改革研究重点课题"'四新'改革进程中校园博爱文化课程化建设研究"阶段性成果

U0463303

中华博爱文化
传承与创新研究

王立新　沈　卫　张九童　编著

 南京大学出版社

编 委 会

主 编

王立新　沈　卫　张九童

副主编

刘春颖　曹宗敏　荣　霞

目　录

下编　博爱文化研究

上编　中华传统博爱文化

求木之长者，必固其根本；欲流之远者，必浚其源泉。中华博爱文化渊源绵延流长，最早可以追溯到虞舜时期。舜是后代顶礼膜拜的圣君，他的过人之处在于"善与人同，舍己从人，乐取于人以为善"。舜把美好的品德与他人共有，还善于学习他人的长处，由此成就了自身的伟大。这里所说的善就是无私的大爱，也就是现在所谓的博爱。不过，此时的博爱尚处于实践层面。商周时期，观念层面的博爱理念逐渐孕育而生，"仁"的观念形成。此后，仁爱思想不断丰富发展。春秋战国时期仁爱思想体系成型，并形成了"博爱之为仁"的基本思想。先秦、汉唐到宋元明清以及现当代，博爱内容不断丰富发展，但"博爱之为仁"的传统从未中断。

儒家主张"泛爱众"，把仁爱之心推向天地万物，将仁爱精神和情感充盈于无限广大的自然万物，用爱心将人与自然连接起来，达到仁者与天地万物融为一体的境界。墨家提倡"兼相爱"，对所有人的平等之爱，提出"兼相爱，交相利""兼以易别""天下之人皆相爱"等思想，突出了爱的平等性和相互性。老庄崇尚"大仁""至仁"，抛弃了一切功利目的，是最广泛的博爱者。孟子发扬了孔子的仁爱精神，将之提到"义"的高度，把"将心比心，推己及人"等内容确立为基本的道德准则，让人们在践行仁道的实践中成就理想人格。

汉代以后，儒家思想得以弘扬，以"仁爱"为核心的博爱思想继续发扬光大，韩愈、范仲淹、王守仁、康有为、梁启超、孙中山、蔡元培、陶行知等人都是其突出的代表。"博爱之为仁"的思想一脉相承，充分显示了中国传统仁爱的"爱基于公"的特征。

众所周知，文化自信，是更基础、更广泛、更深厚的自信。一个民族能够回望多久的历史，就能迈向多远的未来。今天我们回望中国传统博爱文化的发展历程，为的是明天走得更远。正如习近平总书记所言，唯有精神上站得住、站得稳，一个民族才能在历史洪流中屹立不倒、挺立潮头。

论　语

【导读】

孔子(公元前551年—公元前479年),名丘,春秋鲁国人,中国古代著名的思想家、政治家、教育家,儒家学派的创始人。孔子开私人讲学之风,有弟子三千,贤人七十二个。晚年与弟子周游列国,修订了"六经"(《诗》《书》《礼》《乐》《易》《春秋》),后被联合国教科文组织评为"世界十大文化名人"之首。

《论语》是记录孔子以及所有弟子言行和思想的语录集,由孔子的弟子及再传弟子所记录。全书以语录体为主,叙事体为辅,共20篇492章,比较集中地体现了孔子政治主张和教育思想。其中,关于博爱观念的论述,则定下了"博爱之为仁"基调。南宋时期,朱熹将《论语》《孟子》《大学》《中庸》合为四书,并将《论语》放置于四书之首,足见其在儒家经典中的地位。

孔子生活在礼崩乐坏的乱世,渴望人世间的大爱,一生都在追求真善美的理想世界,大力倡导"仁"的道德精神。其目的是把"仁"作为一种人与人相互关爱的道德力量,维系社会安宁,使天下之乱转为天下大治。"仁"是孔子学说的核心和主干,整部《论语》共有五十九章提到"仁"字,共用了一百零九个"仁"字。

许慎在《说文解字》中说:"仁,亲也,从人,从二。"关于"仁"的涵义,孔子曾在不同的场合进行了阐释。如,"仁者爱人",孔子从"仁"的原则与核心的角度,把爱作为"仁"之表现与德性结为一体;"孝悌也者,其为仁之本与"则是从"仁"之根本的角度,把仁爱的道德伦理含义具体化,把"仁"与孝融为一体,并在亲亲之中得以体现;"克己复礼为仁",这是从达到"仁"的途径和手段的角度,将"仁"与礼作为儒家思想一体之两翼在践行中达到止于至善,实现着忠恕之道,在关系的交往中把仁爱的道德理想烘托出来,给人类点燃了希望。不难发现,在儒家看来,"仁"其实就是爱,"仁爱"就是儒家的主导观念。

本节共选录二十五章。在排列上,打破了原有论语的篇章次序,直接以弟子问仁的形式开篇,引出孔子对"仁"的开示。一到四章谈的是行仁的要求,如恭敬合礼、克制自己、尊重别人等;五、六两章谈的是仁者的要求,即谨言慎行;七、八两章提到了有为仁的目的,即为仁由己,不骛高远;九、十两章强调交友、环境对培养仁德的重要性;十一、十二两章鼓励人们勇于行仁;十三章则从反面立论,说明不仁者的困顿;十四章畅言立志行仁,进一步说明行仁是人的道德自觉活动,无须外求。十五至十七章谈孝为行"仁"的根本之道,强调的是血亲之爱;十八至二十五章谈交友,推己及人将血亲之爱演化为泛爱,并把血亲之爱进一步外化为忠孝之道,体现了儒学的夙愿是追求天下归仁。可见,儒家之爱就是通过"爱由亲始"的过程达至"一体之仁"的博爱,而不是所谓的"差等的爱"。

【选文】

一

颜渊问仁。子曰:"克己复礼为仁。一日克己复礼,天下归仁焉。为仁由己,而由人乎哉?"颜渊曰:"请问其目。"子曰:"非礼勿视,非礼勿听,非礼勿言,非礼勿动。"颜渊曰:"回虽不敏,请事斯语矣。"(《颜渊》第一二·一)

二

仲弓问仁,子曰:"出门如见大宾,使民如承大祭。己所不欲,勿施于人。在邦无怨,在家无怨。"仲弓曰:"雍虽不敏,请事斯语矣。"(《颜渊》第一二·二)

三

樊迟问仁,子曰:"居处恭,执事敬,与人忠,虽之夷狄,不可弃也。"(《子路》第一三·一九)

四

子张问仁于孔子。孔子曰:"能行五者于天下,为仁矣。"请问之。曰:"恭、宽、信、敏、惠。恭则不侮,宽则得众,信则人任焉,敏则有功,惠则足以使人。"(《阳货》第一七·六)

五

司马牛问仁。子曰:"仁者,其言也讱。"曰:"其言也讱,斯谓之仁矣乎?"子曰:"为之难,言之得无讱乎?"(《颜渊》第一二·三)

六

子曰:"刚、毅、木、讷,近仁。"(《子路》第一三·二七)

七

子贡曰:"如有博施于民,而能济众,何如?可谓仁乎?"子曰:"何事于仁,必也圣乎!尧舜其犹病诸!夫仁者,己欲立而立人,己欲达而达人。能近取譬,可谓仁之方也已。"(《雍也》第六·二八)

八

子曰:"仁远乎哉?我欲仁,斯仁至矣!"(《述而》第七·二九)

九

子贡问为仁。子曰:"工欲善其事,必先利其器。居是邦也,事其大夫之贤者,友其士之仁者。"(《卫灵公》第一五·九)

十

子曰:"里仁为美。择不处仁,焉得知?"(《里仁》第四·一)

十一

子曰:"当仁,不让于师。"(《卫灵公》第一五·三六)

十二

子曰:"志士仁人,无求生以害仁,有杀身以成仁。"(《卫灵公》第一五·八)

十三

子曰:"不仁者,不可以久处约,不可以长处乐。仁者安仁,知者利仁。"(《里仁》第四·二)

十四

子曰:"苟志于仁矣,无恶也。"(《里仁》第四·四)

十五

有子曰:"其为人也孝弟,而好犯上者,鲜矣。不好犯上,而好作乱者,未之有也。君子务本,本立而道生。孝弟也者,其为仁之本与!"(《学而》第一·二)

十六

曾子有疾,召门弟子曰:"启予足! 启予手!《诗》云:'战战兢兢,如临深渊,如履薄冰。'而今而后,吾知免夫! 小子!"(《泰伯》第八·三)

十七

子夏问孝。子曰:"色难! 有事弟子服其劳;有酒食,先生馔。曾是以为孝乎?"(《为政》第二·八)

十八

子贡问友。子曰："忠告而善道之,不可则止,毋自辱焉。"(《颜渊》第一二·二三)

十九

司马牛忧曰:"人皆有兄弟,我独亡。"子夏曰:"商闻之矣:'死生有命,富贵在天。君子敬而无失,与人恭而有礼,四海之内,皆兄弟也。'君子何患乎无兄弟也?"(《颜渊》第一二·五)

二十

子夏曰:"贤贤易色;事父母能竭其力;事君能致其身;与朋友交,言而有信。虽曰未学,吾必谓之学矣。"(《学而》第一·七)

二十一

子曰:"不患无位,患所以立。不患莫己知,求为可知也。"(《里仁》第十四)

二十二

子曰:"不患人之不己知,患不知人也。"(《学而》第一·一六)

二十三

或曰:"以德报怨,何如?"子曰:"何以报德? 以直报怨,以德报德。"(《宪问》第一四·三四)

二十四

子路问君子。子曰:"修己以敬。"曰:"如斯而已乎?"曰:"修己以安人。"曰:"如斯而已乎?"曰:"修己以安百姓。修己以安百姓,尧、舜其犹病诸!"

（《宪问》第一四·四二）

二十五

子贡问曰："有一言而可以终身行之者乎?"子曰："其'恕'乎! 己所不欲,勿施于人。"（《卫灵公》第一五·二三）

【思考题】

1. 孔门弟子问仁,孔子的答案各不相同,这是为什么?

2. 如何理解"孝弟也者,其为仁之本与"?

3. 有人认为,儒家之爱是"差等的爱",你是否赞同该观点?

【延伸阅读】

1. 唐军,吴舒娟:《博爱与仁爱:东西方语境下"爱"的释读——以〈圣经〉和〈论语〉为例》,《学术界》,2013 年 11 期。

2. 南怀瑾:《里仁第四》,《论语别裁》,复旦大学出版社 1990 年版。

3. 薛振东:《怎样修身以为仁?》,《论语今读》,上海人民出版社 2015年版。

墨　子

【导读】

　　墨子(约公元前 476 或 480 年—公元前 390 或 420 年),名翟,东周春秋末期战国初期宋国人(或鲁阳人或滕国人),战国时期著名的思想家、教育家、科学家、军事家。墨子出生于工匠之家("墨"本意是使用绳墨的工匠),是墨家学派的创始人,也是中国历史上唯一一名农民出身的哲学家,故有"布衣之士"的称号。墨学在中国古代思想史上地位很高,曾与儒学并称,被奉为春秋战国时的"显学",具有极强的影响力。

　　《墨子》一书是墨子的弟子和再传弟子关于墨子言行的辑录,里面集中了墨子一生的活动、思想和科技发明等方面的成就。原书有 15 卷 71 篇,现只存有 53 篇。

　　"兼爱"是墨子思想体系的主旨和核心,也是贯穿墨子思想始终的一条主线。单单一个"爱"字,《墨子》中大约出现了 262 次。"兼爱"这一概念以"爱"为基础,表达了墨子对爱的多方面思考。

　　墨子的"兼爱"继承和发展了古代圣贤的爱民利民思想,倡导爱人如己。本节收录了《墨子》卷四中的《兼爱》上中下章。在这三章中,墨子充分阐释了"兼爱"思想,论述了诸如"天下之人皆相爱""兼相爱,交相利""兼以易别"等主张。

　　一是从爱的范围看,"兼爱"要求所有人爱所有人。墨子认为"天下之人皆相爱",并树立了两个"兼爱"的典范。一个是高高在上的天,一个是具足智慧的圣王。天的意志通过"兼爱"加以落实,因为天以爱利为志,也必然要求天下人兼而爱之、兼而利之。而圣王之道就是兼爱之道。在墨子看来，倘若每一位圣王都能够爱民如子，抱有兼爱精神，就是对天意的顺从。

二是从爱的要求看，"兼爱"不是单向的而是相互的，是爱利结合，以天下之利来表现爱，即"兼相爱，交相利"。很明显，墨家与儒家在对待"爱与利"的关系问题上有分歧。孔子云："君子喻于义，小人喻于利。"孟子说："何必曰利。"他们把利看成是与义务、与爱相冲突的东西。墨子则认为两者并不矛盾。他指出："夫爱人者，人必从而爱之；利人者，人必从而利之。"这说的是，爱别人的人，同时可以得到别人的爱，利他的人，同时也可以利己，因此人人都愿意像爱自身一样去爱别人从而实现兼爱。墨子把"兼相爱，交相利"中的"利"作为"爱"的载体，通过现实的"利"来衡量"爱"，则为兼爱提供了除道德激情以外的驱动力，从而使兼爱不再是无法实现的道德理想。

三是从爱的实施看，必须坚持"兼以易别"原则。墨子认为，"兼"意味着公正、平等，是兴盛天下利益的根本。"别"意味着不公正、不平等，是导致天下祸乱的根源。所以，墨子提倡"兼以易别""以兼为正"和"别非而兼是"，并把它作为施爱原则，符合了"义"的宗旨，有利于实现社会大义。墨子还区分了"兼士"与"别士"这两种人："别士"以自我为中心，对别人特别冷漠，"饥即不食，寒即不衣，疾病不侍养，死丧不葬埋"。而"兼士"则不同，他们一心为他人着想，"必为其友之身若为其身，为其友之亲若为其亲"。

从上述分析，可以看出，"兼爱"是一种全体社会成员之间的合乎社会公德的公平之爱。但是，在封建等级的社会中，实现平等之爱何其困难。墨子本人也很清楚，要实现"兼爱"理想单靠代表小生产者利益的墨家是行不通的，于是把希望寄托于最高统治者，将命运交给幻想中的圣王。而这种以"天下尚同于天子"为旨归的思想，直接否定了以平等为特征的"兼爱"思想的可行性，墨学衰微便成了必然。尽管如此，墨子的"兼爱"思想中所蕴含的时代价值和社会意义的精神，值得我们深入学习和发掘。

【选文】

墨子·兼爱上

圣人以治天下为事者也，必知乱之所自起，焉能治之；不知乱之所自起，则不能治。譬之如医之攻人之疾者然：必知疾之所自起，焉能攻之；不知疾之所自起，则弗能攻。治乱者何独不然？必知乱之所自起，焉能治之；不知乱之斯自起，则弗能治。圣人以治天下为事者也，不可不察乱之所自起。

当察乱何自起？起不相爱。臣子之不孝君父，所谓乱也。子自爱，不爱父，故亏父而自利；弟自爱，不爱兄，故亏兄而自利；臣自爱，不爱君，故亏君而自利，此所谓乱也。虽父之不慈子，兄之不慈弟，君之不慈臣，此亦天下之所谓乱也。父自爱也，不爱子，故亏子而自利；兄自爱也，不爱弟，故亏弟而自利；君自爱也，不爱臣，故亏臣而自利。是何也？皆起不相爱。

虽至天下之为盗贼者亦然：盗爱其室，不爱其异室，故窃异室以利其室。贼爱其身，不爱人，故贼人以利其身。此何也？皆起不相爱。虽至大夫之相乱家，诸侯之相攻国者亦然：大夫各爱其家，不爱异家，故乱异家以利其家。诸侯各爱其国，不爱异国，故攻异国以利其国，天下之乱物，具此而已矣。察此何自起？皆起不相爱。

若使天下兼相爱，爱人若爱其身，犹有不孝者乎？视父兄与君若其身，恶施不孝？犹有不慈者乎？视弟子与臣若其身，恶施不慈？故不孝不慈亡有。犹有盗贼乎？故视人之室若其室，谁窃？视人身若其身，谁贼？故盗贼亡有。犹有大夫之相乱家、诸侯之相攻国者乎？视人家若其家，谁乱？视人国若其国，谁攻？故大夫之相乱家、诸侯之相攻国者亡有。若使天下兼相爱，国与国不相攻，家与家不相乱，盗贼无有，君臣父子皆能孝慈，若此，则天下治。

故圣人以治天下为事者，恶得不禁恶而劝爱？故天下兼相爱则治，交相恶则乱。故子墨子曰："不可以不劝爱人者，此也。"

墨子·兼爱中

子墨子言曰："仁人之所以为事者，必兴天下之利，除去天下之害，以此为事者也。"然则天下之利何也？天下之害何也？子墨子言曰："今若国之与国之相攻，家之与家之相篡，人之与人之相贼，君臣不惠忠，父子不慈孝，兄弟不和调，此则天下之害也。"

然则崇此害亦何用生哉？以不相爱生邪？子墨子言："以不相爱生。"今诸侯独知爱其国，不爱人之国，是以不惮举其国，以攻人之国。今家主独知爱其家，而不爱人之家，是以不惮举其家，以篡人之家。今人独知爱其身，不爱人之身，是以不惮举其身，以贼人之身。是故诸侯不相爱，则必野战；家主不相爱，则必相篡；人与人不相爱，则必相贼；君臣不相爱，则不惠忠；父子不相爱，则不慈孝；兄弟不相爱，则不和调。天下之人皆不相爱，强必执弱，富必侮贫，贵必敖贱，诈必欺愚。凡天下祸篡怨恨，其所以起者，以不相爱生也，是以仁者非之。

既以非之，何以易之？子墨子言曰："以兼相爱、交相利之法易之。"然则兼相爱、交相利之法，将奈何哉？子墨子言："视人之国，若视其国；视人之家，若视其家；视人之身，若视其身。是故诸侯相爱，则不野战；家主相爱，则不相篡；人与人相爱，则不相贼；君臣相爱，则惠忠；父子相爱，则慈孝；兄弟相爱，则和调。天下之人皆相爱，强不执弱，众不劫寡，富不侮贫，贵不敖贱，诈不欺愚。凡天下祸篡怨恨，可使毋起者，以相爱生也，是以仁者誉之。"

然而今天下之士君子曰："然！乃若兼则善矣；虽然，天下之难物于故也。"子墨子言曰："天下之士君子，特不识其利、辩其故也。今若夫攻城野战，杀身为名，此天下百姓之所皆难也。苟君说之，则士众能为之。况于兼相爱、交相利，则与此异！夫爱人者，人必从而爱之；利人者，人必从而利之；恶人者，人必从而恶之；害人者，人必从而害之。此何难之有？特上弗以为政，士不以为行故也。"昔者晋文公好士之恶衣，故文公之臣，皆牂羊之裘，韦以带剑，练帛之冠，入以见于君，出以践于朝。是其故何也？君说之，故臣为之也。昔者楚灵王好士细要，故灵王之臣，皆以一饭为节，胁息然后带，扶墙然后起。比期年，朝有黧黑之色。是其故何也？君说之，故臣能之也。昔越王句践好士之勇，教驯其臣，和合之，焚舟失火，试其士曰："越国之宝尽在此！"越王亲自鼓其士而进之。士闻鼓音，破碎乱行，蹈火而死者，左右百人有余，越王击金而退之。是故子墨子言曰："乃若夫少食、恶衣、杀身而为名，此天下百姓之所皆难也，若苟君说之，则众能为之；况兼相爱、交相利，与此异矣！夫爱人者，人亦从而爱之；利人者，人亦从而利之；恶人者，人亦从而恶之；害人者，人亦从而害之。此何难之有焉？特君不以为政，而士不以为行故也。

然而今天下之士君子曰："然！乃若兼则善矣；虽然，不可行之物也。譬若挈太山越河、济也。"子墨子言："是非其譬也。夫挈太山而越河、济，可谓毕劫有力矣。自古及今，未有能行之者也；况乎兼相爱、交相利，则与此异，古者圣王行之。"何以知其然？古者禹治天下，西为西河渔窦，以泄渠、孙、皇之水。北为防、原、派、注后之邸，嘑池之窦洒为底柱，凿为龙门，以利燕代胡貊与西河之民。东为漏大陆，防孟诸之泽，洒为九浍，以楗东土之水，以利冀州之民。南为江、汉、淮、汝，东流之注五湖之处，以利荆楚、干、越与南夷之民。此言禹之事，吾今行兼矣。昔者文王之治西土，若日若月，乍光于四方，于西土。不为大国侮小国，不为众庶侮鳏寡，不为暴势夺穑人黍稷狗彘。天屑临文王慈，是以老而无子者，有所得终其寿；连独无兄弟者，有所杂于生人之闲间，少失其父母者，有所放依而长。此文王之事，则吾今行兼矣。昔者武王将事太山，隧传曰："泰山，有道曾孙周王有事。大事既获，仁人尚作，以祗商、夏、蛮夷丑貊。虽有周亲，不若仁人，万方有罪，维予一人。"此言武王之事，吾今行兼矣。

是故子墨子言曰："今天下之士君子，忠实欲天下之富，而恶其贫；欲天下之治，而恶其乱，当兼相爱、交相利。此圣王之法，天下之治道也，不可不务为也。"

墨子·兼爱下

子墨子言曰:"仁人之事者,必务求兴天下之利,除天下之害。"然当今之时,天下之害孰为大? 曰:若大国之攻小国也,大家之乱小家也,强之劫弱,众之暴寡,诈之谋愚,贵之敖贱,此天下之害也。又与为人君者之不惠也,臣者之不忠也,父者之不慈也,子者之不孝也,此又天下之害也。又与今人之贱人,执其兵刃毒药水火,以交相亏贼,此又天下之害也。

姑尝本原若众害之所自生。此胡自生? 此自爱人、利人生与? 即必曰:"非然也。"必曰:"从恶人、贼人生。"分名乎天下,恶人而贼人者,兼与? 别与? 即必曰:"别也。"然即之交别者,果生天下之大害者与? 是故别非也。子墨子曰:"非人者必有以易之,若非人而无以易之,譬之犹以水救水也,其说将必无可矣。"是故子墨子曰:"兼以易别。"然即兼之可以易别之故何也? 曰:藉为人之国,若为其国,夫谁独举其国,以攻人之国者哉? 为彼者,由为己也。为人之都,若为其都,夫谁独举其都以伐人之都者哉? 为彼者犹为己也。为人之家,若为其家,夫谁独举其家以乱人之家者哉? 为彼者犹为己也。然即国都不相攻伐,人家不相乱贼,此天下之害与? 天下之利与? 即必曰天下之利也。

姑尝本原若众利之所自生,此胡自生? 此自恶人贼人生与? 即必曰:"非然也。"必曰:"从爱人利人生。"分名乎天下爱人而利人者,别与? 兼与? 即必曰:"兼也。"然即之交兼者,果生天下之大利与? 是故子墨子曰:"兼是也。"且乡吾本言:仁人之是者,必务求兴天下之利,除天下之害。今吾本原兼之所生,天下之大利者也;今吾本原别之所生,天下之大害者也。是故子墨子曰:"别非而兼是者。"出乎若方也。

今吾将正求与天下之利而取之,以兼为正,是以聪耳明目相与视听乎? 是以股肱毕强相为动宰乎? 而有道肆相教诲,是以老而无妻子者,有所侍养以终其寿;幼弱孤童之无父母者,有所放依以长其身。今唯毋以兼为正,即若其利也。不识天下之士,所以皆闻兼而非者,其故何也?

然而天下之士,非兼者之言,犹未止也。曰:"即善矣! 虽然,岂可用哉？"

子墨子曰："用而不可，虽我亦将非之；且焉有善而不可用者。"姑尝两而进之。谁以为二士，使其一士者执别，使其一士者执兼。是故别士之言曰："吾岂能为吾友之身，若为吾身？为吾友之亲，若为吾亲？"是故退睹其友，饥即不食，寒即不衣，疾病不侍养，死丧不葬埋。别士之言若此，行若此。兼士之言不然，行亦不然。曰："吾闻高士于天下者，必为其友之身，若为其身；为其友之亲，若为其亲。然后可以为高士于天下。"是故退睹其友，饥则食之，寒则衣之，疾病侍养之，死丧葬埋之，兼士之言若此，行若此。若之二士者，言相非而行相反与？当使若二士者，言必信，行必果，使言行之合，犹合符节也，无言而不行也。然即敢问：今有平原广野于此，被甲婴胄，将往战，死生之权未可识也；又有君大夫之远使于巴、越、齐、荆，往来及否，未可识也。然即敢问：不识将恶也，家室，奉承亲戚、提挈妻子而寄托之，不识于兼之有是乎？于别之有是乎？我以为当其于此也，天下无愚夫愚妇，虽非兼之人，必寄托之于兼之有是也。此言而非兼，择即取兼，即此言行费也。不识天下之士，所以皆闻兼而非之者，其故何也？

然而天下之士，非兼者之言，犹未止也。曰："意可以择士，而不可以择君乎？"姑尝两而进之，谁以为二君，使其一君者执兼，使其一君者执别。是故别君之言曰："吾恶能为吾万民之身，若为吾身？此泰非天下之情也。人之生乎地上之无几何也，譬之犹驰驷而过隙也。"是故退睹其万民，饥即不食，寒即不衣，疲病不侍养，死丧不葬埋。别君之言若此，行若此。兼君之言不然，行亦不然，曰："吾闻为明君于天下者，必先万民之身，后为其身，然后可以为明君于天下。"是故退睹其万民，饥即食之，寒即衣之，疾病侍养之，死丧葬埋之。兼君之言若此，行若此。然即交若之二君者，言相非而行相反与？常使若二君者，言必信，行必果，使言行之合，犹合符节也，无言而不行也。然即敢问：今岁有疠疫，万民多有勤苦冻馁，转死沟壑中者，既已众矣。不识将择之二君者，将何从也？我以为当其于此也，天下无愚夫愚妇，虽非兼者，必从兼君是也。言而非兼，择即取兼，此言行拂也。不识天下所以皆闻兼而非之者，其故何也？

然而天下之士非兼者之言，犹未止也。曰："兼即仁矣，义矣；虽然，岂可为哉？吾譬兼之不可为也，犹挈泰山以超江、河也。故兼者，直愿之也，夫岂可为之物哉？"子墨子曰："夫挈泰山以超江、河，自古之及今，生民而来，未尝有也。今若夫兼相爱、交相利，此自先圣六王者亲行之。"何知先圣六王之亲行之也？子墨子曰："吾非与之并世同时，亲闻其声，见其色也；以其所书于竹帛、镂于金石、琢于盘盂，传遗后世子孙者知之。"泰誓曰："文王若日若月乍照，光于四方，于西土。"即此言文王之兼爱天下之博大也；譬之日月，兼照天下之无有私也。即此文王兼也；虽子墨子之所谓兼者，于文王取法焉！

且不唯《泰誓》为然，虽《禹誓》即亦犹是也。禹曰："济济有众，咸听朕言！非惟小子，敢行称乱。蠢此有苗，用天之罚。若予既率而群对诸群，以征有苗。"禹之征有苗也，非以求以重富贵，干福禄，乐耳目也；以求兴天下之利，除天下之害。即此禹兼也；虽子墨子之所谓兼者，于禹求焉。

且不唯《禹誓》为然，虽汤说即亦犹是也。汤曰："惟予小子履，敢用玄牡。告于上天后曰：今天大旱，即当朕身屦，未知得罪于上下。有善不敢蔽，有罪不敢赦，简在帝心，万方有罪，即当朕身；朕身有罪，无及万方。"即此言汤贵为天子，富有天下，然且不惮以身为牺牲，以词说于上帝鬼神。即此汤兼也；虽子墨子之所谓兼者，于汤取法焉。

且不唯誓命与汤说为然，《周诗》即亦犹是也。《周诗》曰："王道荡荡，不偏不党；王道平平，不党不偏。其直若矢，其易若底。君子之所履，小人之所视。"若吾言非语道之谓也，古者文、武为正均分，赏贤罚暴，勿有亲戚弟兄之所阿。即此文、武兼也，虽子墨子之所谓兼者，于文、武取法焉。不识天下之人，所以皆闻兼而非之者，其故何也？

然而天下之非兼者之言，犹未止。曰："意不忠亲之利，而害为孝乎？"子墨子曰：姑尝本原之孝子之为亲度者。吾不识孝子之为亲度者，亦欲人爱、利其亲与？意欲人之恶、贼其亲与？以说观之，即欲人之爱、利其亲也。然即吾恶先从事即得此？若我先从事乎爱利人之亲，然后人报我以爱利吾亲乎？意我先从事乎恶人之亲，然后人报我以爱利吾亲乎？即必吾先从事乎爱利人之亲，然后人报我以爱利吾亲也。然即之交孝子者，果不得已乎？毋先从事爱利人之亲与？意以天下之孝子为遇，而不足以为正乎？姑尝本原之。先王之所书，《大雅》之所道曰："无言而不雠，无德而不报，投我以桃，报之以李。"即此言爱人者必见爱也，而恶人者必见恶也。不识天下之士，所以皆闻兼而非之者，其故何也？

意以为难而不可为邪？尝有难此而可为者，昔荆灵王好小要，当灵王之身，荆国之士饭不逾乎一，固据而后兴，扶垣而后行。故约食为其难为也，然后为而灵王说之；未逾于世而民可移也，即求以乡其上也。昔者越王句践好勇，教其士臣三年，以其知为未足以知之也，焚舟失火，鼓而进之，其士偃前列，伏水火而死有不可胜数也。当此之时，不鼓而退也，越国之士，可谓颤矣。故焚身为其难为也，然后为之，越王说之，未逾于世，而民可移也，即求以乡其上也。昔者晋文公好粗服。当文公之时，晋国之士，大布之衣，牂羊之裘，练帛之冠，且粗之屦，入见文公，出以践之朝。故粗服为其难为也，然后为，而文公说之，未逾于世，而民可移也，即求以乡其上也。是故约食焚舟粗服，此天下之至难为也，然后为而上说之，未逾于世，而民可移也。何故也？即求以乡其上也。今若夫兼相爱、交相利，此其有利，且易为也，不可胜计也，我以为则无有上说之者而已矣。苟有上说之者，劝之以赏誉，威之以刑罚，我以为人之于就兼相爱、交相利也，譬之犹火之就上、水之就下也，不可防止于天下。

故兼者，圣王之道也，王公大人之所以安也，万民衣食之所以足也，故君子莫若审兼而务行之。为人君必惠，为人臣必忠；为人父必慈，为人子必孝，为人兄必友，为人弟必悌。故君子莫若欲为惠君、忠臣、慈父、孝子、友兄、悌弟，当若兼之，不可不行也，此圣王之道，而万民之大利也。

【思考题】

1. 墨子"兼爱"的涵义是什么？

2. 在爱与利的关系问题上，墨子与孟子有什么不同观点？

3. 谈一谈，墨子兼爱思想的当代意义。

【延伸阅读】

1. 王成，张景林：《墨子"兼爱"与中国"和谐政治文化"的重塑》，《晋阳学刊》2017年第2期。

2. 杨武金：《必须重视墨学在当今社会建设中的重要作用》，《哲学家2013》，人民出版社2014年版。

3. 杨义：《人学中的兼爱、非攻支柱》，《墨子还原》，中华书局2011年版。

孟　子

【导读】

孟子(约公元前 372 年—公元前 289 年),名轲,战国时期邹国人。战国时期的哲学家、思想家、教育家、政治家,因继承与发展了儒家学说,与孔子并称"孔孟"。

《孟子》是孟子的言论汇编,由孟子及其弟子共同编写完成,约 35000 字。主要记载了孟子的思想和游历生涯,集中体现了"性善"这一中心学说。作为性善论的最早倡导者,孟子认为人性中先验地具有善良的道德品质的种子、因素和萌芽,提出著名的"四端说",即"恻隐之心,仁之端也;羞恶之心,义之端也;辞让之心,礼之端也;是非之心,智之端也"。孟子认为仁义礼智源于恻隐、羞恶、辞让、是非这四种情感,故称四端。不过,孟子虽然主张仁、义、礼、智四端,乃人本心所固有,但不排除因后天物欲所蔽或受到不良环境的影响而丧失了本心作恶的可能。因此,孟子以为人必须存养本心,扩充善端,这样才能挽救人心的陷溺,实施王道的政治。

在仁爱思想的传承上,孟子吸收了先师把"仁"由"爱亲"推衍为"泛爱众"的普遍伦理思想,强调"义"的重要性,提出"仁义"的最一般规定:"人皆有所不忍,达之于其所忍,仁也;人皆有所不为,达之于其所为,义也。"在孟子这里,"仁"就是"不忍"。孟子所言的"不忍人之心"指的是每个人都有的怜恤他人的情感。这种情感完全是出于天性,是内心情感的自然流露,是人之为人的根本。可见,孟子从人们内在情感的维度挖掘了仁爱的根源,以人心向善之情论述人性为善的根据。

　　本节选录《孟子》章句紧扣"性善"之说，按照"人性本善""存养善性""存理克欲""行止悟本""涵养操持"五个部分展开。"人性本善"部分收录"人皆有不忍人之心""人之所不学而能者""性无善、无不善也"三章，意在阐明人性本善，乃自其善端见。而人性之善端，犹如火之始燃、泉之始达，必须存而养之。扩而充之，而后才能保有此善，故"存养善性"极为重要。"存养善性"部分收录"仁，人心也""人之于身也"两章，以说明孟子"存养善性"的主张。存养之道，还须明辨理欲，以便将仁义发扬光大。"存理克欲"部分收录"鱼，我所欲也"章，意在解说平时注重养心，明了义理，就能在生死义利之际，有所省察，有所抉择。"行止悟本"部分收录"君子之于物""道在尔""事孰为大"三章。在这部分，孟子教导我们将行善融于日常生活中，首先要爱自己的父母和兄长，然后扩大到身边的朋友和乡人，再进一步扩大到所有的人，最后扩及万物。在"涵养操持"部分，收录"爱人不亲""君子所以异于人者""万物皆备于我""子路人告之以有过则喜"四章，孟子告诫世人，为善成德的基础在于本心，必须涵养之、持守之、依凭之。

【选文】

一

　　孟子曰："人皆有不忍人之心。先王有不忍人之心，斯有不忍人之政矣。以不忍人之心，行不忍人之政，治天下可运之掌上。

　　"所以谓人皆有不忍人之心者：今人乍见孺子将入于井，皆有怵惕恻隐之心；非所以内交于孺子之父母也，非所以要誉于乡党朋友也，非恶其声而然也。

　　"由是观之，无恻隐之心，非人也；无羞恶之心，非人也；无辞让之心，非人也；无是非之心，非人也。恻隐之心，仁之端也；羞恶之心，义之端也；辞让之心，礼之端也；是非之心，智之端也。人之有是四端也，犹其有四体也；有是四端而自谓不能者，自贼者也；谓其君不能者，贼其君者也。

　　"凡有四端于我者，知皆扩而充之矣，若火之始然，泉之始达。苟能充

之,足以保四海;苟不充之,不足以事父母。"(《公孙丑》上·六)

二

孟子曰:"人之所不学而能者,其良能也;所不虑而知者,其良知也。孩提之童,无不知爱其亲者;及其长也,无不知敬其兄也。亲亲,仁也;敬长,义也。无他,达之天下也。"(《尽心》上·一五)

三

公都子曰:"告子曰:'性无善、无不善也。'或曰:'性可以为善,可以为不善。是故文、武兴,则民好善;幽、厉兴,则民好暴。'或曰:'有性善,有性不善。是故以尧为君,而有象;以瞽瞍为父,而有舜;以纣为兄之子,且以为君,而有微子启、王子比干。'今曰'性善',然则彼皆非与?"

孟子曰:"乃若其情,则可以为善矣,乃所谓善也。若夫为不善,非才之罪也。恻隐之心,人皆有之;羞恶之心,人皆有之;恭敬之心,人皆有之;是非之心,人皆有之。恻隐之心,仁也;羞恶之心,义也;恭敬之心,礼也;是非之心,智也。仁、义、礼、智,非由外铄我也,我固有之也,弗思耳矣。故曰:求则得之,舍则失之。或相倍蓰而无算者,不能尽其才者也。《诗》曰:'天生蒸民,有物有则;民之秉夷,好是懿德。'孔子曰:'为此诗者,其知道乎!'故有物必有则,民之秉夷也,故好是懿德。"(《告子》上·六)

四

孟子曰:"仁,人心也;义,人路也;舍其路而弗由,放其心而不知求,哀哉!人有鸡犬放,则知求之;有放心而不知求。学问之道无他,求其放心而已矣。"(《告子》上·一一)

五

孟子曰:"人之于身也,兼所爱;兼所爱,则兼所养也。无尺寸之肤不爱焉,则无尺寸之肤不养也。所以考其善不善者,岂有他哉?于己取之而已矣。体有贵贱，有小大；无以小害大，无以贱害贵。养其小者为小人，养其大者为大人。今有场师，舍其梧槚，养其棘，则为贱场师焉。养其一指，而失其肩背而不知也，则为狼疾人也。饮食之人，则人贱之矣，为其养小以失大也。饮食之人，无有失也，则口腹岂适为尺寸之肤哉！"（《告子》上·一四）

六

鱼，我所欲也；熊掌，亦我所欲也，二者不可得兼，舍鱼而取熊掌者也。生，亦我所欲也；义，亦我所欲也，二者不可得兼，舍生而取义者也。生亦我所欲，所欲有甚于生者，故不为苟得也。死亦我所恶，所恶有甚于死者，故患有所不辟也。如使人之所欲莫甚于生，则凡可以得生者，何不用也？使人之所恶莫甚于死者，则凡可以辟患者，何不为也？由是则生而有不用也，由是则可以辟患而有不为也。是故所欲有甚于生者，所恶有甚于死者。非独贤者有是心也，人皆有之，贤者能勿丧耳。

一箪食，一豆羹，得之则生，弗得则死。嘑尔而与之，行道之人弗受；蹴尔而与之，乞人不屑也。万钟则不辩礼义而受之，万钟于我何加焉？为宫室之美，妻妾之奉，所识穷乏者得我与？乡为身死而不受，今为宫室之美为之；乡为身死而不受，今为妻妾之奉为之；乡为身死而不受，今为所识穷乏者得我而为之，是亦不可以已乎？此之谓失其本心。（《告子》上·一〇）

七

孟子曰："君子之于物也，爱之而弗仁；于民也，仁之而弗亲。亲亲而仁民，仁民而爱物。"（《尽心》上·四五）

八

孟子曰："道在尔，而求诸远；事在易，而求诸难。人人亲其亲、长其长，而天下平。"（《离娄》上·一一）

九

孟子曰:"事孰为大? 事亲为大。守孰为大? 守身为大。不失其身而能事其亲者,吾闻之矣;失其身而能事其亲者,吾未之闻也。孰不为事? 事亲,事之本也。孰不为守? 守身,守之本也。

曾子养曾晳,必有酒肉;将彻,必请所与;问有余,必曰'有。'曾晳死,曾元养曾子,必有酒肉;将彻,不请所与;问有余,曰'亡矣',将以复进也,此所谓养口体者也。若曾子,则可谓养志也。事亲若曾子者,可也。(《离娄》上·一九)

十

孟子曰:"爱人不亲,反其仁;治人不治,反其智;礼人不答,反其敬。行有不得者,皆反求诸己。其身正而天下归之。《诗》云:'永言配命,自求多福。'"(《离娄》上·四)

十一

孟子曰:"君子所以异于人者,以其存心也。君子以仁存心,以礼存心。仁者爱人,有礼者敬人。爱人者,人恒爱之;敬人者,人恒敬之。有人于此,其待我以横逆,则君子必自反也:'我必不仁也,必无礼也,此物奚宜至哉?'其自反而仁矣,自反而有礼矣,其横逆由是也,君子必自反也:'我必不忠。'自反而忠矣,其横逆由是也,君子曰:'此亦妄人也已矣! 如此,则与禽兽奚择哉? 于禽兽,又何难焉?'是故君子有终身之忧,无一朝之患也。乃若所忧,则有之:舜,人也;我,亦人也。舜为法于天下,可传于后世,我由未免为乡人也,是则可忧也。忧之如何? 如舜而已矣。若夫君子所患,则亡矣,非仁无为也,非礼无行也。如有一朝之患,则君子不患矣。"(《离娄》下·二八)

十二

孟子曰:"万物皆备于我矣。反身而诚,乐莫大焉。强恕而行,求仁莫近

焉。"(《尽心》上·四)

十三

孟子曰:"子路人告之以有过则喜,禹闻善言则拜。大舜有大焉,善与人同,舍己从人,乐取于人以为善。自耕、稼、陶、渔,以至为帝,无非取于人者。取诸人以为善,是与人为善者也。故君子莫大乎与人为善。"(《公孙丑》上·八)

【思考题】

1. 如何理解"人皆有不忍人之心"？新时代中的我们在日常生活中应该如何扩充"不忍人心"？

2. 孟子常常将"仁""义"并称,是何用意？

3. 举例说明"与人为善"在社会主义精神文明建设中的作用。

【延伸阅读】

1. 唐君毅:《孟子性善论新释》,《唐君毅全集》第 27 卷,九州出版社2016 年版。

2. 南怀瑾:《仁义的实质与权谋》,《孟子旁通》,东方出版社 2015 年版。

3. 李明辉:《孟子道德思考之重建》,《康德伦理学与孟子道德思考之重建》,中央研究院中国文哲研究所出版社 2004 年版。

庄 子

【导读】

庄子(约公元前369年—公元前286年),名周,战国时期宋国蒙人,系楚庄王后裔,后因乱迁至宋国。他是道家学说的主要创始人,继承和发展了道家始祖老子的思想,与老子并称"老庄"。

《庄子》又称《华南经》,是庄子的代表作,应该于先秦时期就已成书,今天所看到的三十三篇本是经由西晋郭象删定并流传下来的,共33篇,其中内篇7篇、外篇15篇、杂篇11篇。采用"寓言""重言""卮言"的表现形式,行文恣肆汪洋,仪态万方,瑰丽诡谲,意出尘外。鲁迅认为"晚周诸子之作,莫能先也",是先秦诸子文章的典范之作。庄子顺应自然律动,追求"无己""无功""无名"的自由境界。

庄子的词章之美,源于其思想之自由。"道"是庄子哲学的核心概念,也是庄子仁爱观的形而上依据。在庄子看来,道是世界的本原和本体,它无形无象,看不见,摸不着是"无",但却蕴涵勃勃生机,决定着世间万物的产生、成长、发展、消亡。万物都是由气形成的,因气化而构成物,万物同质,因而万物也应该是平等无差别的。

庄子反对儒家的"仁义"观,认为"大仁不仁……仁常而不成",提出"大仁""至仁"的概念。从内容上看,庄子的"大仁"与孔孟的"仁爱"没有本质的区别,主要指"相爱""泽及万世"等等的内容。但是在施仁目的、对象和行为上,道家的"大仁""至仁"比儒家高明不少。

第一,在施仁的目的上,庄子摒弃了功利性。儒家行仁时总是指向其带来的好处。庄子反对这种做法,认为行仁义是纯道德行为,"无目的""无原因",应该做到"圣人并包天地,泽及天下,而不知其谁氏"。庄子无功利目的的博爱精神不仅超越了他所处的时代,也超越了当代。

第二,在施仁对象上,庄子摒弃了儒家由"亲亲"基础上建立的推恩法,提出"至仁无亲""仁常而不周"的观点。庄子的仁爱没有偏私,对所有人、甚至所有物都是一视同仁的,可以说他是最广泛的博爱者。

第三,在施仁的行为上,庄子要求其由有意识到无意识,成为纯自觉的行为。庄子强调施仁时,要"端正而不知以为义,相爱而不知以为仁,实而不知以为忠,当而不知以为信"。

本节选录《齐物论》,通过具体之物,论万物本齐;通过抽象之物,论是非之齐;通过无物,论天人之齐。其中,"万物本齐"是"齐是非"的基础,"万物本齐"和"齐是非"又构成"齐天人"的基础。"齐天人"就是在此基础上忘掉人为,忘掉天然,实现人与天合、物我两行,而归于真正的天然状态。

【选文】

一

南郭子綦隐机而坐,仰天而嘘,荅焉似丧其耦。颜成子游立侍乎前,曰:"何居乎?形固可使如槁木,而心固可使如死灰乎?今之隐机者,非昔之隐机者也。"子綦曰:"偃,不亦善乎,而问之也?今者吾丧我,汝知之乎?女闻人籁,而未闻地籁,女闻地籁而未闻天籁夫!"子游曰:"敢问其方。"子綦曰:"夫大块噫气,其名为风,是唯无作,作则万窍怒呺,而独不闻之翏翏乎?山林之畏佳,大木百围之窍穴,似鼻,似口,似耳,似枅,似圈,似臼,似洼者,似污者。激者,謞者,叱者,吸者,叫者,譹者,宎者,咬者,前者唱于而随者唱喁。泠风则小和,飘风则大和,厉风济则众窍为虚。而独不见之调调之刁刁乎?"子游曰:"地籁则众窍是已,人籁则比竹是已,敢问天籁。"子綦曰:"夫吹万不同,而使其自己也,咸其自取,怒者其谁邪?"

二

大知闲闲,小知间间;大言炎炎,小言詹詹。其寐也魂交,其觉也形开;与接为构,日以心斗;缦者,窖者,密者。小恐惴惴,大恐缦缦。其发若机栝,其司是非之谓也;其留如诅盟,其守胜之谓也。其杀若秋冬,以言其日消也;其溺之所为之,不可使复之也;其厌也如缄,以言其老洫也;近死之心,莫使复阳也。喜怒哀乐,虑叹变,姚佚启态。乐出虚,蒸成菌。日夜相代乎前,而莫知其所萌。已乎,已乎!旦暮得此,其所由以生乎!

非彼无我,非我无所取。是亦近矣,而不知其所为使。若有真宰,而特不得其眹,可行已信,而不见其形,有情而无形。百骸、九窍、六藏,赅而存焉,吾谁与为亲?汝皆说之乎?其有私焉?如是皆有为臣妾乎?其臣妾不足以相治乎?其递相为君臣乎?其有真君存焉?如求得其情与不得,无益损乎其真。一受其成形,不亡以待尽。与物相刃相靡,其行尽如驰,而莫之能止,不亦悲乎!终身役役而不见其成功,然疲役而不知其所归,可不哀邪!人谓之不死,奚益!其形化,其心与之然,可不谓大哀乎?人之生也,固若是芒乎?其我独芒,而人亦有不芒者乎?

夫随其成心而师之,谁独且无师乎?奚必知代而心自取者有之?愚者与有焉。未成乎心而有是非,是今日适越而昔至也。是以无有为有。无有为有,虽有神禹且不能知,吾独且奈何哉!

三

夫言非吹也。言者有言,其所言者特未定也。果有言邪?其未尝有言邪?其以为异于鷇音,亦有辩乎?其无辩乎?

道恶乎隐而有真伪?言恶乎隐而有是非?道恶乎往而不存?言恶乎存而不可?道隐于小成,言隐于荣华。故有儒墨之是非,以是其所非而非其所是。欲是其所非而非其所是,则莫若以明。

物无非彼,物无非是。自彼则不见,自知则知之。故曰:彼出于是,是亦因彼。彼是,方生之说也。虽然,方生方死,方死方生;方可方不可,方不可方可；因是因非，因非因是。是以圣人不由而照之于天，亦因是也。是亦彼也，彼亦是也。彼亦一是非，此亦一是非。果且有彼是乎哉？果且无彼是乎哉？彼是莫得其偶，谓之道枢。枢始得其环中，以应无穷。是亦一无穷，非亦一无穷也。故曰莫若以明。

以指喻指之非指，不若以非指喻指之非指也；以马喻马之非马，不若以非马喻马之非马也。天地一指也，万物一马也。

可乎可，不可乎不可。道行之而成，物谓之而然。恶乎然？然于然。恶乎不然？不然于不然。恶乎可？可于可。恶乎不可？不可于不可。物固有所然，物固有所可；无物不然，无物不可。故为是举莛与楹、厉与西施、恢恑憰怪，道通为一。其分也，成也；其成也，毁也。凡物无成与毁，复通为一。唯达者知通为一，为是不用而寓诸庸。庸也者，用也；用也者，通也；通也者，得也；适得而几矣。因是已，已而不知其然，谓之道。劳神明为一而不知其同也，谓之朝三。何谓朝三？狙公赋芧曰："朝三而暮四。"众狙皆怒。曰："然则朝四而暮三。"众狙皆悦。名实未亏而喜怒为用，亦因是也。是以圣人和之以是非而休乎天钧，是之谓两行。

古之人，其知有所至矣。恶乎至？有以为未始有物者，至矣，尽矣，不可以加矣。其次以为有物矣，而未始有封也。其次以为有封焉，而未始有是非也。是非之彰也，道之所以亏也。道之所以亏，爱之所以成。果且有成与亏乎哉？果且无成与亏乎哉？有成与亏，故昭氏之鼓琴也。无成与亏，故昭氏之不鼓琴也。昭文之鼓琴也，师旷之枝策也，惠子之据梧也，三子之知几乎！皆其盛者也，故载之末年。唯其好之也，以异于彼；其好之也，欲以明之。彼非所明而明之，故以坚白之昧终。而其子又以文之纶终，终身无成。若是而可谓成乎？虽我亦成也。若是而不可谓成乎？物与我无成也。是故滑疑之耀，圣人之所图也。为是不用而寓诸庸，此之谓以明。

四

今且有言于此，不知其与是类乎？其与是不类乎？类与不类，相与为类，则与彼无以异矣。虽然，请尝言之。有始也者，有未始有始也者，有未始有夫未始有始也者。有有也者,有无也者,有未始有无也者,有未始有夫未始有无也者。俄而有无矣,而未知有无之果孰有孰无也。今我则已有谓矣,而未知吾所谓之其果有谓乎,其果无谓乎?天下莫大于秋豪之末,而大山为小;莫寿于殇子,而彭祖为夭。天地与我并生,而万物与我为一。既已为一矣,且得有言乎?既已谓之一矣,且得无言乎?一与言为二,二与一为三。自此以往,巧历不能得,而况其凡乎!故自无适有以至于三,而况自有适有乎!无适焉,因是已。

夫道未始有封,言未始有常,为是而有畛也。请言其畛:有左有右,有伦有义,有分有辩,有竞有争,此之谓八德,六合之外,圣人存而不论;六合之内,圣人论而不议。春秋经世先王之志,圣人议而不辩。故分也者,有不分也;辩也者,有不辩也。曰:何也?圣人怀之,众人辩之以相示也。故曰辩也者有不见也。

夫大道不称,大辩不言,大仁不仁,不廉不嗛,不勇不忮。道昭而不道,言辩而不及,仁常而不成,廉清而不信,勇忮而不成。五者圆而几向方矣。故知止其所不知,至矣。孰知不言之辩、不道之道?若有能知,此之谓天府。注焉而不满,酌焉而不竭,而不知其所由来,此之谓葆光。

五

故昔者尧问于舜曰:"我欲伐宗、脍、胥敖,南面而不释然,其故何也?"舜曰:"夫三子者,犹存乎蓬艾之间。若不释然,何哉?昔者十日并出,万物皆照,而况德之进乎日者乎!"

齧缺问乎王倪曰:"子知物之所同是乎?"曰:"吾恶乎知之!""子知子之所不知邪?"曰:"吾恶乎知之!""然则物无知邪?"曰:"吾恶乎知之!虽然,尝试言之。庸讵知吾所谓知之非不知邪?庸讵知吾所谓不知之非知邪?且吾尝试问乎女:民湿寝则腰疾偏死,鳅然乎哉?木处则惴慄恂惧,猨猴然乎哉?三者孰知正处?民食刍豢,麋鹿食荐,蝍蛆甘带,鸱鸦耆鼠,四者孰知正味?猨猵狙以为雌,麋与鹿交,鳅与鱼游。毛嫱丽姬,人之所美也,鱼见之深入,鸟见之高飞,麋鹿见之决骤。四者孰知天下之正色哉?自我观之,仁义之端，是非之塗，樊然殽乱，吾恶能知其辩！"

啮缺曰："子不知利害，则至人固不知利害乎？"王倪曰："至人神矣！大泽焚而不能热，河汉沍而不能寒，疾雷破山飘风振海而不能惊。若然者，乘云气，骑日月，而游乎四海之外。死生无变于己，而况利害之端乎！"

六

瞿鹊子问乎长梧子曰："吾闻诸夫子，圣人不从事于务，不就利；不违害，不喜求，不缘道；无谓有谓，有谓无谓，而游乎尘垢之外。夫子以为孟浪之言，而我以为妙道之行也。吾子以为奚若？"

长梧子曰："是黄帝之所听荧也，而丘也何足以知之！且女亦大早计，见卵而求时夜，见弹而求鸮炙。予尝为女妄言之，女以妄听之。奚旁日月，挟宇宙？为其脗合，置其滑涽，以隶相尊。众人役役，圣人愚芚，参万岁而一成纯。万物尽然，而以是相蕴。

"予恶乎知说生之非惑邪！予恶乎知恶死之非弱丧而不知归者邪！丽之姬，艾封人之子也。晋国之始得之也，涕泣沾襟，及其至于王所，与王同筐床，食刍豢，而后悔其泣也。予恶乎知夫死者不悔其始之蕲生乎！梦饮酒者，旦而哭泣；梦哭泣者，旦而田猎。方其梦也，不知其梦也。梦之中又占其梦焉，觉而后知其梦也。且有大觉而后知此其大梦也，而愚者自以为觉，窃窃然知之。君乎、牧乎，固哉！丘也与女，皆梦也；予谓女梦，亦梦也。是其言也，其名为吊诡。万世之后而一遇大圣，知其解者，是旦暮遇之也！

"既使我与若辩矣，若胜我，我不若胜，若果是也，我果非也邪？我胜若，若不吾胜，我果是也，而果非也邪？其或是也，其或非也邪？其俱是也，其俱非也邪？我与若不能相知也，则人固受其黮暗，吾谁使正之？使同乎若者正之？既与若同矣，恶能正之！使同乎我者正之？既同乎我矣，恶能正之！使异乎我与若者正之？既异乎我与若矣，恶能正之！使同乎我与若者正之？既同乎我与若矣，恶能正之！然则我与若与人，俱不能相知也，而待彼也邪？化声之相待，若其不相待，和之以天倪，因之以曼衍，所以穷年也。

"何谓和之以天倪？曰：是不是，然不然。是若果是也，则是之异乎不是也亦无辩;然若果然也,则然之异乎不然也亦无辩。忘年忘义,振于无竟,故寓诸无竟。"

七

罔两问景曰:"曩子行,今子止;曩子坐,今子起。何其无特操与?"景曰:"吾有待而然者邪? 吾所待又有待而然者邪? 吾待蛇蚹蜩翼邪? 恶识所以然? 恶识所以不然?"

昔者庄周梦为胡蝶,栩栩然胡蝶也,自喻适志与! 不知周也。俄然觉,则蘧蘧然周也。不知周之梦为胡蝶与,胡蝶之梦为周与? 周与胡蝶,则必有分矣。此之谓物化。

【思考题】

1. 庄子对人生、对人类、对自然,均以博爱精神予以深刻的感染,其表现方式很独特,是何种原因?

2. 庄子在《齐物论》中表达了哪些博爱观点?

3. 在当今社会,庄子的博爱观有无学习和借鉴的地方?

【延伸阅读】

1. 胡芮:《从"吾—我"关系看《齐物论》的伦理境界》,《江苏社会科学》,2017年第6期。

2. 陈水德:《博爱——庄子思想之内质》,《安徽大学学报:哲学社会科学版》,1999年第3期。

3. 赵予彤:《尊重他人》,《跟着庄周学〈庄子〉》,四川辞书出版社,2019年版。

礼　记

【导读】

　　《礼记》为儒家经典之一。相传由孔子的 72 个弟子及其学生们所作,内容相当庞杂,涵盖了古代典章制度和当时社会生活情景。小到家庭准则,大到治国方略,均有专门篇章论述。书中也包含孔子、孟子、荀子等先秦大儒们的哲学、政治、教育、美学等思想,是研究先秦社会和文化的重要资料。

　　《礼记》成书于汉宣帝时期。汉宣帝深知民间疾苦,在位期间勤俭治国,整肃吏治。政治清明,社会经济繁荣。为了巩固统治地位,汉宣帝为进一步巩固儒家地位,遂召集儒生讲论五经,组织学者整理研究儒家著述。继汉武帝"罢黜百家,独尊儒术"之后,儒家学说在宣帝时期得到进一步发扬。

　　《礼记》有两种版本,一种是戴德所编,有 85 篇,现今存有 10 篇。另一种是西汉武宣时代礼学家戴圣编订本,有 49 篇,是我们今天见到的《礼记》。这两种书各有侧重和取舍,各具各具特色。东汉末年,著名学者郑玄为《小戴礼记》作注。此后,该版本便盛行不衰,逐渐成为经典著作。在唐代被列为"九经"之一,在宋代被列入"十三经"之中,为士者必读之书。本节选自戴圣版本。

　　孔子云:"不学礼,无以立。"《曲礼》为《礼记》的第一篇。"曲"为细小的杂事,"礼"为行为的准则规范。"曲礼"是指具体细小的礼仪规范。它主要介绍了《礼记·曲礼》中有关礼的本质以及与长者相处、侍坐、餐饮等礼仪。这些礼仪把"仁"这一抽象的观念,贯彻到生活日常,使"仁"得以发扬光大。本节收录《檀弓》《礼运》《祭义》《中庸》的部分章节,侧重于阐述儒家的"仁爱"思想。

《檀弓》是《礼记》中的一篇。因为本篇的开头提到一个善于礼的人叫檀弓,古人就用他的名字作为篇名。《檀弓》主要是通过一些小故事形象地反映儒家对"礼"的看法。

《礼运》中的"运"是运行的意思。该篇谈论了礼的根源和运用,故称"礼运"。全篇借孔子对子游"喟然而叹",论述了五帝三王时代"大同""小康"的治理方法,进一步阐明了"礼"在治国安邦中的重要性。

关于《祭义》,郑玄以为:"以记其祭祀、斋戒、荐羞之义也。"《祭义》进一步阐明了祭祀之礼的含义,重点阐发孝悌祭先之道,养老尊老之义。

中庸,简言之,就是中正、合适、标准,就是既无过,也无不及。孔子解释为"过犹不及""执两而用中""中立不倚"。《中庸》是儒家经典之一,它主张以中庸为最高的道德标准,把"诚"作为世界的本源,"至诚"作为人生的最高境界。

【选文】

曲礼上·一

贤者狎而敬之,畏而爱之。爱而知其恶,憎而知其善。积而能散,安安而能迁。临财毋苟得,临难毋苟免。很毋求胜,分毋求多。疑事毋质,直而勿有。

曲礼上·二

夫为人子者,三赐不及车马。故州闾乡党称其孝也,兄弟亲戚称其慈也。僚友称其弟也。执友称其仁也,交游称其信也。见父之执,不谓之进不敢进,不谓之退不敢退,不问不敢对。此孝子之行也。

曲礼上·三

夫为人子者:出必告,反必面,所游必有常,所习必有业。恒言不称老。

年长以倍则父事之，十年以长则兄事之，五年以长则肩随之。群居五人，则长者必异席。

曲礼上·四

博闻强识而让，敦善行而不怠，谓之君子。君子不尽人之欢，不竭人之忠，以全交也。

曲礼下·一

国君春田不围泽，大夫不掩群，士不取麛卵。

曲礼下·二

国君死社稷，大夫死众，士死制。

檀弓上·一

子夏其子而丧其明。曾子吊之，曰："吾闻之也：朋友丧明，则哭之。"曾子哭，子夏亦哭，曰："天乎！予之无罪也！"曾子怒曰："商！女何无罪也？吾与女事夫子于洙泗之间，退而老于西河之上，使西河之民疑女于夫子，尔罪一也。丧尔亲，使民未有闻焉，尔罪二也。丧尔子，丧尔明，尔罪三也。"而曰："女何无罪与？"子夏投其杖而拜曰："吾过矣！吾过矣！吾离群而索居。亦已久矣！"

檀弓上·二

成子高寝疾。庆遗入请曰："子之病革矣，如至乎大病则如之何？"子高曰："吾闻之矣：生有有益于人，死不害于人。吾纵生无益于人，吾可以死害于人乎哉！我死，则择不食之地而葬我焉。"

檀弓上·二

赵文子与叔誉观乎九原。文子曰："死者如可作也，吾谁与归？"叔誉曰：

"其阳处父乎?"文子曰:"行并植于晋国,不没其身,其知不足称也。""其舅犯乎?"文子曰:"见利不顾其君,其仁不足称也。我则随武子乎。利其君,不忘其身;谋其身,不遗其友。"晋人谓文子知人。文于其中退然如不胜衣,其言呐呐然如不出诸其口⑧。所举于晋国管库之士七十有余家。生不交利,死不属其子焉。

礼运·一

昔者仲尼与于蜡宾,事毕,出游于观之上,喟然而叹。仲尼之叹,盖叹鲁也。言偃在侧曰:"君子何叹?"孔子曰:"大道之行也,与三代之英,丘未之逮也,而有志焉。"

大道之行也,天下为公。选贤与能,讲信修睦,故人不独亲其亲,不独子其子,使老有所终,壮有所用,幼有所长,矜寡孤独废疾者,皆有所养。男有分,女有归。货恶其弃于地也,不必藏于己;力恶其不出于身也,不必为己。是故谋闭而不兴,盗窃乱贼而不作,故外户而不闭,是谓大同。

礼运·二

今大道既隐,天下为家,各亲其亲,各子其子,货力为己,大人世及以为礼。城郭沟池以为固,礼义以为纪;以正君臣,以笃父子,以睦兄弟,以和夫妇,以设制度,以立田里,以贤勇知,以功为己。故谋用是作,而兵由此起。禹、汤、文、武、成王、周公,由此其选也。此六君子者,未有不谨于礼者也。以著其义,以考其信,著有过,刑仁讲让,示民有常。如有不由此者,在势者去,众以为殃,是谓小康。

祭义

曾子曰:"孝有三:大孝尊亲,其次弗辱,其下能养。"公仪明问于曾子曰:"夫子可以为孝乎?"曾子曰:"是何言与!是何言与!君子之所为孝者,先意承志,谕父母于道。参直养者也,能为孝乎?"

曾子曰:"身也者,父母之遗体也,行父母之遗体,敢不敬乎。居处不庄,非孝也。事君不忠，非孝也。莅官不敬，非孝也。朋友不信，非孝也。战陈无勇，非孝也。五者不遂，栽及于亲，敢不敬乎。亨孰膻芗，尝而荐之，非孝也，养。君子之所谓孝也者，国人称愿然，曰：'幸哉，有子如此！'所谓孝也已。众之本教曰孝。其行曰养。养可能也，敬为难。敬可能也，安为难。安可能也，卒为难。父母既没，慎行其身，不遗父母恶名，可谓能终矣。仁者，仁此者也。礼者，履此者也。义者，宜此者也。信者，信此者也。强者，此者也。乐自顺此生，刑自反此作。"曾子曰："夫孝，置之而塞乎天地，溥之而横乎四海，施诸后世而无朝夕，推而放诸东海而准，推而放诸西海而准，推而放诸南海而准，推而放诸北海而准。《诗》云：'自西自东，自南自北，无思不服。'此之谓也。"曾子曰："树木以时伐焉，禽兽以时杀焉。夫子曰：'断一树，杀一兽，不以其时，非孝也。'孝有三：小孝用力，中孝用劳，大孝不匮。思慈爱忘劳，可谓用力矣。尊仁安义，可谓用劳矣。博施备物，可谓不匮矣。父母爱之，喜而弗忘。父母恶之，惧而无怨。父母有过，谏而不逆。父母既没，必求仁者之粟以祀之。此之谓礼终。"

仲尼燕居

子贡退，言游进曰："敢问礼也者，领恶而全好者与？"子曰："然。""然则何如？"子曰："郊社之义，所以仁鬼神也；尝禘之礼，所以仁昭穆也；馈奠之礼，所以仁死丧也；射乡之礼，所以仁乡党也；食飨之礼，所以仁宾客也。"子曰："明乎郊社之义、尝禘之礼，治国其如指诸掌而已乎！是故，以之居处有礼，故长幼辨也。以之闺门之内有礼，故三族和也。以之朝廷有礼，故官爵序也。以之田猎有礼，故戎事闲也。以之军旅有礼，故武功成也。是故，宫室得其度，量鼎得其象，味得其时，乐得其节，车得其式，鬼神得其飨，丧纪得其哀，辨说得其党，官得其体，政事得其施；加于身而错于前，凡众之动得其宜。"

中庸·一

子曰："道不远人，人之为道而远人，不可以为道。《诗》云：'伐柯，伐柯，其则不远。'执柯以伐柯，睨而视之，犹以为远。故君子以人治人，改而止。忠恕违道不远，施诸己而不愿，亦勿施于人。君子之道四，丘未能一焉，所求乎子，以事父，未能也；所求乎臣，以事君，未能也；所求乎弟，以事兄，未能也；所求乎朋友，先施之，未能也。庸德之行，庸言之谨；有所不足，不敢不勉，有余不敢尽；言顾行，行顾言，君子胡不慥慥尔！"

中庸·二

君子之道，辟如行远必自迩，辟如登高必自卑。《诗》曰："妻子好合，如鼓瑟琴。兄弟既翕，和乐且耽。宜尔室家，乐尔妻帑。"子曰："父母其顺矣乎！"

中庸·三

诚者自成也，而道自道也。诚者物之终始，不诚无物。是故君子诚之为贵。诚者非自成己而已也，所以成物也。成己，仁也；成物，知也。性之德也，合外内之道也，故时措之宜也。国学故至诚无息。不息则久，久则征；征则悠远，悠远则博厚，博厚则高明。博厚，所以载物也；高明，所以覆物也；悠久，所以成物也。博厚配地，高明配天，悠久无疆。如此者，不见而章，不动而变，无为而成。天地之道，可一言而尽也。其为物不贰，则其生物不测。天地之道：博也，厚也，高也，明也，悠也，久也。

中庸·四

子曰："好学近乎知，力行近乎仁，知耻近乎勇。知斯三者则知所以修身，知所以修身则知所以治人，知所以治人则知所以治天下国家矣。"凡为天下国家有九经，曰修身也，尊贤也，亲亲也，敬大臣也，体群臣也，子庶民也，来百工也，柔远人也，怀诸侯也。修身则道立，尊贤则不惑，亲亲则诸父昆弟不怨，敬大臣则不眩，体群臣则士之报礼重，子庶民则百姓劝，来百工则财用足，柔远人则四方归之，怀诸侯则天下畏之。齐明盛服，非礼不动，所以修身也。去谗远色,贱货而贵德,所以劝贤也。尊其位,重其禄,同其好恶,所以劝亲亲也。官盛任使,所以劝大臣也。忠信重禄,所以劝士也。时使薄敛,所以劝百姓也。日省月试,既廪称事,所以劝百工也。送往迎来,嘉善而矜不能,所以柔远人也。继绝世,举废国,治乱持危,朝聘以时,厚往而薄来,所以怀诸侯也。凡为天下国家有九经,所以行之者一也。凡事豫则立,不豫则废。言前定则不跲,事前定则不困,行前定则不疚,道前定则不穷。在下位不获乎上,民不可得而治矣。获乎上有道,不信乎朋友,不获乎上矣。信乎朋友有道,不顺乎亲,不信乎朋友矣。顺乎亲有道,反诸身不诚,不顺乎亲矣。诚身有道,不明乎善,不诚乎身矣。诚者,天之道也;诚之者,人之道也。诚者不勉而中,不思而得,从容中道,圣人也。诚之者,择善而固执之者也。博学之,审问之,慎思之,明辨之,笃行之。有弗学,学之弗能弗措也;有弗问,问之弗知,弗措也;有弗思,思之弗得弗措也;有弗辨,辨之弗明弗措也;有弗行,行之弗笃弗措也。人一能之,己百之,人十能之,己千之。果能此道矣,虽愚必明,虽柔必强。

【思考题】

1. 解释"大道之行也,天下为公"的深刻内涵。

2. 孝与悌是什么关系?

3.《礼记》对现代社会的人们处理人际关系有哪些启发?

【延伸阅读】

1. 王荣,闫晓:《论〈礼记〉及其当代价值》,《山西社会主义学院学报》2018 年第 1 期。

2. 陈明慧:《行善者和接受善事的人、老师和学生以及债主和欠债人的相处之道》,《一本书学会交往礼仪》,光明日报出版社 2011 年版。

3. 尚波:《〈礼记〉中的孝》,《中华孝经大全集》,中国华侨出版社 2012 年版。

原　道

【导读】

　　韩愈(768年—824年),字退之,河南河阳人,唐代著名的文学家、思想家、政治家。因祖籍河北昌黎,有"韩昌黎""昌黎先生"之称。

　　隋唐时佛教盛行,儒学在思想学术界影响日渐衰微。韩愈一生高举儒家大旗,自居为儒家道统的继承者。在政治上排斥佛教,遂作《原道》,以维护儒家道统观点,肃清佛老影响。

　　在《原道》中,韩愈开宗明义,提出先王之教:"博爱之谓仁,行而宜之之为义,由是而之焉之谓道,足乎己、无待于外之谓德。仁与义为定名,道与德为虚位。"在此基础上,他批评了道家的道德观,指出其弊端是舍弃仁义空谈道德。接着,他从历史发展和社会生活层面进行分析,列数了先秦以来杨墨、佛老等异端思想对儒道的种种侵害,表达了对儒道衰坏、佛老横行的现实忧虑。同时,又以史实为依据,赞扬了圣人所创的儒道的作用,论证了儒学的合理性。再运用对比手法,比较了儒家修身齐家治国平天下的人生理想和佛老弃家国天下于不顾的心性修养论,揭示了佛老学说对社会生活和封建纲常的破坏作用,最后开出疗救的良方,即"人其人,火其书,庐其居,明先王之道以道之,鳏寡孤独废疾者有养也"。

　　仁爱是儒学的核心观点。不过在先秦时期,儒家还没有直接以"博爱"释"仁"。与"博爱"最接近的思想是孔子提出的是"泛爱众",主张"仁"的实现是推自爱之心以爱人的过程,提倡"己所不欲,勿施于人"。

　　就今天所见的材料来看,最先将"博爱"作为仁爱论的重要内容并加以论述的是汉代的董仲舒。他在《春秋繁露》(第 10 卷)直接提到"博爱"一词："忠信而博爱,敦厚而好礼,乃可谓善,此圣人之善也"。在第 18 卷中又提及圣人"泛爱群生,不以喜怒赏罚,所以为仁也"。这里的"泛爱"与"博爱"意思十分接近。汉晋之际,以"博爱"论"仁",以"博爱"释"仁"的观点大量出现。到了唐代,"博爱"与"仁"相联并举之论,逐渐流行。

　　由此可见,韩愈作为中唐儒学复兴的代表,提出"博爱之谓仁"的观点,以爱释仁,是对汉唐儒学"仁为外治、崇尚礼教"精神的继承。从《原道》一文,我们可以看到这样的文化传承。

【选文】

原道

　　博爱之谓仁,行而宜之之谓义,由是而之焉之谓道,足乎己无待于外之谓德。仁与义为定名,道与德为虚位。故道有君子小人,而德有凶有吉。老子之小仁义,非毁之也,其见者小也。坐井而观天,曰天小者,非天小也。彼以煦煦为仁,孑孑为义,其小之也则宜。其所谓道,道其所道,非吾所谓道也。其所谓德,德其所德,非吾所谓德也。凡吾所谓道德云者,合仁与义言之也,天下之公言也。老子之所谓道德云者,去仁与义言之也,一人之私言也。

　　周道衰,孔子没,火于秦,黄老于汉,佛于晋、魏、梁、隋之间。其言道德仁义者,不入于杨,则归于墨;不入于老,则归于佛。入于彼,必出于此。入者主之,出者奴之;入者附之,出者污之。噫!后之人其欲闻仁义道德之说,孰从而听之?老者曰:"孔子,吾师之弟子也。"佛者曰:"孔子,吾师之弟子也。"为孔子者,习闻其说,乐其诞而自小也,亦曰"吾师亦尝师之"云尔。不惟举之于口,而又笔之于其书。噫!后之人虽欲闻仁义道德之说,其孰从而求之?

　　甚矣,人之好怪也,不求其端,不讯其末,惟怪之欲闻。古之为民者四,今之为民者六。古之教者处其一,今之教者处其三。农之家一,而食粟之家六。工之家一，而用器之家六。贾之家一，而资焉之家六。奈之何民不穷且盗也？

古之时，人之害多矣。有圣人者立，然后教之以相生相养之道。为之君，为之师。驱其虫蛇禽兽，而处之中土。寒然后为之衣，饥然后为之食。木处而颠，土处而病也，然后为之宫室。为之工以赡其器用，为之贾以通其有无，为之医药以济其夭死，为之葬埋祭祀以长其恩爱，为之礼以次其先后，为之乐以宣其湮郁，为之政以率其怠倦，为之刑以锄其强梗。相欺也，为之符、玺、斗斛、权衡以信之。相夺也，为之城郭甲兵以守之。害至而为之备，患生而为之防。今其言曰："圣人不死，大盗不止。剖斗折衡，而民不争。"呜呼！其亦不思而已矣。如古之无圣人，人之类灭久矣。何也？无羽毛鳞介以居寒热也，无爪牙以争食也。

是故君者，出令者也；臣者，行君之令而致之民者也；民者，出粟米麻丝，作器皿，通货财，以事其上者也。君不出令，则失其所以为君；臣不行君之令而致之民，则失其所以为臣；民不出粟米麻丝，作器皿，通货财，以事其上，则诛。今其法曰，必弃而君臣，去而父子，禁而相生相养之道，以求其所谓清净寂灭者。呜呼！其亦幸而出于三代之后，不见黜于禹、汤、文、武、周公、孔子也。其亦不幸而不出于三代之前，不见正于禹、汤、文、武、周公、孔子也。

帝之与王，其号虽殊，其所以为圣一也。夏葛而冬裘，渴饮而饥食，其事虽殊，其所以为智一也。今其言曰："曷不为太古之无事？"是亦责冬之裘者曰："曷不为葛之易也？"责饥之食者曰："曷不为饮之之易也？"传曰："古之欲明明德于天下者，先治其国；欲治其国者，先齐其家；欲齐其家者，先修其身；欲修其身者，先正其心；欲正其心者，先诚其意。"然则古之所谓正心而诚意者，将以有为也。今也欲治其心而外天下国家，灭其天常，子焉而不父其父，臣焉而不君其君，民焉而不事其事。孔子之作《春秋》也，诸侯用夷礼则夷之，进于中国则中国之。经曰："夷狄之有君，不如诸夏之亡。"《诗》曰："戎狄是膺，荆舒是惩。"今也举夷狄之法，而加之先王之教之上，几何其不胥而为夷也？

夫所谓先王之教者，何也？博爱之谓仁，行而宜之之谓义。由是而之焉之谓道。足乎己无待于外之谓德。其文：《诗》《书》《易》《春秋》；其法：礼、乐、刑、政；其民：士、农、工、贾；其位：君臣、父子、师友、宾主、昆弟、夫妇；其服：麻、丝；其居：宫、室；其食：粟米、果蔬、鱼肉。其为道易明，而其为教易行也。是故以之为己，则顺而祥；以之为人，则爱而公；以之为心，则和而平；以之为天下国家，无所处而不当。是故生则得其情，死则尽其常。效焉而天神假，庙焉而人鬼飨。曰："斯道也，何道也？"曰："斯吾所谓道也，非向所谓老与佛之道也。尧以是传之舜，舜以是传之禹，禹以是传之汤，汤以是传之文、武、周公，文、武、周公传之孔子，孔子传之孟轲，轲之死，不得其传焉。荀与扬也，择焉而不精，语焉而不详。由周公而上，上而为君，故其事行。由周公而下，下而为臣，故其说长。然则如之何而可也？曰："不塞不流，不止不行。人其人，火其书，庐其居。明先王之道以道之，鳏寡孤独废疾者有养也。其亦庶乎其可也！"

【思考题】

1. 解释"博爱之谓仁"的含义。

2. 韩愈用"博爱"定义"仁"的用意是什么？

3. 为什么说《原道》一文，体现了韩愈继承汉唐儒学"仁为外治""崇尚礼教"的精神？

【延伸阅读】

1. 张惠：《"道"之意义的生成与流动——以刘勰、韩愈、章学诚之〈原道〉为例》，《云南财贸学院学报（社会科学版）》，2004年第2期。

2. 张文利：《宋代理学视域中的韩愈道统——以〈原道〉为中心的考察》，《孔子研究》，2012年第1期。

3. 刘真伦：《性、道、教三位一体：论韩愈〈原道〉内圣外王的国家治理学说——兼与亚当·斯密〈道德情操论〉比较》，《周口师范学院学报》，2016年3—4期。

岳阳楼记

【导读】

　　范仲淹(989年—1052年),字希文,吴县人。北宋著名的政治家、文学家。他出身贫寒,幼年丧父。青年历尽艰辛却能坚持苦读,相传,他曾借住在寺庙里昼夜读书,五年间未曾脱衣睡觉。26岁中进士第,曾多次直言强谏,屡遭贬斥。1041年任陕西经略安抚副使,运用屯田固守策略巩固边防,防御了西夏入侵。1043年,任参知政事一职。在任期间,提出政治改革方案,被保守势力的排挤,多次遭遇贬斥,被外放到任州、邓州、杭州、青州等地任职。在范仲淹一生中,道德、诗文、军事方略等堪称典范,《岳阳楼记》千古传颂。著有《范文正公集》。

　　《岳阳楼记》是范仲淹在邓州任知州时作。该文的著名,除了其文学特色外,主要在于它崇高的思想境界。范仲淹从小就有志于天下,有"不为良相,便为良医"的胸怀和抱负。《岳阳楼记》的名句"先天下之忧而忧,后天下之乐而乐",则是他民本思想最完美的概括和体现,是他一生立身行事的最高准则。在范仲淹眼里,荣辱、忧乐、曲直、是非,乃至自己仕途的进与退,都不是截然对立,而是自己忧以天下、乐以天下的人生价值观的表现。忧的时侯,可以忘乐;乐的时侯,亦可以忘忧。忧道忘乐、乐道忘忧原本就是相互依存、相辅相成的。这些观点道出了忧与乐的辩证法。

　　中国的士大夫中,很多人信奉孟子所说的"达则兼善天下,穷则独善其身"。一个人要做到先忧,必须具备胆识和志气,这已然不容易;而一个先忧之士在建功立业之后还能够后乐,世间少有。范仲淹写作此文时正贬官于邓州，属于"处江湖之远"的境地。本来他完全可以采取独善其身的态度，落得逍遥清闲。可是他不肯这样做，依然以天下为己任，那就难能可贵了。范仲淹一生中多次为官，为百姓请命，真正践行了"先天下之忧而忧"的思想。每到一处为官，都把精力放在大兴教育、大修水利、保土安民等民生事业上，广受百姓爱戴。1024年，范仲淹在任泰州西溪盐仓监时主持修建了捍海堰。该堤全长290千米，从今江苏省启东市直达阜宁市，不仅保障了百姓生活以及农业、盐业生产，而且发挥了"捍患御灾"的作用。百姓为纪念范仲淹的功绩，将该堤称为"范公堤"。范仲淹以他的忧国忧民、直言谠论的实际行动开一代新士风，使得"中外缙绅，知以名节相高，廉耻相向，尽去五季之陋"。因此，金代的元好问称赞范仲淹："在布衣为名士，在州县为能吏，在边境为名将，其才其量其忠，一身而备数器。在朝廷，则孔子之所谓大臣者，求之千百年之间，概不一二见，非但为一代宗臣而已。"

【选文】

岳阳楼记

庆历四年春，滕子京谪守巴陵郡。越明年，政通人和，百废具兴。乃重修岳阳楼，增其旧制，刻唐贤今人诗赋于其上，属予作文以记之。

予观夫巴陵胜状，在洞庭一湖。衔远山，吞长江，浩浩汤汤，横无际涯；朝晖夕阴，气象万千。此则岳阳楼之大观也，前人之述备矣。然则北通巫峡，南极潇湘，迁客骚人，多会于此，览物之情，得无异乎？

若夫霪雨霏霏，连月不开，阴风怒号，浊浪排空；日星隐耀，山岳潜形；商旅不行，樯倾楫摧；薄暮冥冥，虎啸猿啼。登斯楼也，则有去国怀乡，忧谗畏讥，满目萧然，感极而悲者矣。

至若春和景明，波澜不惊，上下天光，一碧万顷；沙鸥翔集，锦鳞游泳；岸芷汀兰，郁郁青青。而或长烟一空，皓月千里，浮光跃金，静影沉璧，渔歌互答，此乐何极！登斯楼也，则有心旷神怡，宠辱偕忘，把酒临风，其喜洋洋者矣。

嗟夫！予尝求古仁人之心，或异二者之为，何哉？不以物喜，不以己悲，居庙堂之高则忧其民，处江湖之远则忧其君。是进亦忧，退亦忧。然则何时而乐耶？其必曰"先天下之忧而忧，后天下之乐而乐"乎。噫！微斯人，吾谁与归？

时六年九月十五日。

【思考题】

1. 解释"先天下之忧而忧，后天下之乐而乐"的深刻内涵。

2.《岳阳楼记》体现了作者怎样的博爱情怀？

3. 新时代青年如何学习和践行"先天下之忧而忧，后天下之乐而乐"的理念？

【延伸阅读】

1. 陈忠海：《范仲淹的慈善事业》，《中国发展观察》，2018 年第 18 期。

2. 黄军建：《〈岳阳楼记〉对人类的四大贡献》，《岳阳日报》，2017 年 1 月 2 日。

3. 程杰：《范仲淹：儒者道德情操与传统文士情趣的融摄》，《北宋诗新研究》，内蒙古教育出版社 2000 年版。

传习录

【导读】

　　王阳明(1472 年—1529 年)，出生于明代中叶，本名王守仁，浙江余姚人，是明代著名的思想家、文学家、哲学家和军事家，精通儒、道和佛三家。曾在会稽山阳明洞筑室并自号阳明子，故以阳明先生或王阳明称之。王阳明是儒家学术史上标志性的人物，他的"心学"思想对后世影响至深。习近平总书记给予高度评价："王阳明的心学正是中国传统文化中的精华，是增强中国人文化自信的切入点之一，作为中国人，不可不知王阳明。"

　　从阳明先生一生中的经历看，他受道家和佛家思想的影响颇深，不过在学术上，始终没有离开儒学本质。他继承陆九渊强调"心即是理"的思想，反对"二程"、朱熹等人通过物事追求"至理"的"格物致知"方法，提倡"致良知"。

　　"致良知"是阳明心学的主旨。语出《孟子·尽心上》："孟子曰：'人之所不学而能者，其良能也；所不虑而知者，其良知也。孩提之童，无不知爱其亲者；及其长也，无不知敬其兄也。亲亲，仁也；敬长，义也。无他，达之天下也。'"《大学》也有"致知在格物"语。不过，王阳明的"致知"是致吾心内在的良知。这里所说的"良知"，既是道德意识，也指最高本体，"致"本身即是兼有知和行。"致良知"就是将良知推广扩充到万物的知行合一的过程，表现了阳明心学的本体论与修养论的直接统一。

　　《传习录》是王阳明的问答语录和论学书信的简集。由其弟子所记，共十四篇，包含了王阳明的全部哲学思想及基本主张，是一部具有代表性的儒家哲学著作,相当于孔门中的《论语》。而"传习"二字便是出自《论语》中的"传不习乎"。本节选录八篇。第一篇为"明阴德于天下,修己以安百姓";第二篇为"至善求心,心即理也";第三篇为"在此心,存天理";第四篇为"诚孝的心,深爱的根";第五篇为"纯乎天理,不在仪节";第六篇为"知行合一,知而即行";第七篇为"格物之功,止于至善";第八篇为"尽心知性,生知安行"。对于阳明先生的教诲,徐爱总结了六点,即格物是诚意的功夫,明善是诚身的功夫,穷理是尽性的功夫,道问学是尊德性的功夫,博文是约礼的功夫,惟精是惟一的功夫。我们若认真体悟这六点,也许也可以如徐爱先生一样,"其后思之既久,不觉手舞足蹈"。

【选文】

明阴德于天下,修己以安百姓

爱问:"在亲民,朱子谓当作"新民";后章"作新民"之文,似亦有据。先生以为,宜从旧本"作亲民",亦有所据否?

先生曰:"作新民"之"新",是自新之民,与"在新民"之"新"不同,此岂足为据?"作"字却与"亲"字相对,然非"亲"字义下面"治国平天下"处,皆于"新"字无发明。如云"君子贤其贤而亲其亲,小人乐其乐而利其利""如保赤子""民之所好好之,民之所恶恶之,此之谓民之父母"之类,皆是"亲"字意。"亲民"犹《孟子》"亲亲仁民"之谓,"亲之"即"仁之"也。百姓不亲,舜使契为司徒,"敬敷五教",所以亲之也。《尧典》"克明峻德"便是"明明德","以亲九族"至"平章""协和",便是"亲民",便是"明明德于天下"。又如孔子言"修己以安百姓","修己"便是"明明德","安百姓"便是"亲民"。说"亲民"便是兼教养意,说"新民"便觉偏了。

至善求心,心即理也

爱问:"知止而后有定",朱子以为"事事物物皆有定理",似与先生之说相戾?

先生曰：于事事物物上求至善，却是义外也。至善是心之本体，只是"明明德"到至精至一处便是，然亦未尝离却事物。本注所谓"尽夫'天理'之极，而无一毫'人欲'之私者"得之。

爱问：至善只求诸心，恐于天下事理有不能尽。

先生曰："心"即"理"也。天下又有心外之"事"，心外之"理"乎？

在此心，存天理

爱曰：如事父之孝，事君之忠，交友之信，治民之仁，其间有许多理在，恐亦不可不察。

先生叹曰：此说之蔽久矣，岂一语所能悟？今姑就所问者言之。且如事父，不成去父上求个"孝"的理；事君，不成去君上求个"忠"的理；交友、治民，不成去友上、民上求个"信"与"仁"的"理"；都只在此心。"心"即"理"也。此心无私欲之蔽，即是天理，不顶外面添一分。以此纯乎天理之心，发之事父便是"孝"，发之事君便是"忠"，发之交友、治民便是"信"与"仁"。只在此心"去人欲、存天理"上用功便是。

诚孝的心，深爱的根

爱曰：闻先生如此说，爱已觉有省悟处。但旧说缠于胸中，尚有未脱然者。如事父一事，其间温清定省之类，有许多节目，不知亦须讲求否？

先生曰：如何不讲求？只是有个头脑。只是就此心去人欲存天理上讲求。就如求冬温，也只是要尽此心之孝，恐怕有一毫人欲间杂。讲求夏清，也只是要尽此心之孝，恐怕有一毫人欲间杂。只是讲求得此心。此心若无人欲，纯是天理，是个诚于孝亲的心，冬时自然思量父母的寒，便自要求个温的道理。夏时自然思量父母的热，便自要求个清的道理。这都是那诚孝的心发出来的条件。却是须有这诚孝的心，然后有这条件发出来。譬之树木，这诚孝的心便是根。许多条件便枝叶。须先有根，然后有枝叶。不是先寻了枝叶，然后去种根。《礼记》言："孝子之有深爱者，必有和气；有和气者，必有欲愉色者。有愉色者，必有婉容。"须是个深爱做根，便自然如此。

纯乎天理，不在仪节

郑朝朔问：至善。亦须有从事物上求者？

先生曰：至善只是此心纯乎天理之极便是。更于事物上怎生求？且试说件看。

朝朔曰：且如事亲。如何而为温清之节，如何而为奉养之宜，须求个是当，方是至善。所以有学、问、思、辨之功。

先生曰：若只是温清之节，奉养之宜，可一日二日讲之而尽，用得挺、问、思、辨？惟于温清时也只要此心纯乎天理之极，奉养时也只要此心乎天理之极，此则非有学、问、思、辨之功，将不免于毫厘千里之缪。所以虽在圣人，犹加"精一"之训。若只是那些仪节求得是当，便谓至善，即如今扮戏子扮得许多温清奉养的仪节是当，亦可谓之至善矣。

知行合一，知而即行

爱于是日又有省。爱因未会先生"知行合一"之训，与宗贤、惟贤往复辩论，未能决，以问于先生。

先生曰：试举看。

爱曰：如今人尽有知得父当孝，兄当弟者，却不能孝，不能弟。便是"知"与"行"分明是两件。

先生曰：此已被私欲隔断，不是"知""行"的本体了。未有知而不行者：知而不行，只是未知。圣贤教人"知""行"，正是要复那本体，不是着你只恁的便罢。故《大学》指个真"知""行"与人看，说"如好好色""如恶恶臭"。见"好色"属"知"，"好好色"属行。只见那"好色"时，已自好了。不是见了后，又立个心去"好"。"闻恶臭"属"知"，"恶恶臭"属"行"。只闻那"恶"臭时，已自恶了。不是闻了后，别立个心去"恶"。如鼻塞人虽见恶臭在前，鼻中不曾闻得，便亦不甚恶，亦只是不曾知臭。就如称某人知孝某人知弟，必是其人已曾行孝、行弟，方可称他知孝、知弟。不成只是晓得说些孝、弟的话，便可称为知、孝弟。又如：知痛，必已自痛了，方知痛；知寒，必已自寒了；知饥，必已自饥了。知行如何分得开？此便是知行的本体，不曾有私意隔断的。圣人教人，必要是如此，方可谓之"知"。不然，只是不曾"知"。此却是何等紧切着实的功夫。如今苦苦定要说"知""行"做两个，是甚么意？某要说做一个，是甚么意？若不知立言宗旨。只管说一个两个，亦有甚用？

爱曰：古人说"知""行"做两个，亦是要人见个分晓。一行做"知"的功夫，一行做"行"的功夫，即功夫始有下落。

先生曰：此却失了古人宗旨也。某尝说"知"是"行"的主意，"行"是知的功夫；"知"是"行"之始，"行"是"知"之成。若会得时，只说一个"知"，已自有"行"在。只说一个"行"，已自有"知"在。古人所以既说一个"知"，又说一个"行"者，只为世间有一种人，懵懵懂懂的任意去做，全不解思惟省察。也只是个冥行妄作。所以必说个"知"，方才"行"得是。又有一种人，茫茫荡荡，悬空去思索，全不肯着实躬行，也只是个揣摸影响。所以必说一个"行"，方才"知"得真。此是古人不得已，补偏救弊的说话。若见得这个意时，即一言而足。今人却就将"知""行"分作两件去做，以为必先"知"了，然后能"行"。我如今且去讲习讨论做"知"的工夫，待"知"得真了，方去做"行"的工夫。故遂终身不"行"，亦遂终身不"知"。此不是小病痛，其来已非一日矣。某今说个"知行合一"，正是对病的药，又不是某凿空杜撰。"知""行"本体原是如此。今若知得宗旨时，即说两个亦不妨，亦只是一个；若不会宗旨，便说一个，亦济得甚事？只是闲说话。

格物之功，止于至善

爱问：昨闻先生"止至善"之教。已觉功夫有用力处。但与宋子"格物"之训，思之终不能合。

先生曰：格物是止至善之功。既知"至善"，即知"格物"矣。

尽心知性，生知安行

爱曰：昨以先生之数推之"格物"之说，似亦见得大略。但朱子之训，其于《书》之"精一"，《论语》之"博约"，《孟子》之"尽心知性"，皆有所证据，以是未能释然。

先生曰:子夏笃信圣人,曾子反求诸己。笃信固亦是,然不如反求之切。今既不得于心,安可狃于旧闻,不求是当?就如朱子,亦尊信程子,至其不得于心处,亦何尝苟从?"精一""博约""尽心",本自与吻合,但未之思耳。朱子"格物"之训,未免牵强附会,非其本旨。"精"是"一"之功,"博"是"约"之功。曰"仁"既明"知行合一"之说,此可一言而喻。"尽心知性知天"是"生知安行"事,"存心养性事天"是"学知利行"事,"夭寿不贰,修身以俟"是"困知勉行"事。朱子错训"格物",只为倒看了此意,以"尽心知性"为"物格知至",要初学便去做"生知安行"事,如何做得?

爱问:尽心知性,何以为生知安行?

先生曰:性是心之体。天是性之原。"尽心"即是"尽性"。"惟天下至诚为能尽其性,知天地之化育。""存心"者,心有未尽也。知天,如知州知县之"知",是自己分上事,己与天为一。"事天"如子之事父,臣之事君,须是恭敬奉承,然后能无失。尚与天为二。此便是圣贤之别。至于"夭寿不贰"其心,乃是教学者一心为善,不可以穷通夭寿之故,便把为善的心变动了。只去修身以俟命,见得穷通寿夭有个命在,我亦不必以此动心。"事天"虽与天为二,已自见得个天在面前。俟命,便是未曾见面,在此等候相似。此便是初学立心之始,有个困勉的意在。今却倒做了,所以使学者无下手处。

【思考题】

1. 谈一谈你对"致良知"的理解。

2. 为什么习近平总书记说"作为中国人,不可不知王阳明"?

3. 阳明先生提倡"知行合一,知而即行",对我们践行社会主义核心价值观有什么意义?

【延伸阅读】

1. 郭美华:《致良知与性善——阳明〈传习录〉对孟子道德哲学的深化》,《王学研究》,2016 年第 1 期。

2. 韩博:《保持本心,至诚为人》,《王阳明心学笔记》,华中科技大学出版社 2014 年版。

3. 端木自在:《再出山,世事皆心事》,《王阳明——知行合一的心学大师》,华文出版社 2017 年版。

大同书

【导读】

康有为(1858年—1927年),原名祖诒,因是广东省南海县丹灶苏村人,又有康南海之称。他是道光进士,晚清时期重要的政治家、思想家、教育家,变法维新的主要代表人物。但辛亥革命后,他主张保皇,反对共和,成为复辟运动的精神领袖。

《大同书》始作于1884年,成书于1901年至1902年。其中2卷本发表于1913年的《不忍杂志》。10卷本则在1935年,由中华书局出版,全书共30卷,约20万字。本节选录甲部《入世界观众苦》章的"绪言"。在绪言中,康有为道出了他写作《大同书》的原因:"吾为天游,想象诸极乐之世界,想象诸极苦之世界,乐者吾乐之,苦者吾救亡,吾为诸天之物,吾宁舍世界天界绝类逃伦而独乐哉!"由此可见,救国救难、拯救苍生是他写作的根本目的。

受戊戌变法失败影响,康有为逃亡到日本,后又游历欧美,接触到西方文化,受到资本主义民主思想和空想社会主义的思想的影响。康有为的《大同书》吸收了中外各种流派的思想,立足儒家儒家"不忍人之心"的博爱观,在学习借鉴"公羊三世"说、《礼运》篇的小康大同说、资产阶级民主主义、达尔文进化论以及空想社会主义思想的基础上,开拓创新,精心构思了《大同书》,描绘了出"无邦国,无帝王,人人平等,天下为公"的大同社会,展现了人类未来的美好画卷。

在《大同书》中,康有为继承和发展了儒家"泛爱众"的思想和佛教"慈悲为怀"的观念,高举人本主义大旗,他认为"人之所以为人者,仁也""舍仁不得为仁"，把人放在"天理"之上，充分肯定了人的价值。这在当时是难能可贵的。主张用改良渐进的方法去实现大同理想，表现出民主主义的平等精神和某些社会主义的空想。在当时社会引发了广泛的关注。毛泽东曾盛赞康有为是"在中国共产党出世以前向西方寻求真理的一派人物"。不过，这种旧瓶装新酒的思想，无法真正改变近代中国的悲惨命运。

由于康有为的大同思想孕育较早，而《大同书》的撰写出版较晚。随着社会历史的发展以及政治生涯的递变，康有为的大同思想前后产生了明显的差异。因此，我们在品阅《大同书》时必须弄清楚作者酝酿写作及出版的过程。

【选文】

人有不忍之心

康有为生于大地之上，为英帝印度之岁（1858年，时英国宣布印度为英属国），传少农知县府君（讳达初，字植谋）及劳太夫人（名莲枝）之种体者，吾地二十六周于日有余矣。当大地凝结百数十万年之后，幸远过大鸟大兽之期，际开辟文明之运，居于赤道北温带之地，国于昆仑西南、带江河、临太平海之中华，游学于南海滨之百粤都会曰羊城，乡于西樵山之北曰银塘，得氏于周文王之子曰康叔，为士人者十三世，盖积中国羲、农、黄帝、尧、舜、禹、汤、文王、周公、孔子及汉、唐、宋、明五千年之文明而尽吸饮之。又当大地之交通，万国之并会，荟东西诸哲之心肝精英而醋饫之，神游于诸天之外，想入于血轮（即血球）之中，于时登白云山摩星岭之巅，荡荡乎其鹜于八极也。

已而强国有法者吞据安南，中国救之，船沈于马江，血蹀于谅山。风鹤之警误流羊城，一夕大惊，将军登陴，城民步迁，穷巷无人。康子避兵，归于其乡。延香老屋，吾祖是传，隔塘有七桧园，楼曰澹如，俯临三塘。吾朝夕拥书于是，俯读仰思，澄神离形，归对妻儿，憃然若非人。虽然，乡人之酬酢，里妇之应接，儿童之抚弄，宗姓之亲昵，耳闻皆勃谿之声，目睹皆困苦之形。或寡妇思夫之夜哭；或孤子穷饿之长啼；或老夫无衣，扶杖于树底；或病妪无被,夕卧于灶眉;或废疾癃笃,持钵行乞,呼号而无归。其贵乎富乎,则兄弟子侄之阋墙,妇姑叔嫂之勃谿,与接为构,忧痛惨凄。号为承平,其实普天之家室,皆怨气之冲盈,争心之触射,毒于黄雾而塞于寰瀛也。

若夫民贼国争,杀人盈城,流血塞河,于万斯年,大剧惨瘥,呜呼痛哉,生民之祸烈而救之之无术也!人患无国,而有国之害如此哉!若夫烹羊宰牛,杀鸡屠豕,众生熙熙,与我同气,刿肠食肉,以寝以处,盖全世界皆忧患之世而已,普天下人皆忧患之人而已,普天下众生皆戕杀之众生而已。苍苍者天,持持者地,不过一大杀场大牢狱而已。诸圣依依,入病室牢狱中,划烛以照之,煮糜而食之,裹药而医之,号为仁人,少救须臾,而何补于苦悲。

康子凄楚伤怀,日月噫欷,不绝于心。何为感我如是哉?是何朕歟?吾自为身,彼身自困苦,与我无关,而恻恻沈详,行忧坐念,若是者何哉?是其为觉耶非歟?使我无觉无知,则草木夭夭,杀斩不知,而何有于他物为?我果有觉耶?则今诸星人种之争国,其百千万亿于白起之坑长平卒四十万,项羽之坑新安卒二十万者,不可胜数也,而我何为不感怆于予心哉?

且俾士麦之火烧法师丹(今译色当。1870年事)也,我年已十余,未有所哀感也;及观影戏,则尸横草木,火焚室屋,而怵然动矣。非我无觉,患我不见也。夫见见觉觉者,凄凄形声于彼,传送于目耳,冲触于魂气,凄凄怆怆,袭我之阳,冥冥岑岑,入我之阴,犹犹然而不能自已者,其何朕耶?其欧人所谓以太耶?其古所谓不忍之心耶?其人人皆有此不忍之心耶?宁我独有耶?而我何为深深感朕?

康子乃曰:若无吾身耶,吾何有知而何有亲?吾既有身,则与并身之所通气于天。通质于地,通息于人者,其能绝乎,其不能绝乎?其能绝也,抽刀可断水也;其不能绝也,则如气之塞于空而无不有也,如电之行于气而无不通也,如水之周于地而无不贯也,如脉之周于身而无不彻也。山绝气则崩,身绝脉则死,地绝气则散。然则人绝其不忍之爱质乎?人道将灭绝矣。灭绝者,断其文明而还于野蛮,断其野蛮而还于禽兽之本质也夫!

夫浩浩元气,造起天地。天者,一物之魂质也;人者,亦一物之魂质也。虽形有大小,而其分浩气于太元,挹涓滴于大海,无以异也。孔子曰:"地载神气,神气风霆,风霆流形,庶物露生。"神者有知之电也,光电能无所不传,神气能无所不感,神鬼神帝,生天生地,全神分神,惟元惟人。微乎妙哉,其神之有触哉!无物无电,无物无神,夫神者知气也,魂知也,精爽也,灵明也,明德也,数者异名而同实。有觉知则有吸摄,磁石犹然,何况于人?不忍者,吸摄之力也,故仁智同藏而智为先,仁智同用而仁为贵矣。

康子曰:吾既为人,吾将忍心而逃人,不共其忧患焉?而生于一家,受人之鞠育而后有其生,则有家人之荷担,若逃之而出其家,其自为则巧矣,其负恩则何忍矣,譬贷人金,必思偿之,若负债而匿逃,众执而刑,不刑其身,则刑其名。其负一家之债及一国天下之公债者,亦何不然!生于一国,受一国之文明而后有其知,则有国民之责任,如逃之而弃其国,其国亡种灭而文明随之隳坏,其负责亦太甚矣。生于大地,则大地万国之人类皆吾同胞之异体也,既与有知,则与有亲。凡印度希腊波斯罗马及近世英法德美先哲之精英,吾已啜之、饮之、菇之、枕之、魂梦通之;于万国之元老硕儒名士美人,亦多执手接茵、联袂分羹而致其亲爱矣;凡大地万国之宫室服食舟车什器政教艺乐之神奇伟丽者,日受而用之,以刺触其心目,感荡其魂气。其进化耶则相与共进,退化则相与共退,其乐耶相与共其乐,其苦耶相与共其苦,诚如电之无不相通矣,如气之无不相周矣。乃至大地之生番野人、草木介鱼、昆虫鸟兽,凡胎生湿生卵生化生之万形千汇,亦皆与我耳目相接、魂知相通、爱磁相摄,而吾何能恝然。彼其色相好,吾乐之,生趣盎,吾怡之;其色相憔悴,生趣惨凄,吾亦有怃悴惨凄动于中焉。莽莽大地,吾又将焉逃于其外?将为婆罗门之舍身雪窟中以炼精魂,然人人弃家舍身,则全地文明不数十年而复为狉榛草木鸟兽之世界,吾更何忍出此也。火星土星木星天王海王诸星之生物耶,莽不与接,杳冥为期,吾欲仁之,远无所施。恒星之大,星团星云星气之多,诸天之表,日本相见,神常与游,其国之士女礼乐文章之乐,与兵戎战伐之争,浩浩无涯,为天为人,虽吾所未能觌,而苟有物类有识者,即与吾地吾人无异情焉。吾为天游,想象诸极乐之世界,想象诸极苦之世界,乐者吾乐之,苦者吾救之。吾为诸天之物,吾宁能舍世界天界,绝类逃伦而独乐哉!其觉知少者,其爱心亦少;其觉知大者,其仁心亦大,其爱之无涯与觉之无涯,爱与觉之大小多少为比例焉。

康子不生于他天而生于此天,不生于他地而生于此地,则与此地之人物触处为缘,相遇为亲矣;不生为毛羽鳞介之物而为人,则与圆首方足、形貌相同、性情相通者尤亲矣;不为边僻洞穴生番、獠蛮之人而为数千年文明国土之人,不为牧竖、爨婢、耕奴不识文字之人,而为十三世文学传家之士人,日读数千年古人之书,则与古人亲;周览大地数十国之故,则与全地之人亲;能深思,能远虑,则与将来无量世之人亲。凡其觉识之所及,不能闭目而御之,掩耳而塞之。

康子于是起而上览古昔,下考当今,近观中国,远揽全地,尊极帝王,贱及隶庶,寿至篯彭,夭若殇子,逸若僧道,繁若毛羽,盖普天之下,全地之上,人人之中,物物之庶,无非忧患苦恼者矣。虽有深浅大小,而忧患苦恼之交迫而并至,浓深而厚重,繁赜而恶剧,未有能少免之者矣。

诸先群哲,怒然焦然,思有以拯救之,普渡之,各竭其心思,出其方术,施济之,而横览胥溺之滔滔,终无能起沈痼也。略能小瘳,无有全愈者,或扶东而倒西,扶头而病足,岂医理之未精欤,抑医术之未至耶?蒙有憾焉。或者时有未至耶?

夫生物之有知者,脑筋含灵,其与物非物之触遇也,即有宜有不宜,有适有不适。其于脑筋适且宜者则神魂为之乐,其与脑筋不适不宜者则神魂为之苦。况于人乎,脑筋尤灵,神魂尤清,明其物非物之感入于身者尤繁伙、精微、急捷,而适不适尤着明焉。适宜者受之,不适宜者拒之。故夫人道只有宜不宜,不宜者苦也,宜之又宜者乐也。故夫人道者,依人以为道。依人之道,苦乐而已。为人谋者,去苦以求乐而已,无他道矣。

夫喜群而恶独,相扶而相植者,人情之所乐也。故有父子、夫妇、兄弟之相亲、相爱、相收、相恤者,不以利害患难而变易者,人之所乐也。其无父子、夫妇、兄弟之人,则无人亲之、爱之、收之、恤之;时有友朋,则以利害患难而易心,不可凭借;号之曰孤、寡、鳏、独,名之曰穷民,怜之曰无告,此人之至苦者也。圣人者,因人情之所乐,顺人事之自然,乃为家法以纲纪之,曰"父慈,子孝,兄友,弟敬,夫义,妇顺",此亦人道之至顺,人情之至愿矣,其术不过为人增益其乐而已。结党而争胜，从强而自保者，人情之所不能免也。故有部落国种之分，有君臣、政治之法，所以保全人家室财产之乐也。其部落已亡，国土无托，无君臣，无政治，荡然如野鹿，则为人所捕虏隶奴，不能保全其家室财产，则陷苦无量而求乐无所。圣人者，因人情所不能免，顺人事时势之自然，而为之立国土、部落、君臣、政治之法，其术不过为人免其苦而已。

　　人者，智多而思深，虑远而计久，既受乐于生前，更求永乐于死后；既受乐于体魄，更求永乐于神魂。圣人者，因人情之所乐而乐之，则为创出世之法，炼神养魂之道，长生不死之术，以求生天证圣之果，轮回不受，世界无边，其乐浩大深长，有迥过于人生之数十年者。于是人遂愿行苦行焉，弃亲爱之室家，绝人间之荣华，入山面壁，裸跣乞食，或一日一食，或三旬九食，编草尝粪，卧雪视日，喂虎饲鹰。彼非履至苦也，盖权其苦乐之长短大小，故甘行其小苦短苦，以求其长乐大乐也。彼以生、老、病、死为苦，故将求其不苦而至乐者焉，是尤求乐、求免苦之至者也。孝子、忠臣、义夫、节妇、猛将、修士，履危难、蹈险艰、茹苦如饴、舍命不渝、守死善道、名节凛然。文天祥、史可法以忠君国死，杨继盛以谏亡，于成龙为令而自炊，陈瑸为巡抚厨仅瓜菜，吾家从伯母陈自刎而不嫁，吾伯姊逸红、仲妹琼琚守贞而抚子，琼琚至于忧死，其苦至矣。然廉耻养之于风俗，节义本之于道学。庄子谓曾参、伍胥也，不修则名亦不成也。则虽苦行耶，而荣誉在焉，敬礼在焉，所乐有在，是故不以其所苦易其所乐也。

　　故普天之下，有生之徒，皆以求乐免苦而已，无他道矣。其有迂其途，假其道，曲折以赴，行苦而不厌者，亦以求乐而已。虽人之性有不同乎，而可断断言之曰，人道无求苦去乐者也。立法创教，令人有乐而无苦，善之善者也；能令人乐多苦少，善而未尽善者也；令人苦多乐少，不善者也。昔者有墨子者，大教主也。其为教也，尚同兼爱，善矣；而其为术，非乐节用，生不歌，死不服，裘葛以为衣。庄子曰："其道大觳""离天下之心，天下不堪""离于天下，其去王也远矣"。印度九十七道出家苦行，一日一食，过午不食，或一旬一食，或不食，或食粪草，衣坏色之衣，跣足而行，或不衣不履，视赤日，卧大雪，尝粪。其苦行，大地无比之者矣，彼以炼魂故弃身，然施于全群人道则不可行。

犹太、罗马及穆护教之抑女，亦犹然也。基督乐在天国，故亦土木其身，其清教徒苦行不食，栖山闭处，亦犹佛教焉，今在西班牙之可度，犹见之也。基督不娶，绝其后嗣，神父皆不能娶，道觳不行，于是路德新教出焉，顷刻而易天下，则以其道近于人而易行故也。

夫印度自摩弩立法，严阶级，别男女，人生而为寒门下户之首陀也，则为农，为贾，为百工，为猎夫，为妇婢，百世不得列于吏士焉。若生而为女，以布掩面，终身无睹，既嫁从夫，夫亡烧死。或闭高楼，永不履地，其为礼法也如此，故男为奴而女为囚焉。苟非借出世之法，从何脱其烦恼耶？婆罗门诸哲九十七道，思为人脱烦恼，其不得已，而鸣出家、禁杀生者耶？盖原世法之立，创于强者，无有不自便而陵弱者也。

国法也，因军法而移焉，以其遵将令而威士卒之法行之于国，则有尊君卑臣而奴民者矣。家法也，因新制而生焉，以其尊族长而统卑幼之法行之于家，则有尊男卑女而隶子弟者焉。虽有圣人立法，不能不因其时势风俗之旧而定之。大势既成，压制既久，遂为道义焉。于是始为相扶植保护之善法者，终为至抑压至不平之苦趣，于是乎则与求乐免苦之本意相反矣。印度如是，中国亦不能免焉。欧、美略近升平，而妇女为人私属，其去公理远矣，其于求乐之道亦未至焉。神明圣王孔子，早虑之忧之，故立三统三世之法，据乱之后，易以升平、太平；小康之后，进以大同，曰"穷则变"，曰"观其会通以行其典礼"，盖深虑守道者不知变而永从苦道也。

吾既生乱世，目击苦道，而思有以救之，昧昧我思，其惟行大同太平之道哉！遍观世法，舍大同之道而欲救生人之苦，求其大乐，殆无由也。大同之道，至平也，至公也，至仁也，治之至也，虽有善道，无以加此矣。人道之苦无量数不可思议，因时因地，苦恼变矣，不可穷纪之，粗举其易见之大者焉：

（一）人生之苦七：

一、投胎；二、夭折；三、废疾；四、蛮野；五、边地；六、奴婢；七、妇女（《别为篇》）。

（二）天灾之苦八（室屋舟船，亦有关人事，亦有关天灾者，故附焉）：

一、水旱饥荒；二、蝗虫；三、火焚；四、水灾；五、火山（地震山崩附）；六、屋坏；七、船沉（汽车碰撞附）；八、疫疠。

（三）人道之苦五：

一、鳏寡；二、孤独；三、疾病无医；四、贫穷；五、卑贱。

（四）人治之苦五：

一、刑狱；二、苛税；三、兵役；四、有国（别为篇））；五、有家（别为篇）。

（五）人情之苦八：

一、愚蠢；二、仇怨；三、爱恋；四、牵累；五、劳苦；六、愿欲；七、压制；八、阶级。

（六）人所尊尚之苦五：

一、富人；二、贵者；三、老寿；四、帝王；五、神圣仙佛。

【思考题】

1. 康有为描述的大同世界是怎样的？

2. 毛泽东为何盛赞康有为是"在中国共产党出世以前向西方寻求真理的一派人物"？

3. 康有为大同世界思想的时代意义有哪些？

【延伸阅读】

1. 张艳萍：《康有为大同思想与新时代文化自信的构建》，《广西社会科学》，2018 年第 5 期。

2. 汤志钧：《如何正确评价〈大同书〉》，《康有为的大同思想与〈大同书〉》，上海人民出版社 2016 年版。

3. 李似珍：《康有为与大同书》，《大同书》，中州古籍出版社 1998 年版。

三民主义

【导读】

　　孙中山(1866年—1925年),名文,号逸仙,广东香山人。中国近代民主革命的伟大先行者。1908年孙中山著文《中国同盟会革命方略》,里面第一次提出"博爱"口号:"我等今日与前代殊,于驱除鞑虏、恢复中华之外,国体民生尚当与民变革,虽纬经万端,要其一贯之精神,则为自由、平等、博爱。"同时,还将博爱作为国民革命一以贯之的精神。孙中山视"博爱"二字为自己终生倡导的信条,宣誓以天下为公、世界大同为己任,不懈地身体力行,致力于大同世界、和谐社会的建立,赢得了世人的尊崇和敬仰。

　　本节选录《三民主义》中的民权主义第二讲(三月十六日)。孙中山在阐释三民主义的同时,表达了自己的博爱理念。他认为,自由、平等、博爱是根据于民权。而民生主义是图四万万人幸福的,为四万万人谋幸福就是博爱。

　　与"博爱即为仁"传统博爱观以及西方资产阶级博爱观相比,无论是内容上,还是实践上,孙中山的博爱观,从救人、救世到救国,从狭义到广义不断地深化,孕育出具有鲜明个性特征。

　　第一,"博爱"是一种人生的权利。孙中山从13岁起接受西方教育,受到西方启蒙思想的影响。他认为,享受博爱的幸福是一种天赋的人权,凡是人类都应该一律平等,民众有享受幸福的权利。这是人心所向,不可阻遏。以此来反对封建专制主义。

　　第二,"博爱"是一种好的道德观念。孙中山将传统仁爱升格为博爱。他认为,"能博爱即可谓之仁",大凡有道德之人必定拥有人道主义的博爱情怀。"博爱"的本质在于奉献,在于"人人为我,我为人人"。在孙中山这里,"博爱"已经越过亲情,普及人世间。

第三,博爱"是"公爱"而非"私爱"。孙中山认为,只有博爱才是一种公爱,"非妇人之仁可比"。他把"仁"区分为三种:一是"救世之仁",为宗教家之仁;二是"救人之仁",为慈善家之仁;三是"救国之仁",为革命家之仁。从救世、救人到救国,彰显了这位民主革命家热爱祖国、热爱人民的赤子情怀。

第四,"博爱"有广狭之别。孙中山认为,古代尧舜的"善与人同"、孔丘的尚仁、墨翟的兼爱,其爱不能普及于所有人,所以都是狭义的博爱。而社会主义是人道主义,由于消灭了贫富的差别,并通过社会的发展,使人人都能得到幸福,达到"真博爱"的境地,是"广义博爱",这才是人类的福音。

当然,孙中山的博爱观未能超越资产阶级博爱观的范畴。由于深受宗教博爱观、西方人道主义和无政府主义思想的影响,孙中山曾幻想用"互助合作""平均地权"等温和的方式实现社会主义,而不是通过无产阶级革命的方式,否定阶级斗争,否认无产阶级推翻资本主义制度的历史必然性,因此陷入了历史唯心主义的案臼,终究实现不了自己所期望的博爱的理想境界。

【选文】

民权主义
第二讲(三月十六日)

一、民权和自由、平等、博爱

民权这个名词,外国学者每每把他和自由那个名词并称,所以在外国很多的书本或言论里头,都是民权和自由并列。欧美两三百年来,人民所奋斗的所竞争的,没有别的东西,就是为自由,所以民权便由此发达。法国革命的时候,他们革命的口号是自由、平等、博爱三个名词;好比中国革命,用民族、民权、民生三个主义一样。由此可说自由、平等、博爱是根据于民权,民权又是由于三个名词然后才发达。所以我们要讲民权,便不能不先讲自由、平等、博爱这三个名词。

二、自由的意义和自由在中国的情形

近来革命思潮传到东方之后，自由这个名词也传进来了。许多学者志士提倡新思潮的，把自由讲到很详细，视为很重要。这种思潮，在欧洲两三百年以前占很重要的地位，因为欧洲两三百年来的战争，差不多都是为争自由，所以欧美学者对于自由看得很重要，一般人民对于自由的意义也很有心得。但是这个名词近来传进中国，只有一般学者曾用工夫去研究的，才懂得什么叫做自由。至于普通民众，像在乡村或街道上的人，如果我们对他们说自由，他们一定不懂得。所以中国人对于自由两个字，实在是完全没有心得。因为这个名词传到中国不久，现在懂得的，不过是一般新青年和留学生，或者是留心欧美政治时务的人，常常听到和在书本上看见这个两个字；但是究竟甚么是自由，他们还是莫名其妙。所以外国人批评中国人，说中国人的文明程度真是太低，思想太幼稚，连自由的智识都没有，自由的名词都没有。但是外国人一面既批评中国人没有自由的知识，一面又批评中国人是一片散沙。

外国人的这两种批评，在一方面说中国人是片散沙，没有团体；又一方面说中国人不明白自由。这种两批评，恰恰是相反的。为甚么是相反的呢？比方外国人说中国人是一片散沙，究竟说一片散沙的意思是什么呢？就是个个有自由和人人有自由。人人把自己的自由扩充到很大，所以成了一片散沙。甚么是一片散沙呢？如果我们拿一手沙起来，无论多少，各颗沙都是很活动的，没有束缚的，这便是一片散沙。如果在散沙内参加士敏土，便结成石头，变为一个坚固的团体。变成了石头，团体很坚固，散沙便没有自由。所以拿散沙和石头比较，马上明白，石头本是由散沙结合而成的，但是散沙在石头的坚固团体之内，就不能活动，就失却自由。

自由的解释，简单言之，在一个团体中能够活动，来往自如，便是自由。

因为中国没有这个名词，所以大家都莫名其妙。但是我们有一种固有名词，是和自由相仿佛的，就是"放荡不羁"一句话，既然是放荡不羁，就是和散沙一样，各个有很大的自由。所以外国人批评中国人，一面说没有结合能力，既然如此，当然是散沙，是很自由的；又一面说中国人不懂自由。殊不知大家都有自由，便是一片散沙；要大家结合成一个坚固团体，便不能像一片散沙。所以外国人这样批评我们的地方，就是陷于自相矛盾了。

三、中国人和外国人对"自由"观念之差别

最近二三百年以来，外国用了很大的力量争自由。究竟自由是好不好呢？到底是一个甚么东西呢？依我看来，近来两三百年，外国人说为自由去战争，我们中国普通人也总莫名其妙。他们当争自由的时候，鼓吹自由主义，说得很神圣，甚至把"不自由，毋宁死"的一句话，成了争自由的口号。中国学者翻译外国人的学说，也把这句话搬进到中国来，并且拥护自由，决心去奋斗，当初的勇气差不多和外国人从前是一样。但是中国一般民众，还是不能领会甚么是叫做自由，大家要知道，自由和民权是同时以达的，所以今天来讲民权，便不能不讲自由。我们要知道欧美为争自由，流了多少血，牺牲了许多性命。我前一回讲过了，现在世界是民权时代，欧美发生民权已经有了一百多年。推到民权的来历，由于争自由之后才有的，最初欧美人民牺牲性命，本来是为争自由，争自由的结果才得到民权。当时欧美学者提倡自由去战争，好比我们革命提倡民族、民权、民生三个主义的道理是一样的。由此可见，欧美人民最初的战争是为自由，自由争得之后，学者才称这种结果为民权。所谓"德谟克拉西"，此乃希腊之古名词。而欧美民众至今对这个名词亦不大关心，不过视为政治学中之一句术语便了；比之自由二个字，视为性命所关，则相差远了。民权这种事实，在希腊、罗马时代已发其端。因那个时候的政体是贵族共和，都已经有了这个名词，后来希腊、罗马亡了，这个名词便忘记了，最近二百年内为自由战争，又把民权这个名词再恢复起来。近几十年来讲民权的人更多了，流行到中国，也有很多人讲民权。

但是欧洲一二百多年以来的战争，不是说争民权，是说争自由；提起自由两个字，全欧洲人便容易明白。当时欧洲人民听了"自由"这个名词容易明白的情形，好像中国人听了"发财"这个名词一样，大家的心理都以为是很贵重。现在对中国人说要他去争自由，他们便不明白，不情愿来附和；但是对他要说请他去发财，便有很多人要跟上来。欧洲当时战争所用的标题是争自由，因为他们极明白这个名词，所以人民便为自由去争奋斗、为自由去牺牲,大家很崇拜自由。何以欧洲人民听到自由便那样欢迎呢?现在中国人民何以听道自由便不理会,听道发财便很欢迎呢?其中有许多道理,要详细去研究才可以明白。中国人听到说发财就很欢迎的原故,因为中国现在到了民穷财尽的时代,人民所受的痛苦是贫穷;因为发财是救穷独一无二的方法,所以大家听到了这个名词便很欢迎。发财有什么好处呢?就是发财便可救穷,救了穷便不受苦,所谓救苦救难。人民正是受贫穷的痛苦时候,忽有人对他们说发财,把他们的痛苦可以解除,他们自然要跟从,自然拼命去奋斗。欧洲一二百年前为自由战争,当时人民听道自由,便像现在中国人听道发财一样。

他们为甚么要那样欢迎自由呢?因为当时欧洲的君主专制发达到了极点。欧洲的文明和中国周末列国相同,中国周末的时候是和欧洲罗马同时,罗马统一欧洲正在中国周、秦、汉的时代,罗马初时建立共和,后来变成帝制。罗马亡了之后,欧洲列国并峙,和中国周朝亡了之后变成东周列国一样,所以很多学者,把周朝亡后的七雄争长和罗马亡后变成列国的情形相提并论。罗马变成列国,成了封建制度。那个时候,大者王,小者侯,最小者还有伯、子、男,都是很专制的。那种封建政体,比较中国周朝的列国封建制度还要专制得多。欧洲人民在那种专制政体之下所受的痛苦我们今日还多想不到。比之中国历朝人民所受专制的痛苦,还要更厉害。这个原故,由于中国自秦朝专制直接对于人民"诽谤者族,偶语者弃市",遂至促亡,以后历朝政治,大都对于人民取宽大态度,人民纳了粮之外,几乎与官吏没有关系。欧洲的专制,却——直接专制到人民,时间复长,方法日密。那专制的进步,实在比中国利害得多。所以欧洲人在二百年以前,受那种极残酷专制的痛苦,好像现在中国人民受贫穷的痛苦是一样。人民受久了那样残酷的专制,深感不自由的痛苦,所以他们唯一的方法,就是要奋斗去争自由,解除那种痛苦,一听道有人说自由,便很欢迎。

四、中外人民和政府的关系——自由的感应

中国古代封建制度破坏之后,专制淫威不能达到普通人民。由秦以后历代皇帝专制的目的,第一是要保守他们自己的皇位,永远家天下,使他们子子孙孙可以万世安享。所以对于人民的行动,于皇位有危险的,便用很大的力量去惩治。故中国一个人造反,便连到诛灭九族。用这样严重的刑罚去禁止人民造反,其中用意,就是专制皇帝要永远保守皇位,反过来说,如果人民不侵犯皇位,无论他们是做甚么事,皇帝便不理会。所以中国自秦以后,历代的皇帝都只顾皇位,并不理民事,说道人民的幸福,更是理不到,现在民国有了十三年,因为政体混乱,还没有功夫去建设,人民和国家的关系还没有理会。我们回想民国以前,清朝皇帝的专制是怎么样呢? 十三年以前,人民和清朝皇帝有甚么关系呢? 在清朝时代,每一省之中,上有督抚,中有府道,下有州县佐杂,所以人民和皇帝的关系很小。人民对于皇帝只有一个关系,就是纳粮,除了纳粮之外,便和政府没有别的关系。因为这个原故,中国人民的政治思想便很薄弱。人民不管谁来做皇帝,只要纳粮,便算尽了人民的责任。政府只要人民纳粮,便不去理会他们别的事,其余都是听人民自生自灭。由此可见,中国人民直接并没有受过很大的专制痛苦,只有受间接的痛苦。因为国家衰弱,受外国政治经济的压迫,没有力量抵抗,弄到民穷财尽,人民便受贫穷的痛苦。这种痛苦,就是间接的痛苦,不是直接的痛苦。

所以当时人民对于皇帝的怨恨还是少的。但是欧洲的专制就和中国的不同。欧洲由罗马亡后到两三百年以前,君主的专制是很进步的,所以人民所受的痛苦也是很利害的,人民是很难忍受的。当时人民受那种痛苦,不自由的地方极多,最大的是思想不自由、言论不自由、行动不自由。这三种不自由,现在欧洲是已经过去了的陈迹,详细情形是怎么样,我们不能看见,但是行动不自由还可以知道。譬如现在我们华侨在南洋荷兰或法国的领土,所受来往行动不自由的痛苦,便可以知道。像爪哇本来是中国的属国,到中国来进过了贡的,后来才归荷兰。归荷兰的政府管理之后,无论是中国的商人,或者是学生,或者是工人,到爪哇的地方,轮船一抵岸,便有荷兰的巡警来查问,便把中国人引到一间小房子,关在那个里头,脱开衣服,由医生从头到脚都验过,还要打指模、量身体,方才放出,准他们登岸。登岸之后,就是住在甚么地方,也要报明,如果想由所住的地方到别的地方去,便要领路照。

到了夜晚九时以后，就是有路照也不准通行，要另外领一张夜照，并且要携手灯，这就是华侨在爪哇所受荷兰政府的待遇，便是行动不自由。像这种行动不自由的待遇，一定是从前欧洲皇帝对人民用过了的，留存到今日，荷兰人就用来对待中国华侨，由于我们华侨现在受这种待遇，便可想见从前欧洲的专制是怎么样情形。此外还有人民的营业、工作和信仰种种都不自由。譬如就信仰不自由说，人民在一个甚么地方住，便强迫要信仰一种什么宗教，不管人民是情愿不情愿。由此人民都很难忍受，欧洲人民当时受那种种不自由的痛苦，真是水深火热，所以一听到说有人提倡争自由，大家便极欢迎，便去附和。这就是欧洲革命思潮的起源。

欧洲革命是要争自由，人民为争自由流了无数的碧血，牺牲了无数的身家性命，所以一争得之后，大家便奉为神圣，就是今日也还是很崇拜。

这种自由学说近来传进中国，一般学者也很热心去提倡，所以许多人也知道在中国要争自由。

五、中国为什么不提出自由的口号——中国人的自由已嫌太够

今天我们来讲民权，民权的学说是由欧美传进来的，大家必须明白民权是一件甚么事，并且还要明白民权同类的自由又是一件甚么事。从前欧洲人民受不自由的痛苦，忍无可忍，于是万众一心去争自由，达到了自由目的之后，民权便随之发生。

所以我们讲民权，便不能不先讲明白争自由的历史，近年欧美之革命风潮传播到中国，中国新学生及许多志士都发起来提倡自由。他们以为欧洲革命像从前法国都是争自由，我们现在革命，也应该学欧洲人来争自由。这种言论，可说是人云亦云，对于民权和自由没有用过心力去研究，没有彻底了解。我们革命党向来主张三民主义去革命，而不主张以革命去争自由，是很有深意的，从前法国革命的口号是自由，美国革命的口号是独立。我们革命的口号就是三民主义，是用了很多时间、做了很多工夫才定出来的，不是人云亦云。为甚么说一般新青年提倡自由是不对呢？为甚么当时欧洲讲自由是对呢？这个道理已经讲过了。因为提出一个目标，要大家去奋斗，一定要和人民有切肤之痛，人民才热心来附和。欧洲人民因为从前受专制的痛

苦太深，所以一经提倡自由，便万众一心去赞成，假若现在中国来提倡自由，人民向来没有受过这种痛苦，当然不理会。如果在中国来提倡发财，人民一定是很欢迎的。我们的三民主义，便是很像发财主义。要明白这个道理，要辗转解释才可成功。我们为什么不直接讲发财呢？因为发财不能包括三民主义，三民主义才可以包括发财。俄国革命之初实行共产，是和发财相近的，那就是直截了当的主张。我们革命党所主张的不止一件事，所以不能用发财两个字简单来包括，若是用自由的名词，更难包括了。

近来欧洲学者观察中国，每每说中国的文明程度太低，政治思想太薄弱，连自由都不懂；我们欧洲人在一二百年前为自由战争，为自由牺牲，不知道做了多少惊天动地的事。现在中国人还不懂自由是甚么，由此便可见我们欧洲人的政治思想比较中国人高得多。由于中国人不讲自由，便说是政治思想薄弱，这种言论，依我看起来是讲不通的。因为欧洲人既尊重自由，为什么又说中国人是一片散沙呢？欧洲人从前要争自由的时候，他们自由的观念自然是很浓厚，得到了自由之后，目的已达，恐怕他们的自由观念也渐渐淡薄；如果现在再去提倡自由，我想一定不像从前那样的欢迎。而且欧洲争自由的革命，是两三百年前的旧方法，一定是做不通的。就一片散沙而论，有甚么精采呢？精采就是在有充分自由，如果不自由，便不能够成一片散沙。从前欧洲在民权初萌芽的时代，便主张自由；到了目的已达，各人都扩充自己的自由。于是，由于自由太过，便发生许多流弊。所以英国有一个学者叫做弥勒氏的便说：一个人的自由，以不侵犯他人的自由为范围，才是真自由；如果侵犯他人的范围，便不是自由。欧美人讲自由，从前没有范围，到了英国弥勒氏才立了自由的范围；有了范围，便减少很多自由了。由此可知，彼中学者已渐知自由不是一个神圣不可侵犯之物，所以也要定一个范围来限制他了。若外国人批评中国人，一方面说中国人不懂自由，一方面又说中国人是一片散沙，这两种批评实在是互相矛盾。

中国人既是一片散沙，本是很充分自由的。如果成一片散沙，是不好的事，我们趁早就要参加水和士敏土，要那些散沙和士敏土彼此结合来成石头，变成很坚固的团体，到了那个时候，散沙便不能够活动，便没有自由。所以中国人现在所受的病，不是欠缺自由。如果一片散沙是中国人的本质，中国人的自由，老早是很充分了，不过中国人原来没有自由这个名词，所以没有这个思想。但是中国人没有这个思想，和政治有什么关系呢？到底中国人没有自由呢？

我们拿一片散沙的事实来研究，便知道中国人有很多的自由，因为自由太多，故大家便不注意去理会，连这个名词也不管了。这是什么道理呢？好比我们日常的生活，最重要是衣食，吃饭每天最少要两餐，穿衣每年最少要两套。但是还有一件事比较衣食更为重要，普通人都以为不吃饭便要死，以吃饭是最重大的事，但是那一件重要的事比较吃饭还要重大过一万倍，不过大家不觉得，所以不以为重大。这件事是什么呢？就是吃空气，吃空气就是呼吸。为甚么吃空气比较吃饭重要过一万倍呢？

因为吃饭在一天之内，有了两次或者一次就可以养生；但是我们吃空气，要可以养生，每一分钟最少要有十六次才可舒服。如果不然，便不能忍受。大家不信，可以实地试验，把鼻孔塞住一分钟，便停止了十六次的呼吸，像我现在试验不到一分钟，便很难忍受，一天有二十四点钟，每点钟有六十分，每分钟要吃空气十六次，每点钟便吃九百六十次，每天便要吃二万三千零四十次。所以说吃空气比较吃饭重要得一万倍，实在是不错的。像这样要紧，我们还不感觉的原因，就是由于天中空气到处皆有，取之不尽，用之不竭，一天吃到晚都不用工夫，不比吃饭要用人工去换得来。所以我们觉得找饭吃是很难的，找空气吃是很容易的。

因为太过容易，大家便不注意。个人闭住鼻孔，停止吃空气，来试验吃空气的重要，不过是小试验，如果要行大试验，可以把这个讲堂四围的窗户都关闭起来，我们所吃的空气便渐渐减少，不过几分钟久，现在这几百人便都不能忍受。又把一个人在小房内关闭一天，初放出来的时候，便觉得很舒服，也是一样的道理。中国人因为自由过于充分，便不去理会，好比房中的空气太多，我们便不觉得空气有甚么重要。到了关闭门户，没有空气进来，我们才觉得空气是个很重要的。欧洲人在两三百年以前受专制的痛苦，完全没有自由，所以他们人人才知道自由可贵，要拼命去争。没有争到自由之先,好像是闭在小房里一样;既争到了自由之后,好比是从小房内忽然放出来,遇着了空气一样,所以大家便觉得自由是很贵重的东西。所以他们常常说"不自由,毋宁死"那一句话。

但是中国的情形就不同了。中国人不知自由,只知发财。对中国人说自由,好像对广西深山的瑶人说发财一样。瑶人常有由深山中拿了熊胆、鹿茸到外边的圩场去换东西,初时圩场中的人把钱和他交换,他常常不要,只要食盐或布匹,乃乐于交换。在我们的观念内,最好是发财;在瑶人的观念,只要合用东西便心满意足。他们不懂发财,故不喜欢得钱,中国一般的新学者对中国民众提倡自由,就好像和瑶人讲发财一样。中国人用不着自由,但是学生还要宣传自由,真可谓不识时务了。欧美人在一百五十年以前,因为难得自由,所以拼命去争,既争到了之后,像法国、美国是我们所称为实行民权先进的国家。在这两个国家之内,人人是不是都有自由呢? 但是有许多等人,像学生、军人、官吏和不及二十岁未成年的人,都是没有自由的。所以欧洲两三百年前的战争,不过是三十岁以上的人和不做军人、官吏、学生的人来争自由;争得了以后,也只除了他们这几等人以外的才有自由,争得了之后,也只有除了他们这几等人以外的才人自由;在这几等人以内的,至今都不得自由。中国学生得到了自由思想,没有别的地方用,便拿到学校内去用,于是生出学潮,美其名说争自由。欧美人讲自由,是有很严格界限的,不能说人人都有自由! 中国新学生讲自由,把甚么界限都打破了。拿这种学说到外面社会,因为没人欢迎,所以只好搬回学校内去用。故常常生出闹学风潮。此自由之用之不得其所也。外国人不识中国历史,不知道中国人民自古以来都有很充分的自由,这自是难怪。至于中国的学生,而竟忘却了"日出而作,日入而息,凿井而饮,耕田而食,帝力于我何有哉"这个先民的自由歌,却是大可怪的事! 由这个自由歌看焉,便知中国自古以来,虽无自由之名,而确有自由之实,且极其充分,不必再去多求了。

六、中外革命之目的和方法的不同

我们要讲民权,因为民权是由自由发生的。所以不能不讲明白欧洲人民当时争自由的情形,如果不明白,便不知道自由可贵。欧洲人当时争自由,不过是一种狂热。后来狂热渐渐冷了,便知道自由有好的和不好的两方面。不是神圣的东西。所以外国人说中国人是一片散沙,我们是承认的;但是说中国人不懂自由,政治思想薄弱,我们便不能承认。中国人为甚么是一片散沙呢? 由于甚么东西弄成一片散沙呢? 就是因为是各人的自由太多。由于中国人自由太多,所以中国要革命,中国革命的目的与外国不同,所以方法也不同。到底中国为甚么要革命呢? 直截了当说,是和欧洲革命的目的相反。欧洲从前因为太没有自由,所以革命要去争自由。我们是因为自由太多,没有团体,没有抵抗力,成一片散沙。因为是一片散沙,所以受外国帝国主义的侵略,受列强经济商战的压迫,我们现在便不能抵抗。要将来能够抵抗外国的压迫,就要打破各人的自由,结成很坚固的团体,像把士敏土参加到散沙里头,结成一块坚固石头一样。

中国人现在因为自由太多,发生自由的毛病。不但是学校内的学生是这样,就是我们革命党里头,也有这种毛病。所以从前推倒满清以后,至今无法建设民国,就是错用了自由之过也。我们革命党从前被袁世凯打败,亦是为这个理由。当民国二年袁世凯大借外债,不经国会通过,又杀宋教仁,做种种事来破坏民国。我当时催促各省马上去讨袁,但因为我们同党之内,大家都是讲自由,没有团体。譬如在西南,无论那一省之内,自师长、旅长以至兵士,没有不说各有各的自由,没有彼此能够团结的。大而推到各省,又有各省的自由,彼此不能联合。南方各省,当时乘革命余威,表面虽然是轰轰烈烈,内容实在是四分五裂,号令不能统一。说到袁世凯,他有旧日北洋六镇的统系,在那六镇之内,所有的师长、旅长和一切兵士都是很服从的,号令是一致的。简单的说,袁世凯有坚固的团体,我们革命党是一片散沙,所以袁世凯打败革命党。由此可见,一种道理在外国是适当的,在中国未必是适当。外国革命的方法是争自由,中国革命便不能说是争自由。如果说争自由,便更成一片散沙,不能成大团体,我们的革命目的便永远不能成功。

七、三民主义和自由平等博爱

外国革命是由争自由而起,奋斗了两三百年,生出了大风潮,才得到自由,才发生民权。从前法国革命的口号是用自由、平等、博爱。我们革命的口号是用民族、民权、民生。究竟我们三民主义的口号，和自由、平等、博爱三个口号有甚么关系呢？照我讲起来，我们的民族可以说和他们的自由一样，因为实行民族主义就是为国家争自由。但欧洲当时是为个人争自由，到了今天，自由的用法便不同。在今天，自由这个名词究竟要怎么样应用呢？如果用到个人，就成一片散沙。万不可再用到个人上去，要用到国家上去。个人不可太过自由，国家要得完全自由。到了国家能够行动自由，中国便是强盛的国家。要这样做去，便要大家牺牲自由。当学生的能够牺牲自由，就可天天用功，在学问上做工夫，学问成了，智识发达，能力丰富，便可以替国家做事。当军人能够牺牲自由，就能够服从命令，忠心报国，使国家有自由。如果学生、军人要讲自由，便像中国自由的对待名词，成为放任、放荡，在学校内便没有校规，在军队内便没有军纪。在学校内不讲校规，在军队内不讲军纪，那还能够成为学校、号称军队吗？

我们为什么要国家自由呢？因为中国受列强的压迫，失去了国家的地位，不只是半殖民地，实在已成了次殖民地，比不上缅甸、安南、高丽。缅甸、安南、高丽不过是一国的殖民地，只做一个主人的奴隶；中国是各国的殖民地，要做各国的奴隶。中国现在是做十多个主人的奴隶，所以现在的国家是很不自由的。要把我们国家的自由恢复起来，就要集合自由，成一个很坚固的团体。要用革命的方法，把国家成一个大坚固团体，非有革命主义不成功。我们的革命主义，便是集合起来的士敏土，能够把四万万人都用革命主义集合起来成一个大团体。这一个大团体能够自由，中国国家当然是自由，中国民族才真能自由。用我们三民主义的口号和法国革命的口号来比较，法国的自由和我们的民族主义相同，因为民族主义是提倡国家自由的。

平等和我们的民权主义相同，因为民权主义是提倡人民在政治之地位都是平等的，要打破君权，使人人都是平等的，所以说民权是和平等相对待的。

此外还有博爱的口号，这个名词的原文是"兄弟"的意思，和中国"同胞"两个字是一样解法，普通译成博爱，当中的道理，和我们的民生主义是相通的。因为我们的民生主义是图四万万人幸福的,为四万万人谋幸福就是博爱。这个道理,等到讲民生主义的时候,再去详细解释。

【思考题】

1. 孙中山三民主义的宗旨是什么? 在当时有什么进步意义?

2. 孙中山的三民主义思想与儒家文化有什么关联?

3. 试述孙中山的博爱观。

【延伸阅读】

1. 秦宁波:《孙中山三民主义思想的儒家文化向度研究——纪念孙中山诞辰 150 周年》,《关东学刊》2016 年第 4 期。

2. 桑兵:《天下为公》,《孙中山的活动与思想》,北京师范大学出版社 2015 年版。

3. 李菁著:《〈建国方略〉与"三民主义"》,《天下为公:孙中山传》,华文出版社 2006 年版。

博爱及公益

【导读】

蔡元培(1868年—1940年),字鹤卿,浙江绍兴山阴县人,革命家、教育家、政治家、民主进步人士。作为一个传播知识、开通风气、启迪民智、进化民德的启蒙者,蔡元培先生积极投身于社会各项进步事业而收效卓越。蔡元培做人,则本于忠恕之道,知忠而不与苟同,知恕而宽宏大量。一生立己立人,大德垂世,成为"一代师表"。他生性耿介待人真诚,与人为善。对于一己之名利荣辱和成败得失完全置之度外,然一到关键时刻,却是奇气立见,敢于担当,对于是非辨别,非常认真,进退毫不含糊。在中西文化的双重涵养之下,他既高扬西方"自由、平等、博爱"之精神,又固守传统儒家文化中的良知与自律,自奉俭而遇人厚,律己严而待人宽,做人光明磊落,持身廉洁,虽几十年身居高位,仍安贫乐道,不脱书生本色,两袖清风,一尘不染,除了几千册图书外,几乎没有积蓄。其伟大的人格和精神气象堪称楷模。

蔡元培早年留洋西欧,深受西方资本主义倡导的"自由、平等、博爱"价值观的影响,主张利用西方的文化资源对传统道德进行合理改造。他在《对于新教育之意见》中强调:"何谓公民道德?曰法兰西之革命也,所标揭者,曰自由、平等、亲爱。道德之要旨,尽于是矣。"蔡元培结合中国实际,将西方的"自由、平等、博爱"比附于儒家文化的"义、恕、仁",并把这三者作为中国公民伦理纲常的基准。他说:"孔子曰:匹夫不可夺志。孟子曰:大丈夫,富贵不能淫,贫贱不能移,威武不能屈。自由之谓也。古者盖谓之义。孔子曰:己所不欲,勿施于人。子贡曰:我不欲人之加诸我也,吾亦欲毋加诸人。

《礼·大学记》曰:所恶于前,毋以先后;所恶于后,毋以从前;所恶于右,毋以交于左;所恶于左,毋以交于右,平等之谓也。古者盖谓之恕……孔子曰:已欲立而立人,已欲达而达人。亲爱之谓也。古者盖谓之仁。"虽然这样的比附有些牵强,但为西方价值观在中国的传播提供了文化依据。在蔡元培看来,道德有积极和消极之分。他将"自由、平等"归为消极道德,因为这两者存在自然缺失,只能从被动的方面保证个体的权利。而博爱则生于此。因此,将博爱归为积极道德,可以弥补道德层面上的相对自由和相对平等的不足。

《博爱及公益》一文集中阐释了蔡元培的博爱思想。蔡元培认为,"博爱者,人生至高之道德"。博爱,是以自己所想要的施行于他人,是最为推许的道德理念。在公民道德层面,蔡元培最推崇孔子的"已欲立而立人,已欲达而达人"。要求人们在自我发展的同时端正自身,并通过惠及他人来达到发展自的目的。在自我修养层面,蔡元培认为"博爱者,施而不望报,利物而不暇己谋者也"。即真正富有博爱之心的人不图他人的回报,做好事也不去想怎样谋取私人的利益。在博爱的实施上,蔡元培提倡"慈善的行为不能不讲究",要按照道德的标准去爱护和帮助他人,应当为他们图谋永久的福利。

【选文】

博爱及公益

博爱者,人生至高之道德,而与正义有正负之别者也。行正义者,能使人免于为恶;而导人以善,则非博爱者不能。有人于此,不干国法,不悖公义,于人间生命财产名誉之本务,悉无所歉,可谓能行正义矣。然道有饿殍而不知恤,门有孤儿而不知救,遂得为善人乎?

博爱者,施而不望报,利物而不暇己谋者也。凡动物之中,能历久而绵其种者,率恃有同类相恤之天性,人为万物之灵,苟仅斤斤于施报之间,而不恤其类,不亦自丧其天性,而有愧于禽兽乎?

人之于人,不能无亲疏之别,而博爱之道,亦即以是为序。不爱其亲,安能爱人之亲；不爱其国人，安能爱异国之人，如曰有之，非矫则悖，智者所不信也。孟子曰："老吾老以及人之老，幼吾幼以及人之幼。"又曰："亲亲而仁民，仁民而爱物。"此博爱之道也。

人人有博爱之心，则观于其家，而父子亲，兄弟睦，夫妇和；观于其社会，无攘夺，无忿争，贫富不相蔑，贵贱不相凌，老幼废疾，皆有所养，蔼然有恩，秩然有序，熙熙皞皞，如登春台，岂非人类之幸福乎！

博爱者，以己所欲，施之于人。是故见人之疾病则拯之，见人之危难则救之，见人之困穷则补助之。何则？人苟自立于疾病危难困穷之境，则未有不望人之拯救之而补助之者也。

赤子临井，人未有见之而不动其恻隐之心者。人类相爱之天性，固如是也。见人之危难而不之救，必非人情。日汩于利己之计较，以养成凉薄之习，则或忍而为此耳。夫人苟不能挺身以赴人之急，则又安望其能殉社会、殉国家乎？华盛顿尝投身奔湍，以救濒死之孺子，其异日能牺牲其身，以为十三州之同胞，脱英国之轭，而建独立之国者，要亦由有此心耳。夫处死生一发之间，而能临机立断，固由其爱情之挚，而亦必有毅力以达之，此则有赖于平日涵养之功者也。

救人疾病，虽不必有挺身赴难之危险，而于传染之病，为之看护，则直与殉之以身无异，非有至高之道德心者，不能为之。苟其人之地位，与国家社会有重大之关系，又或有侍奉父母之责，而轻以身试，亦为非宜，此则所当衡其轻重者也。

济人以财，不必较其数之多寡，而其情至为可嘉，受之者尤不可不感佩之。盖损己所余以周人之不足，是诚能推己及人，而发于其友爱族类之本心者也。慈善之所以可贵，即在于此。若乃本无博爱之心，而徒仿一二慈善之迹，以博虚名，则所施虽多，而其价值，乃不如少许之出于至诚者。且其伪善沽名，适以害德，而受施之人，亦安能历久不忘耶？

博爱者之慈善，惟虑其力之不周，而人之感我与否，初非所计。即使人不感我，其是非固属于其人，而于我之行善，曾何伤焉？若乃怒人之忘德，而遽彻其慈善，是吾之慈善，专为市恩而设，岂博爱者之所为乎？惟受人之恩而忘之者，其为不德，尤易见耳。博爱者，非徒曰吾行慈善而已。其所以行之者，亦不可以无法。盖爱人以德，当为图永久之福利，而非使逞快一时，若不审其相需之故，而漫焉施之，受者或随得随费，不知节制，则吾之所施，于人奚益也？固有习于荒怠之人，不务自立，而以仰给于人为得计，吾苟堕其术中，则适以助长其倚赖心，而使永无自振之一日。爱之而适以害之，是不可不致意焉。夫如是，则博爱之为美德，诚彰彰矣。然非扩而充之，以开世务，兴公益，则吾人对于社会之本务，犹不能无遗憾。何则？吾人处于社会，则与社会中之人人，皆有关系，而社会中人人与公益之关系，虽不必如疾病患难者待救之孔亟，而要其为相需则一也，吾但见疾病患难之待救，而不顾人人所需之公益，毋乃持其偏而忘其全，得其小而遗其大者乎？

夫人才力不同，职务尤异，合全社会之人，而求其立同一之功业，势必不能。然而随分应器，各图公益，则何不可有之。农工商贾，任利用厚生之务；学士大夫，存移风易俗之心，苟其有裨于社会，则其事虽殊，其效一也。人生有涯，局局身家之间，而于世无补，暨其没也，贫富智愚，同归于尽。惟夫建立功业，有裨于社会，则身没而功业不与之俱尽。始不为虚生人世，而一生所受于社会之福利，亦庶几无忝矣。所谓公益者，非必以目前之功利为准也。如文学美术，其成效常若无迹象之可寻，然所以拓国民之智识，而高尚其品性者，必由于是。是以天才英绝之士，宜超然功利以外，而一以发扬国华为志，不蹈前人陈迹，不拾外人糟粕，抒其性灵，以摩荡社会，如明星之粲于长夜、美花之映于座隅，则无形之中，社会实受其赐。有如一国富强，甲于天下，而其文艺学术，一无可以表见，则千载而后，谁复知其名者？而古昔既墟之国，以文学美术之力，垂名百世，迄今不朽者，往往而有，此岂可忽视者欤？

不惟此也，即社会至显之事，亦不宜安近功而忘远虑，常宜规模远大，以遗饷后人，否则社会之进步，不可得而期也。是故有为之士，所规画者，其事固或非一手一足之烈，而其利亦能历久而不渝，此则人生最大之博爱也。

量力捐财，以助公益，此人之所能为，而后世子孙，与享其利，较之饮食征逐之费，一晌而尽者，其价值何如乎？例如修河渠，缮堤防，筑港埠，开道路,拓荒芜,设医院,建学校皆是。而其中以建学校为最有益于社会之文明。又如私设图书馆,纵人观览,其效亦同。其他若设育婴堂、养老院等,亦为博爱事业之高尚者,社会文明之程度,即于此等公益之盛衰而测之矣。

图公益者,又有极宜注意之事,即慎勿以公益之名,兴无用之事是也。好事之流,往往为美名所眩,不审其利害何若,仓卒举事,动辄蹉跌,则又去而之他。若是者,不特自损,且足为利己者所借口,而以沮丧向善者之心,此不可不慎之于始者也。

又有借公益以沽名者,则其迹虽有时与实行公益者无异,而其心迥别,或且不免有倒行逆施之事。何则? 其目的在名,则苟可以得名也,而他非所计,虽其事似益而实损,犹将为之。实行公益者则不然,其目的在公益。苟其有益于社会也,虽或受无识者之谤议,而亦不为之阻。此则两者心术之不同,而其成绩亦大相悬殊矣。

人既知公益之当兴,则社会公共之事物,不可不郑重而爱护之。凡人于公共之物,关系较疏,则有漫不经意者,损伤破毁,视为常事,此亦公德浅薄之一端也。夫人既知他人之财物不可以侵,而不悟社会公共之物,更为贵重者,何欤? 且人既知毁人之物,无论大小,皆有赔偿之责,今公然毁损社会公共之物,而不任其赔偿者,何欤? 如学堂诸生,每有抹壁唾地之事,而公共花卉,道路荫木,经行者或无端而攀折之,至于青年子弟,诣神庙佛寺,又或倒灯复瓮,自以为快,此皆无赖之事,而有悖于公德者也。欧美各国,人人崇重公共事物,习以为俗,损伤破毁之事,始不可见,公园椅榻之属,间以公共爱护之言,书于其背,此诚一种之美风,而我国人所当奉为圭臬者也。国民公德之程度,视其对于公共事物如何,一木一石之微,于社会利害,虽若无大关系,而足以表见国民公德之浅深,则其关系,亦不可谓小矣。

【思考题】

1. 蔡元培提出"慈善的行为不能不讲究",是何原因?

2. 结合实际,谈一谈如何做好公益活动。

【延伸阅读】

1. 张娟:《蔡元培修身思想与学校德育》,《中学政治教学参考》,2014 年第 36 期。

2. 王张三,王红柳,刘为浩:《北大之父》,《学界泰斗·蔡元培》,武汉大学出版社 2012 年版。

论公德

【导读】

梁启超(1873 年—1929 年),字卓如,号任公,广东新会茶坑村人,因其书斋名为饮冰室,又号称饮冰室主人。清光绪举人,近代中国的思想启蒙者、文学家、史学家,在文史哲、佛学、政治、经济等方面均有突出成就,被称为百科全书式的大师。曾与其师康有为一起推动维新变法,并称"康梁",中国近代维新派代表人物之一。晚年出任清华研究院导师。其著作合编为《饮冰室合集》40 册 149 卷,约 1400 万字。

甲午以降,中国思想文化进入了转型时代。西方文化的冲击,动摇了儒家的基本道德价值。儒学的危机代表了中国文化变革与认同相互交织的困境。如何在大变革时代维系中国传统道德? 梁启超的方法论是围绕道德伦理的"变"与"常"的关系,在厘清儒家道德的复杂性与多面性的基础上探寻普遍性的道德价值,从而论证了道德变化和发展的连续性。梁启超从 1902年年初开始写作《新民说》,到 1905 年年底完成《德育鉴》,于 1916 年部分收入《饮冰室文集》。这一时期的作品显示了梁启超在这方面的思考。

《论公德》选自《饮冰室合集》,属于政论类作品,体现了梁启超对民族道德伦理的新见解。根据题本启蒙思想家福泽谕吉的新伦理学说,梁启超把道德区分为"公德"与"私德",他认为:"人人独善自身者谓之私德,人人相善其群者谓之公德。""公德"是关于个人与社群观的道德,是社群得以维持的条件。"私德"是个人自身品性的完善,是个人立身处世的根本。两者都是道德统一体的两个外在表现,也是人生和立国所需要的道德。"公德"的主体是民族主权国家,包括有团体的共同道德和个人对团体的的道德两层含义,其实质就是"利群"。这是一个国家得以建立的根本。

中国传统文化重"私德"轻"公德",在道德理论中关于公德的论述很少,关于私德的论述则较多,不乏精辟之论。在梁启超看来:"我国民所最缺者,公德其一端也。"这就导致了国民不知什么是公德,不知道个人对群体的义务。因此,梁启超强调,中国要由弱转强,走向振兴,一定要加强国民对"群"(主要指国家)的责任感。国民必须明确对国家所承担的义务,以求益群利群,而不能只享受群体的利益而不承担义务。他从爱国的民族主义出发,将个人对群体的义务看作是公德的核心。

梁启超的思想至今仍闪烁着理性的光辉,震撼国民心灵。它启发我们,为了实现中华民族伟大的复兴梦,必须处理好个人和集体、个人和国家的关系,做一个有公德心的人。不仅要严于律己,讲求"私德",更要以国家和人民利益为重,克己奉公,具有强烈的责任心和使命感。

【选文】

论公德

我国民所最缺者,公德其一端也。公德者何?人群之所以为群,国家之所以为国,赖此德焉以成立者也。人也者,善群之动物也(此西儒亚里士多德之言)。人而不群,禽兽奚择。而非徒空言高论曰群之群之,而遂能有功者也;必有一物焉贯注而联络之,然后群之实乃举,若此者谓之公德。

道德之本体一而已,但其发表于外,则公私之名立焉。人人独善其身者谓之私德,人人相善其群者谓之公德,二者皆人生所不可缺之具也。无私德则不能立,合无量数卑污、虚伪、残忍、愚懦之人,无以为国也;无公德则不能团,虽有无量数束身自好、廉谨良愿之人,仍无以为国也。吾中国道德之发达,不可谓不早,虽然,偏于私德,而公德殆阙如。

试观《论语》《孟子》诸书,吾国民之木铎,而道德所从出者也。其中所教,私德居十之九,而公德不及其一焉。如《皋陶谟》之九德;《洪范》之三德;

《论语》所谓温良恭俭让，所谓克己复礼，所谓忠信笃敬，所谓寡尤寡悔，所谓刚毅木讷，所谓知命知言；《大学》所谓知止慎独，戒欺求慊；《中庸》所谓好学力行知耻，所谓戒慎恐惧，所谓致曲；《孟子》所谓存心养性，所谓反身强恕。凡此之类，关于私德者发挥几无余蕴，于养成私人（私人者对于公人而言，谓一个人不与他人交涉之时也）之资格，庶乎备矣。虽然，仅有私人之资格，遂足为完全人格乎？是固不能。今试以中国旧伦理，与泰西新伦理相比较：旧伦理之分类，曰君臣，曰父子，曰兄弟，曰夫妇，曰朋友；新伦理之分类，曰家族伦理，曰社会（即人群）伦理，曰国家伦理。

旧伦理所重者，则一私人对于一私人之事也（一私人之独善其身，固属于私德之范围，即一私人与他私人交涉之道义，仍属于私德之范围也，此可以法律上公法、私法之范围证明之）；新伦理所重者，则一私人对于一团体之事也（以新伦理之分类，归纳旧伦理，则关于家族伦理者三：父子也，兄弟也，夫妇也；关于社会伦理者一：朋友也；关于国家伦理者一：君臣也。然朋友一伦，决不足以尽社会伦理；君臣一伦，尤不足以尽国家伦理。何也？凡人对于社会之义务，决不徒在相知之朋友而已，即绝迹不与人交者，仍于社会上有不可不尽之责任。至国家者，尤非君臣所能专有，若仅言君臣之义，则使以礼，事以忠，全属两个私人感恩效力之事耳，于大体无关也。将所谓逸民不事王侯者，岂不在此伦范围之外乎？夫人必备此三伦理之义务，然后人格乃成。若中国之五论，则惟于家族伦理稍为完整，至社会、国家伦理，不备滋多。此缺憾之必当补者也，皆由重私德轻公德所生之结果也）。夫一私人之所以自处，与一私人之对于他私人，其间必贵有道德者存，此奚待言！虽然，此道德之一部分，而非其全体也。全体者，合公私而兼善之者也。

私德公德，本并行不悖者也。然提倡之者既有所偏，其末流或遂至相妨。若微生亩讥孔子以为佞，公孙丑疑孟子以好辨，此外道浅学之徒，其不知公德，不待言矣；而大圣达哲，亦往往不免。吾今固不欲撷拾古人片言只语有为而发者，摘之以相诟病。要之，吾中国数千年来，束身寡过主义，实为德育之中心点。范围既日缩日小，其间有言论行事出此范围外，欲为本群本国之公利公益有所尽力者，彼曲士贱儒，动辄援"不在其位，不谋其政"等偏义,以非笑之、挤排之。谬种流传,习非胜是,而国民益不复知公德为何物!今夫人之生息于一群也,安享其本群之权利,即有当尽于其本群之义务;苟不尔者,则直为群之蠹而已。彼持束身寡过主义者,以为吾虽无益于群,亦无害于群,庸讵知无益之即为害乎!何则?群有以益我,而我无以益群,是我逋群之负而不偿也。夫一私人与他私人交涉,而逋其所应偿之负,于私德必为罪矣,谓其害之将及于他人也。而逋群负者,乃反得冒善人之名,何也?使一群之人,皆相率而逋焉,彼一群之血本,能有几何?

而此无穷之债客,日夜蠹蚀之而瓜分之,有消耗,无增补,何可长也!然则其群必为逋负者所拽倒,与私人之受累者同一结果,此理势之所必然矣。今吾中国所以日即衰落者,岂有他哉?束身寡过之善士太多,享权利而不尽义务,人人视其所负于群教员如无有焉。人虽多,曾不能为群之利,而反为群之累,夫安得不日蹙也!

父母之于子也,生之育之,保之教之,故为子者有报父母恩之义务。人人尽此义务,则子愈多者,父母愈顺,家族愈昌;反是则为家之索矣。故子而逋父母之负者,谓之不孝,此私德上第一大义,尽人能知者也。群之于人也,国家之于国民也,其恩与父母同。盖无群无国,则吾性命财产无所托,智慧能力无所附,而此身将不可以一日立于天地。故报群报国之义务,有血气者所同具也。苟放弃此责任者,无论其私德上为善人、为恶人,而皆为群与国之蟊贼。譬诸家有十子,或披剃出家,或博弈饮酒,虽一则求道,一则无赖,其善恶之性质迥殊。要之,不顾父母之养,为名教罪人则一也。明乎此义,则凡独善其身以自足者,实与不孝同科。按公德以审判之,虽谓其对于本群而犯大逆不道之罪,亦不为过。

某说部寓言,有官吏死而冥王案治其罪者,其魂曰:"吾无罪,吾作官甚廉。"冥王曰:"立木偶于庭,并水不饮,不更胜君乎!于廉之外一无所闻,是即君之罪也。"遂炮烙之。

欲以束身寡过为独一无二之善德者,不自知其已陷于此律而不容赦也。近世官箴,最脍炙人口者三字,曰清、慎、勤。夫清、慎、勤,岂非私德之高尚者耶?虽然,彼官吏者受一群之委托而治事者也,既有本身对于群之义务,复有对于委托者之义务，曾是清、慎、勤三字，遂足以塞此两重责任乎？此皆由知有私德，不知有公德。故政治之不进，国华之日替，皆此之由。彼官吏之立于公人地位者且然，而民间一私人更无论也。我国民中无一人视国事如己事者，皆公德之大义未有发明故也。

且论者亦知道德所由起乎？道德之立，所以利群也。故因其群文野之差等，而其所适宜之道德，亦往往不同，而要之，以能固其群、善其群、进其群者为归。夫英国宪法，以侵犯君主者为大逆不道（各君主国皆然）；法国宪法，以谋立君主者为大逆不道；美国宪法，乃至以妄立贵爵名号者为大逆不道（凡违宪者皆大逆不道也）。其道德之外形相反如此，至其精神则一也。一者何？曰：为一群之公益而已。乃至古代野蛮之人，或以妇女公有为道德（一群中之妇女为一群中之男子所公有物，无婚姻之制也。古代期巴达尚不脱此风），或以奴隶非人为道德（视奴隶不以人类，古贤柏拉图、阿里士多德皆不以为非；南北美战争以前，欧美人不以此事为恶德也）。而今世哲学家，犹不能谓其非道德。盖以彼当时之情状，所以利群者，惟此为宜也。然则道德之精神，未有不自一群之利益而生者，苟反于此精神，虽至善者，时或变为至恶矣（如自由之制，在今日为至美，然移之于野蛮未开之群，则为至恶；专制之治，在古代为至美，然移之于文明开化之群，则为至恶。是其例证也）。

是故公德者，诸国之源也，有益于群者为善，无益于群者为恶（无益而有害者为大恶，无害亦无益者为小恶）。此理放诸四海而准，俟诸百世而不惑者也。至其道德之外形，则随其群之进步以为比例差，群之文野不同，则其所以为利益者不同，而其所以为道德者亦自不同。德也者，非一成而不变者也（吾此言颇骇俗，但所言者德之条理，非德之本原，其本原固亘万古而无变者也。读者幸勿误会。本原惟何？亦曰利群而已）。非数千年前之古人能立一定格式以范围天下万世者也（私德之条目，变迁较少，公德之条目变迁尤多）。然则吾辈生于此群，生于此群之今日，宜纵观宇内之大势，静察吾族之所宜，而发明一种新道德，以求所以固吾群、善吾群、进吾群之道，未可以前王先哲所罕言者，遂以自画而不敢进也。知有公德，而新道德出焉矣，而新民出焉矣！（今世士夫谈维新者，诸事皆敢言新，惟不敢言新道德，此由学界之奴性未去,爱群、爱国、爱真理之心未诚也。盖以为道德者,日月经天,江河行地,自无始以来,不增不减,先圣昔贤,尽揭其奥,以诏后人,安有所谓新焉旧焉者。殊不知,道德之为物,由于天然者半,由于人事者亦半,有发达有进步,一循天演之大例。前哲不生于今日,安能制定悉合今日之道德?使孔孟复起,其不能不有所损益也亦明矣。今日正当过渡时代,青黄不接,前哲深微之义,或湮没而未彰,而流俗相传简单之道德,势不足以范围今后之人心,且将有厌其陈腐而一切吐弃之者。吐弃陈腐,犹可言也,若并道德而吐弃,则横流之祸,曷其有极!今此祸已见端矣。老师宿儒或忧之,劬劬焉欲持宋元之余论,以遏其流,岂知优胜劣败,固无可逃,捧抔土以塞孟津,沃杯水以救薪火,虽竭吾才,岂有当焉。苟不及今急急斟酌古今中外,发明一种新道德者而提倡之,吾恐今后智育愈盛,则德育愈衰,泰西物质文明尽输入中国,而四万万人且相率而为禽兽也。呜呼!道德革命之论,吾知必为举国之所诟病,顾吾特恨吾才之不逮耳。若夫与一世之流俗人挑战决斗,吾所不惧,吾所不辞。世有以热诚之心爱群、爱国、爱真理者乎?吾愿为之执鞭,以研究此问题也。)公德之大目的,既在利群,而万千条理即由是生焉。本论以后各子目,殆皆可以"利群"二字为纲,以一贯之者也。

故本节但论公德之急务,而实行此公德之方法,则别著于下方。

【思考题】

1. 梁启超写作《论公德》一文的用意是什么?

2. 为什么说"私德公德,本并行不悖者也"?

3. 梁启超的博爱观点主要有哪些?

【延伸阅读】

1. 孟晓妍:《梁启超论"公德"与"私德"》,《前线》,2014 年第 2 期。

2. 梁启超:《存养第四》,《梁启超修身三书——德育鉴》,上海古籍出版社 2018 年版。

3. 周洋:《戊戌风云》,《梁启超传》,北京时代华文书局 2016 年版。

晓庄三岁敬告同志书

【导读】

陶行知(1891年—1946年),安徽歙县人,中国近代史上的著名教育家、民主战士。他呕心沥血,毕生为我国教育事业的发展而奋斗。毛泽东称他为"伟大的人民教育家",周恩来赞他是"无保留追随党的党外布尔什维克"。留世著作辑入《陶行知全集》《陶行知卷》等。

统观陶行知的整个生命与事业历程,不难发现"爱"是其理论思想的核心与实践活动的原动力。在陶行知看来,"爱"不仅是一种道德情怀,也是一种激发行为的动力。只有通过"爱"才能更好地将教育理想与教育现实紧密地联系在一起,才能将师生员工和各项教育事业紧密地维系在一起。他认为,只有确立博爱情怀,爱满天下,学校全体师生员工才能众志成城,团结在一起,形成强大有力的教育整体,这才是办好学校、办好教育的关键。

"爱满天下"这四个字是陶行知的格言,也是他毕生办学从教的精神写照作为一个教育家,首先也是最主要的,他有一颗伟大的爱心。他心里装着劳苦大众,脑中想着劳苦大众,嘴上挂着劳苦大众,为了劳苦大众奋斗一生,直至献出生命。陶行知的教育事业,无不根源于他对中国老百姓的爱,他办学校、办教育,也是为了培养人才,改善老百姓生计,为老百姓服务。他实施普及教育,是为了使老百姓不要做奴隶,而做能看、能说、能想、能做的主人。他之所以爱民主、爱科学、爱创造,归根结底还是为了现在和将来能为老百姓除害造福、兴利除弊。可以说,陶行知是真正爱人民的,他属于人民,也是人民真正的朋友和亲人。陶行知用博爱精神为中国人民负起十字架,以苏格拉底式的自我牺牲精神追求真理,以革命者赴汤蹈火的精神为人民谋幸福,献身于他所爱的教育事业,践行了"捧着一颗心来,不带半根草去"的承诺。

《晓庄三岁敬告同志书》是陶行知对创办晓庄学校三年的总结。晓庄发展的历史是创造的历史,更是爱的历史。晓庄生于爱,唯有凭着爱的力量才能生生不已。正如陶行知所言:"博爱存心,和光映面,不惑不忧,不惧不恋。"这是对爱心的最好的概括与提炼。

【选文】

晓庄三岁敬告同志书

今日是何日?

当念三年前。

愿从今日起,

更结万年缘。

三年前的今日,老山下的小庄出了一桩奇事。他们是来扫墓吗?香烛在哪儿?强盗来分赃吗?如何这样客气?他们是开学的哟。开学?学堂在哪儿?连燕子都不肯飞来的地方,忽然这样热闹,奇怪得很!

不错,我们是来开学。说得更确切些,我们是来开工。还不如说,我们是来这儿开始生活。"从野人生活出发,向极乐世界探寻"是我们今天所立的宏愿。学堂是有的,不过和别的学堂不同。他头上顶着青天,脚上踏着大地,东南西北是他的围墙,大千世界是他的课室,万物变化是他的教科书,太阳月亮照耀他工作,一切人,老的、壮的、少的、幼的、男的、女的都是他的先生,也都是他的学生。晓庄生来就是这样的一副气骨。

到了今天,已经是三周年了。说到可以看见的成绩,真是微乎其微。他所有的茅草屋,稍微有点财力的人,只要两个月就可以造得成功。一阵野火,半天便可以把他们烧得干干净净。至于每个同志之所有,除了一颗血红的心和一些破布烂棉花的行李之外,还有什么可说?然而晓庄毕竟有那野火烧不尽的东西。这些东西的价值，也许只等于穷人家在天寒地冻时之破布烂棉花，也许就是因为这些破布烂棉花的力量，那血红的心才能继续不断的跳动，那怀抱着这血红的心的生命便能生生不已。我现在所高兴说的就是这些东西。

晓庄是从爱里产生出来的。没有爱便没有晓庄。因为他爱人类，所以他爱人类中最多数而最不幸之中华民族；因为他爱中华民族，所以他爱中华民族中最多数而最不幸之农人。他爱农人只是从农人出发，从最多数最不幸的出发，他的目光，没有一刻不注意到中华民族和人类的全体。在吉祥学园里写了两句话："捧着一颗心来；不带半根草去。"晓庄是从这样的爱心里出来的。晓庄可毁，爱不可灭。晓庄一天有这爱，则晓庄一天不可毁。倘使这爱没有了，则虽称为晓庄，其实不是晓庄。爱之所在即晓庄之所在。一个乡村小学里的教师有了这爱，便是一个晓庄；一百万个乡村小学里的教师有了这爱，便是一百万个晓庄。虽是名字不叫晓庄，实在是真正的晓庄了。

晓庄三年来的历史，就是这颗爱心之历史——这颗爱心要求实现之历史。有了爱便不得不去找路线，寻方法，造工具，使这爱可以流露出去完成他的使命。流露的时候，遇着阻力便不得不奋斗——与土豪劣绅奋斗，与外力压迫奋斗，与传统教育奋斗，与农人封建思想奋斗，与自己带来之伪知识奋斗。这奋斗之历史，也就是这颗爱心之历史。晓庄没有爱便不能奋斗，不能破坏，不能建设，不能创造。今人没有爱，便没有意义，即使在晓庄，也不见得有贡献。所以晓庄和各个同志的总贡献——破坏也创造——如果有的话，都是从爱里流露出来的。晓庄生于爱，亦惟有凭着爱的力量才能生生不已咧。

我们最初拿到晓庄来试验的要算是教学做合一的理论了。当初的方式很简单。他的系统也就是晓庄一面试验一面建设起来的。这个理论包括三方面：一是事怎样做便怎样学，怎样学便怎样教；二是对事说是做，对己说是学，对人说是教；三是教育不是教人，不是教人学，乃是教人学做事。无论哪方面，"做"成了学的中心即成了教的中心。要想教得好，学得好，就须做得好。要想做得好，就须"在劳力上劳心"，以收手脑相长之效。这样一来，我们便与两种传统思想短兵相接了。一是孟子的"劳心者治人,劳力者治于人"的二元论。这种二元论在中国的力量是很大的。他在教育上的影响是:教劳心者不劳力;不教劳力者劳心。结果把中华民族划成两个阶级,并使科学的种子长不出来。二是先知后行的谬论。阳明虽倡知行合一之说,无意中也流露出"知是行之始"之意见。东原更进一步的主张"重行必先重知"。这种主张在中国教育上的影响极深。"知是行之始"一变而为"读书是行之始",再变而为"听讲是行之始"。"重行必先重知"也有同样的流弊。请看今日学校里的现象,哪一处不是这种谬论所形成。不入虎穴,焉得虎子。知识是要自己像开矿样去取来的。取便是行。中国学子被先知后行的学说所麻醉,习惯成了自然,平日不肯行,不敢行,终于不能行,也是一无所知。如果有所知,也不过是知人之所知,不是我之所谓知。教学做合一既以做为中心,便自然而然地把阳明、东原的见解颠倒过来,成为"行是知之始""重知必先重行"。我很诚恳地敬告全国的同志:"有行的勇气,才有知的收获。"先知后行的学说的土壤里,长不出科学的树,开不出科学的花,结不出科学的果。

教学做合一的理论最初是应用在培养师资上面的。我们主张培养小学教师要在小学里做、小学里学、小学里教。这小学是培养小学教师的中心,也就是师范学校的中心,不是它的附属品,故不称他为附属小学而称他为中心小学。培养幼稚园教师的幼稚园,和培养中学教师的中学,都是中心学校而不是附属学校。现在实行的学园制即是艺友制,每学园有导师、艺友及中心学校,更进一步求教学做合一的主张之贯彻。现今师范教育之传统观念是先理论而后实习,把一件事分作两截,好一比早上烧饭晚上请客。除非让客人吃冷饭,便须把饭重新烧过。教学做合一的中心学校就是要把理论与实习合为一炉而冶之。

教学做合一不是别的,是生活法,是实现生活教育之方法。当初,生活教育戴着一顶"教育即生活"的帽子,自从教学做合一的理论试行以后,渐渐的觉得"教育即生活"的理论行不通了。一年前我们便提出一个"生活即教育"的理论来替代。从此生活教育的内容方法便脉脉贯通了。

"生活即教育"怎样讲？是生活即是教育。是好生活即是好教育，是坏生活即是坏教育；有目的的生活即是有目的的教育，无目的的生活即是无目的的教育；有计划的生活即是有计划的教育，无计划的生活即是无计划的教育；合理的生活即是合理的教育，不合理的生活即是不合理的教育；日常的生活即是日常的教育；进步的生活即是进步的教育。依照生活教育的五大目标说来：康健的生活即是康健的教育；劳动的生活即是劳动的教育；科学的生活即是科学的教育；艺术的生活即是艺术的教育；改造社会的生活即是改造社会的教育。反过来说，嘴里念的是劳动教育的书，耳朵听的是劳动教育的演讲，而平日所过的是双料少爷的生活，在传统教育的看法不妨算他是受劳动教育，但在生活教育的看法则断断乎不能算他是受劳动教育。生活教育是运用生活的力量来改造生活，他要运用有目的有计划的生活改造无目的无计划的生活。

生活教育既以生活做中心，立刻就与几种传统思想冲突。第一种传统思想与生活教育冲突的是文化教育，他以文化为中心，德国战前之教育即是以文化为中心。中国主张此说的也不少。依生活教育的见解，一切文化只是生活的工具。文化既是生活的工具，哪能喧宾夺主而做教育的中心？第二种传统思想与生活教育冲突的是教、训分家。在现代中国学校里教、训分家是普遍的现象。教育好像是教人读书，训育好像是训练人做人或是做事；教育好像是培养知识，训育好像是训练品行；教育又好像是指所谓之课内活动，训育则好像是指所谓之课外活动。所以普通学校里，有一位教务主任专管教育；又有一位训育主任专管训育。某行政机关拟以智仁勇为训育方针，那末，教育方针又是什么呢？生活教育的要求是：整个的生活要有整个的教育。每个活动都要有目标，有计划，有方法，有工具，有指导，有考核。知识与品行分不开，思想与行为分不开，课内与课外分不开，做人做事与读书分不开，即教育与训育分不开。生活教育之下只有纵的分任，决无横的割裂。某人指导团体自治，某人指导康健是可以的。这是纵的分任。若是团体自治的知识是功课以内归教务主任管，团体自治的行为是功课以外归训育主任管，这就是生活的横的割裂，决说不过去。第三种传统思想与生活教育冲突的是教育等于读书。生活教育指示我们说：过什么生活用什么工具。书只是生活工具之一种，是要拿来活用的，不是拿来死读的。书既是用的，那末，过什么生活便用什么书。第四种传统思想与生活教育冲突的是学校自学校、社会自社会。从前学校门前挂着闲人莫入的虎头牌以自绝于社会，不必说了，就是现在高谈学校社会化，或是社会学校化的地方，也往往漠不相关。生活即教育的理论一来，他立刻要求拆墙，拆去学校与社会中间之围墙，使我们可以达到亲民亲物的境界。不但如此，他要求把整个的社会或整个的乡村当作学校。与"生活即教育"蝉联而来的就是"社会即学校"。第五种传统思想与生活教育冲突的就是漠视切身的政治经济问题。我们既承认"社会即学校"，那末，社会的中心问题便成了学校的中心问题。这中心问题就是政治经济问题。我们最初定教育目标时对于政治经济即特别重视。赵院长（注：赵叔愚曾任晓庄师范第一院院长）后来又作有力的宣言说："生活教育是教人做工求知管政治。"江问渔先生近著《富教合一》和《政教合一》两篇文字，使生活教育之内容更为明显。我也作《富教合一后论》《政教合一后论》《政富合一论》以尽量发挥三者之关系，终于构成政富教合一理论之系统。晓庄所办之自卫团、妇女工学处，现在向省政府建议设置之试验乡以及十九年度计划中之生产事业，都是想把政治、经济、教育打成一片，做个政富教合一的小试验。政富教合一的根本观念是要将政富教三件事合而为一。如何使他们合起来？要叫他们在"遂民之欲达民之情"上合起来。现在这三件事的中间有很大的鸿沟。他的根本原因不外三种：一是富人拿政治与教育作工具以遂富人之欲而达富人之情；二是政客拿富人之力与教育作工具以遂政客之欲而达政客之情；三是不肯拿教育给富人和政客做工具的教师们存了超然的态度，不知教人民运用富力和政治力以遂民之欲达民之情。我们要知道等到富力成为民的富力，政治力成为民的政治力，然后生活才算是民的生活，教育才算是民的教育。在教育的立场上说，我们所负的使命：（一）是教民造富；（二）是教民均富；（三）是教民用富；（四）是教民知富；（五）是教民拿民权以遂民生而保民族。我们要教人知道，不做工的不配吃饭，更不配坐汽车。我们要教人知道"朱门酒肉臭，路有冻死骨"是最大的罪孽。我们要教人知道富力如同肥料，堆得太多了要把花草的生命烧死。我们要教人民造富的社会，不造富的个人。从农业文明进到工业文明，我们要教农民做机器的主人，不做机器的奴隶。这种主张，不消说，不但和"先富后教"、教育不管政治一类的传统思想冲突，凡是凭着特殊势力以压迫人民，致使民之欲不得遂、民之情不得达的，都是我们的公敌。

最后，晓庄是同志的结合，我不要忘记了叙述。晓庄的茅草屋一把野火可以烧得掉；晓庄的同志饿不散，冻不散，枪炮惊不散。我们是为了一个共同的使命来的。这使命便是教导乡下阿斗做中华民国的主人。要想负得起这个使命，便不能没有特殊的修养。这是我们自己勉励的几条方针：

（一）自立与互助

"滴自己的汗，吃自己的饭，自己的事自己干。靠人靠天靠祖上，不算是好汉。"这首《自立歌》，晓庄的人是没有不会唱的了。我们所求的自立，便是这首歌所指示的。但是自立不是孤高，不是自扫门前雪。我们不但是一个人，并且是一个人中人。人与人的关系是建筑在互助的友谊上。凡是同志，都是朋友，便当互助。倘不互助，就不是朋友，便不是同志。我们唱一首互助歌吧："小小的村庄，小小的学堂，小小的学生，个个是好汉。好汉！好汉！帮人家的忙。"

（二）平等与责任

在晓庄，凡是同志一律平等。共同立法的时候，师生工友都只有一权。违法时处分也不因人而异。我们认为，在同一的团体里要人共同守法，必须共同立法。但同志的法律地位虽平等，而责任则因职务而不同。职务按行政系统分配，各有各的职务，即各有各的责任。责任在指挥，当行指挥之权；责任在受指挥，应负受指挥之义务。

（三）自由与纪律

晓庄团体行动有一致遵守的纪律，五十岁以上及对本校学术有特殊贡献的人，得由本校赠与晓庄自由章，不受共同纪律之限制。但这些纪律的目的，无非也是增进团体生活的幸福，防止个人自由之冲突。晓庄毕竟不但是个"平等之乡"，而且是个"自由之园"。晓庄以同志的志愿为志愿，以同志的计划为计划,以同志的贡献为贡献。晓庄虽然希望每个同志对于共同的志愿、计划是要有些贡献,但是乡村教育的范围广漠无边。除非是身在乡下心在城里的人,总可以找出一两样符合自己的才能兴味。大部分的生活都是供大家自由的选择。学园的成立是由于园长选同志,同志选园长,格外合乎自由的意义。试验自由是各学园的础石。晓庄所要求于个人的只是每个人都有计划,要按着自己的计划进行。至于什么计划,如何实现,都是个人的自由。在理想的社会里,凡是人的问题都可以自由的想,自由的谈,自由的试验。晓庄虽然没有达到这种境界,但愿意努力创造这样的一个社会。这里含蓄着进步的泉源,这里蕴藏着人生的乐趣。乡下人的面包已经给人家夺去一半了,剩下这点不自由的自由是多么的尊贵哟!

（四）大同与大不同

这又是一对似乎矛盾而实相成的名词。我们试到一个花园里面去看一看:万紫千红,各有它的美丽;那构成花园的伟观的成分正是各种花草的大不同处。将这些大不同的花草分别栽种,使他们各得其所,及时发荣滋长,现出一种和谐的气象,令人一进门便感觉到生命的节奏:这便是大同之效。晓庄不是别的,只是一个"人园",和花园有相类似的意义。我们愿意在这里面的人都能各得其所,现出各人本来之美,以构成晓庄之美。如果要找一个人中模范教一切人都学成和他一样,无异于教桃花、榴花拜荷花做模范。我们当教师的实在需要园丁的智慧。晓庄不但是不要把个个学生造成一模一样,并且也不愿他们出去照样画葫芦。晓庄同志无论到什么地方去,如果只能办成晓庄一样的学校,便算本领没有学到家,便算失败。没有两个环境是相同的,怎能同样的办?晓庄同志要创造和晓庄大不同的学校才算是和晓庄同,才算是第一流的贡献,才算是有些成功。

同志们!记牢我们的使命是教导乡下阿斗做中华民国的主人。乡下阿斗没有出头之先,我们休想出头;乡下阿斗没有享福之先,我们休想享福。我们若是赶在农人前面去出头享福,只此一念便是变相的土豪劣绅。与农人同甘苦,共休戚,才能得到光明,探出生路。我们大家唱首《劳山歌》,为中华民国的主人努力吧!

老山劳,

小庄晓:

咱锄头,

起来了。

老山劳,

小庄晓:

新时代,

推动了。

【思考题】

1. 谈一谈你对"晓庄是从爱里产生出来的"这句话的理解。

2. 试述陶行知"爱满天下"的教育情怀。

【延伸阅读】

1. 许庆如:《仁爱与博爱的融合:论陶行知"爱满天下"的办学精神》,《教学与管理》,2014 年第 36 期。

2. 刘冬梅,方丰:《陶行知博爱教育思想意蕴解读》,《重庆科技学院学报(社会科学版)》,2012 年第 4 期。

3. 章开沅,唐文权:《"爱满天下"的陶夫子》,《平凡的神圣——陶行知》,湖北教育出版社 1992 年版。

中编　社会主义博爱文化

自文艺复兴以来，"博爱"就作为资产阶级的价值观出现，以致于"博爱"成为受批判的对象。马克思主义有没有博爱文化？社会主义博爱文化何以可能？成为人类必须认真审思的课题。回答这一问题的关键在于，马克思主义从什么意义上理解"博爱"。马克思主义认为，真正的博爱不是对超阶级的一切人的"泛爱"，而应表现为对广大人民群众真实的公共关怀，内蕴着对反人民文化世界的尖刻批判。从这个意义上讲，马克思主义博爱文化赋予"博爱"具体的、历史的内涵，由此导引的社会主义博爱文化能够实现人类博爱精神的现实复归，体现了对博爱人民性的价值追索。

马克思主义以科学实践观为基础，倡导类群价值本位，旨在克服以私有制为基础的异化生存状态，建立一个由人们共同控制全部生产和生活资料的公有制社会。公共关怀成为马克思主义的价值立场和哲学特质。从应然的生存价值上看，马克思主义以分析批判私有制为基础，力图实现每个人自由全面发展的共产主义社会，体现了超越私人生存逻辑而追求公共生存合理性的价值追求，这是马克思主义博爱文化的核心要义。

中国共产党人是马克思主义博爱文化的忠诚信奉者和坚定实践者。在革命、建设、改革的长期历史实践中，一代代中国共产党人根据当时的社会历史条件不断发展马克思主义博爱文化，形成了革命的博爱情怀和社会主义的博爱文化。革命的博爱情怀主要体现在革命战争实践中，把整个中华民族和中国人民的根本利益看得高于一切，形成尊重人民、理解人民、关怀人民、服务人民的博爱伦理精神；社会主义博爱文化继承发展了革命博爱情怀，体现了社会主义的伦理道德原则。共产党人讲博爱，核心就是对人民的无限热爱。革命博爱和社会主义博爱一脉相承，在不同历史时期展现出不同的存在形态和表达方式。具体表现为五个方面。

第一，毛泽东"为人民服务"的博爱思想。《关心群众生活，注意工作方法》《为人民服务》《纪念白求恩》是其博爱思想的代表性著作。

第二,邓小平"人民评价标准"的博爱立场。"南方谈话"摘要着重体现了这一博爱立场。

第三,江泽民"代表最广大人民根本利益"的博爱取向。《残疾人事业是崇高的事业》以残疾人事业为代表,充分展现了这一价值取向。

第四,胡锦涛"以人为本"的博爱精神。《发展残疾人事业,共同创造幸福生活》是以人为本博爱精神的鲜明诠释。

第五,习近平"以人民为中心"的博爱情怀。《人民对美好生活的向往,就是我们的奋斗目标》《实现中华民族伟大复兴是中华民族近代以来最伟大的梦想》《坚持精准扶贫、精准脱贫,坚决打赢脱贫攻坚战》《共同构建人类命运共同体》《使伟大抗疫精神转化为实现中华民族伟大复兴的强大力量》《在全国脱贫攻坚总结表彰大会上的讲话》和《在庆祝中国共产党成立100周年大会上的讲话》等从不同侧面体现了这一博爱情怀,从实践上传承和发展了马克思主义博爱文化,不断丰富和拓展着马克思主义博爱文化的人民性内涵。

毛泽东博爱著作

关心群众生活，注意工作方法

【导读】

　　毛泽东(1893年—1976年)，字润之，湖南湘潭人，是第一代中国共产党人的领导核心，被《时代》杂志评为20世纪最具影响100人之一。从1945年党的七届一中全会至1976年逝世，任中国共产党中央委员会主席，1954年至1959年，任中华人民共和国第一任国家主席，被人们尊称为"毛主席"。

　　在以毛泽东同志为核心的第一代中央领导集体的领导下，中国人民建立了新中国，实行了社会主义制度。在中国革命和建设实践中，毛泽东带领第一代中国共产党人把马克思主义与中国具体实际相结合，形成并发展了毛泽东思想。1981年中共中央《关于建国以来党的若干历史问题的决议》指出："毛泽东思想是马克思列宁主义在中国的运用和发展，是被实践证明了的关于中国革命和建设的正确的理论原则和经验总结，是中国共产党集体智慧的结晶。"

　　为人民服务是中国共产党的宗旨，反映了毛泽东思想对人民的大爱精神。毛泽东指出："我们的共产党和共产党所领导的八路军、新四军，是革命的队伍。我们这个队伍完全是为着解放人民的，是彻底地为人民的利益工作的。"毛泽东还区分了共产党和国民党、无产阶级和资产阶级对待人民群众上的本质区别："国民党也需要老百姓，也讲'爱民'。他们讲'爱民'是为了剥削……我们不同，我们自己就是人民的一部分，我们的党是人民的代表,我们要使人民觉悟,使人民团结起来。在这个问题上,我们同国民党是对立的,一个要人民,一个脱离人民。"

党的历代中央领导集体对毛泽东思想的继承和发展,成为我们开辟中国特色社会主义的重要思想条件。邓小平指出:"没有毛主席,至少我们中国人民还要在黑暗中摸索更长的时间。""我们要实事求是地讲毛主席后期的错误,还要继续坚持毛泽东思想。毛泽东思想是毛主席一生正确的部分。"江泽民指出:"毛泽东同志是近代以来中国伟大的爱国者和民族英雄。"胡锦涛指出:"中国出了个毛泽东,是中国人民和中华民族的光荣和骄傲。在中国近代、现代历史上,没有任何人像毛泽东那样深刻、广泛、长远地影响和改变了中国人的命运,并给整个世界强烈的震撼。"习近平指出:"毛泽东同志是伟大的马克思主义者,伟大的无产阶级革命家、战略家、理论家,是马克思主义中国化的伟大开拓者,是近代以来中国伟大的爱国者和民族英雄,是党的第一代中央领导集体的核心,是领导中国人民彻底改变自己命运和国家面貌的一代伟人。

《关心群众生活,注意工作方法》选自《毛泽东选集》(第一卷)(人民出版社1991年版),是毛泽东同志1934年在江西瑞金召开的第二次全国工农兵代表大会上所作的结论的一部分。1934年革命根据地正遭到国民党反动第五次围剿,党面临的中心任务是动员广大群众参加革命战争,粉碎第五次围剿。要完成这个任务,就必须在动员群众参加革命战争的同时,关心和解决群众的生活问题;采取正确的工作方法,彰显了共产党人对人民群众博爱情操。

全文可分为两个部分。第一部分讲共产党人在革命战争年代关心群众生活的必要性。毛泽东通过列举关心群众生活的正反两方面的事例,说明关心群众生活是动员群众、取得革命战争胜利的保障,批判了只顾扩大军队而忽视群众生活改善的做法。第二部分讲要注意在关心群众生活中的方法问题。要实事求是而拒绝官僚主义工作方法,要采取耐心说服而抛弃命令主义的工作方法。

【选文】

关心群众生活，注意工作方法

（一九三四年一月二十七日）

有两个问题，同志们在讨论中没有着重注意，我觉得应该提出来说一说。

第一个问题是关于群众生活的问题。

我们现在的中心任务是动员广大群众参加革命战争，以革命战争打倒帝国主义和国民党，把革命发展到全国去，把帝国主义赶出中国去。谁要是看轻了这个中心任务，谁就不是一个很好的革命工作人员。我们的同志如果把这个中心任务真正看清楚了，懂得无论如何要把革命发展到全国去，那末，我们对于广大群众的切身利益问题，群众的生活问题，就一点也不能疏忽，一点也不能看轻。因为革命战争是群众的战争，只有动员群众才能进行战争，只有依靠群众才能进行战争。

如果我们单单动员人民进行战争，一点别的工作也不做，能不能达到战胜敌人的目的呢？当然不能。我们要胜利，一定还要做很多的工作。领导农民的土地斗争，分土地给农民；提高农民的劳动热情，增加农业生产；保障工人的利益；建立合作社；发展对外贸易；解决群众的穿衣问题，吃饭问题，住房问题，柴米油盐问题，疾病卫生问题，婚姻问题。总之，一切群众的实际生活问题，都是我们应当注意的问题。假如我们对这些问题注意了，解决了，满足了群众的需要，我们就真正成了群众生活的组织者，群众就会真正围绕在我们的周围，热烈地拥护我们。同志们，那时候，我们号召群众参加革命战争，能够不能够呢？能够的，完全能够的。

在我们的工作人员中，曾经看见这样的情形：他们只讲扩大红军，扩充运输队，收土地税，推销公债，其他事情呢，不讲也不管，甚至一切都不管。比如以前有一个时期，汀州市政府只管扩大红军和动员运输队，对于群众生活问题一点不理。汀州市群众的问题是没有柴烧，资本家把盐藏起来没有盐买,有些群众没有房子住,那里缺米,米价又贵。这些是汀州市人民群众的实际问题,十分盼望我们帮助他们去解决。但是汀州市政府一点也不讨论。所以,那时,汀州市工农代表会议改选了以后,一百多个代表,因为几次会都只讨论扩大红军和动员运输队,完全不理群众生活,后来就不高兴到会了,会议也召集不成了。扩大红军、动员运输队呢,因此也就极少成绩。这是一种情形。

同志们,送给你们的两个模范乡的小册子,你们大概看到了吧。那里是相反的情形。江西的长冈乡,福建的才溪乡,扩大红军多得很呀!长冈乡青年壮年男子百个人中有八十个当红军去了,才溪乡百个人中有八十八个当红军去了。公债也销得很多,长冈乡全乡一千五百人,销了五千四百块钱公债。其他工作也得到了很大的成绩。什么理由呢?举几个例子就明白了。长冈乡有一个贫苦农民被火烧掉了一间半房子,乡政府就发动群众捐钱帮助他。有三个人没有饭吃,乡政府和互济会就马上捐米救济他们。去年夏荒,乡政府从二百多里的公略县办了米来救济群众。才溪乡的这类工作也做得非常之好。这样的乡政府,是真正模范的乡政府。他们和汀州市的官僚主义的领导方法,是绝对的不相同。我们要学习长冈乡、才溪乡,反对汀州市那样的官僚主义的领导者!

我郑重地向大会提出,我们应该深刻地注意群众生活的问题,从土地、劳动问题,到柴米油盐问题。妇女群众要学习犁耙,找什么人去教她们呢?小孩子要求读书,小学办起了没有呢?对面的木桥太小会跌倒行人,要不要修理一下呢?许多人生疮害病,想个什么办法呢?一切这些群众生活上的问题,都应该把它提到自己的议事日程上。应该讨论,应该决定,应该实行,应该检查。要使广大群众认识我们是代表他们的利益的,是和他们呼吸相通的。要使他们从这些事情出发,了解我们提出来的更高的任务,革命战争的任务,拥护革命,把革命推到全国去,接受我们的政治号召,为革命的胜利斗争到底。

长冈乡的群众说:"共产党真正好,什么事情都替我们想到了。"模范的长冈乡工作人员,可尊敬的长冈乡工作人员!他们得到了广大群众的真心实意的爱戴,他们的战争动员的号召得到广大群众的拥护。要得到群众的拥护吗?要群众拿出他们的全力放到战线上去吗?那末,就得和群众在一起,就得去发动群众的积极性,就得关心群众的痛痒,就得真心实意地为群众谋利益,解决群众的生产和生活的问题,盐的问题,米的问题,房子的问题,衣的问题,生小孩子的问题,解决群众的一切问题。我们是这样做了么,广大群众就必定拥护我们,把革命当作他们的生命,把革命当作他们无上光荣的旗帜。国民党要来进攻红色区域,广大群众就要用生命同国民党决斗。这是无疑的,敌人的第一、二、三、四次"围剿"不是实实在在地被我们粉碎了吗?

国民党现在实行他们的堡垒政策,大筑其乌龟壳,以为这是他们的铜墙铁壁。同志们,这果然是铜墙铁壁吗?一点也不是!你们看,几千年来,那些封建皇帝的城池宫殿还不坚固吗?群众一起来,一个个都倒了。俄国皇帝是世界上最凶恶的一个统治者;当无产阶级和农民的革命起来的时候,那个皇帝还有没有呢?没有了。铜墙铁壁呢?倒掉了。同志们,真正的铜墙铁壁是什么?是群众,是千百万真心实意地拥护革命的群众。这是真正的铜墙铁壁,什么力量也打不破的,完全打不破的。反革命打不破我们,我们却要打破反革命。在革命政府的周围团结起千百万群众来,发展我们的革命战争,我们就能消灭一切反革命,我们就能夺取全中国。

第二个问题是关于工作方法的问题。

我们是革命战争的领导者、组织者,我们又是群众生活的领导者、组织者。组织革命战争,改良群众生活,这是我们的两大任务。在这里,工作方法的问题,就严重地摆在我们的面前。我们不但要提出任务,而且要解决完成任务的方法问题。我们的任务是过河,但是没有桥或没有船就不能过。不解决桥或船的问题,过河就是一句空话。不解决方法问题,任务也只是瞎说一顿。不注意扩大红军的领导,不讲究扩大红军的方法,尽管把扩大红军念一千遍,结果还是不能成功。其他如查田工作、经济建设工作、文化教育工作、新区边区的工作,一切工作,如果仅仅提出任务而不注意实行时候的工作方法,不反对官僚主义的工作方法而采取实际的具体的工作方法,不抛弃命令主义的工作方法而采取耐心说服的工作方法,那末,什么任务也是不能实现的。

兴国的同志们创造了第一等的工作,值得我们称赞他们为模范工作者。同样,赣东北的同志们也有很好的创造,他们同样是模范工作者。像兴国和赣东北的同志们,他们把群众生活和革命战争联系起来了,他们把革命的工作方法问题和革命的工作任务问题同时解决了。他们是认真地在那里进行工作,他们是仔细地在那里解决问题,他们在革命面前是真正负起了责任,他们是革命战争的良好的组织者和领导者,他们又是群众生活的良好的组织者和领导者。其它,如福建的上杭、长汀、永定等县的一些地方,赣南的西江等处地方,湘赣边区的茶陵、永新、吉安等县的一些地方,湘鄂赣边区阳新县的一些地方,以及江西还有许多县里的区乡,加上瑞金直属县,那里的同志们都有进步的工作,同样值得我们大家称赞。

一切我们领导的地方,无疑有不少的积极干部,群众中涌现出来的很好的工作同志。这些同志负担着一种责任,就是应该帮助那些工作薄弱的地方,帮助那些还不善于工作的同志们作好工作。我们是在伟大的革命的战争面前,我们要冲破敌人的大规模的"围剿",我们要把革命推广到全国去。全体革命工作人员负担着绝大的责任。大会以后,我们一定要用切实的办法来改善我们的工作,先进的地方应该更加前进,落后的地方应该赶上先进的地方。要造成几千个长冈乡,几十个兴国县。这些就是我们的巩固的阵地。我们占据了这些阵地,我们就能从这些阵地出发去粉碎敌人的"围剿",去打倒帝国主义和国民党在全国的统治。

【思考题】

1. 结合这篇著作,谈谈革命战争年代,中国共产党人是如何展现博爱情怀的?

2. 毛泽东谈到关心群众生活应注意哪些方法?

【延伸阅读】

1. 张神根、姚燕:《我们一起走过:党密切联系群众的 99 个故事》,人民出版社 2013 年版。

纪念白求恩

【导读】

　　《纪念白求恩》选自《毛泽东选集》（第二卷）（人民出版社 1991 年版），是毛泽东在 1939 年 12 月 21 日为纪念来华支援中国抗日战争的加拿大共产党员白求恩同志写的悼念文章。白求恩同志作为加拿大共产党党员，1938 年来到中国参与抗日革命，1938 年 11 月至 1939 年 2 月，率医疗队到山西雁北和冀中前线进行战地救治，4 个月里，行程 750 千米，做手术 300 余次，建立手术室和包扎所 13 处，救治大批伤员。1939 年 10 月下旬，在河北涞源县摩天岭战斗中抢救伤员时左手中指被手术刀割破感染。1939 年 11 月 12 日凌晨，因手术中被细菌感染转为败血症，医治无效逝世。毛泽东同志的文章概述了白求恩同志来华帮助中国人民进行抗日战争的经历，表达了对白求恩逝世的深切悼念，高度赞扬了他的国际主义精神、毫不利己专门利人的精神和对精益求精的专业精神，并号召全党向白求恩同志学习。

　　毛泽东在文中指出："一个外国人，毫无利己的动机，把中国人民的解放事业当作他自己的事业，这是什么精神？这是国际主义的精神，这是共产主义的精神。"毛泽东高度赞誉白求恩"对工作的极端的负责任，对同志对人民的极端的热忱"，指出了共产党人博爱精神的最高境界，即毫不利己专门利人。并告诫全党："一个人能力有大小，但只要有这点精神，就是一个高尚的人，一个纯粹的人，一个有道德的人，一个脱离了低级趣味的人，一个有益于人民的人。"由此指出对每个共产党员的博爱要求，即不论能力大小，都要学习和培养这点精神，使自己变得高尚、纯粹、有道德、脱离低级趣味、有益于人民。

【选文】

纪念白求恩

（一九三九年十二月二十一日）

白求恩同志是加拿大共产党员，五十多岁了，为了帮助中国的抗日战争，受加拿大共产党和美国共产党的派遣，不远万里，来到中国。去年春上到延安，后来到五台山工作，不幸以身殉职。一个外国人，毫无利己的动机，把中国人民的解放事业当作他自己的事业，这是什么精神？这是国际主义的精神，这是共产主义的精神，每一个中国共产党员都要学习这种精神。列宁主义认为：资本主义国家的无产阶级要拥护殖民地半殖民地人民的解放斗争，殖民地半殖民地的无产阶级要拥护资本主义国家的无产阶级的解放斗争，世界革命才能胜利。白求恩同志是实践了这一条列宁主义路线的。我们中国共产党员也要实践这一条路线。我们要和一切资本主义国家的无产阶级联合起来，要和日本的、英国的、美国的、德国的、意大利的以及一切资本主义国家的无产阶级联合起来，才能打倒帝国主义，解放我们的民族和人民，解放世界的民族和人民。这就是我们的国际主义，这就是我们用以反对狭隘民族主义和狭隘爱国主义的国际主义。

白求恩同志毫不利己专门利人的精神，表现在他对工作的极端的负责任，对同志对人民的极端的热忱。每个共产党员都要学习他。不少的人对工作不负责任，拈轻怕重，把重担子推给人家，自己挑轻的。一事当前，先替自己打算，然后再替别人打算。出了一点力就觉得了不起，喜欢自吹，生怕人家不知道。对同志对人民不是满腔热忱，而是冷冷清清，漠不关心，麻木不仁。这种人其实不是共产党员，至少不能算一个纯粹的共产党员。从前线回来的人说到白求恩，没有一个不佩服，没有一个不为他的精神所感动。晋察冀边区的军民，凡亲身受过白求恩医生的治疗和亲眼看过白求恩医生的工作的，无不为之感动。每一个共产党员，一定要学习白求恩同志的这种真正共产主义者的精神。

白求恩同志是个医生，他以医疗为职业，对技术精益求精；在整个八路军医务系统中，他的医术是很高明的。这对于一班见异思迁的人，对于一班鄙薄技术工作以为不足道、以为无出路的人，也是一个极好的教训。

我和白求恩同志只见过一面。后来他给我来过许多信。可是因为忙，仅回过他一封信，还不知他收到没有。对于他的死，我是很悲痛的。现在大家纪念他，可见他的精神感人之深。我们大家要学习他毫无自私自利之心的精神。从这点出发，就可以变为大有利于人民的人。一个人能力有大小，但只要有这点精神，就是一个高尚的人，一个纯粹的人，一个有道德的人，一个脱离了低级趣味的人，一个有益于人民的人。

【思考题】

1. 简述白求恩同志身上展现出怎样的博爱精神。

2. 新时代青年如何发扬白求恩式的国际主义精神？

【延伸阅读】

1. ［加］莎朗·斯图尔特著，柳青译：《诺尔曼·白求恩的一生》，中国青年出版社 2013 年版。

2. 中国人口出版社编辑部《健康报》报社编：《医者仁心：19 位"白求恩奖章"获得者风采录》，中国人口出版社 2017 年版。

为人民服务

【导读】

《为人民服务》选自《毛泽东选集》（第三卷）（人民出版社 1991 年版），是毛泽东同志于 1944 年 9 月 8 日在张思德同志追悼会上所作的演讲。张思德同志在陕西烧炭时，因炭窑倒塌而牺牲。当时，抗日战争正处在由战略相持到战略反攻转折的艰难阶段，有许多困难需要克服。毛泽东号召大家向张思德同志学习，团结起来，打败日本侵略者。

首先，旗帜鲜明地指出共产党及其领导的八路军、新四军的人民性本质，指出"为人民服务"是党的宗旨和崇高的使命。

其次，高度评价张思德同志的牺牲重于泰山。

再次，指明共产党人襟怀之坦荡。既然是为人民服务的，就勇于吸收接纳别人的批评意见，以一心为公的情怀加以改进。

最后，阐明了中国共产党人和革命军队的目标。即为全民族的解放而斗争。

整篇文章充满着对人民的赤子之心和博爱情怀，道出了中国共产党人博爱精髓——为人民服务。堪为马克思主义博爱文化的经典之作。

【选文】

为人民服务

（一九四四年九月八日）

我们的共产党和共产党所领导的八路军、新四军，是革命的队伍。我们这个队伍完全是为着解放人民的，是彻底地为人民的利益工作的。张思德同志就是我们这个队伍中的一个同志。

人总是要死的，但死的意义有不同。中国古时候有个文学家叫做司马迁的说过："人固有一死，或重于泰山，或轻于鸿毛。"为人民利益而死，就比泰山还重；替法西斯卖力，替剥削人民和压迫人民的人去死，就比鸿毛还轻。张思德同志是为人民利益而死的，他的死是比泰山还要重的。

因为我们是为人民服务的，所以，我们如果有缺点，就不怕别人批评指出。不管是什么人，谁向我们指出都行。只要你说得对，我们就改正。你说的办法对人民有好处，我们就照你的办。"精兵简政"这一条意见，就是党外人士李鼎铭先生提出来的；他提得好，对人民有好处，我们就采用了。只要我们为人民的利益坚持好的，为人民的利益改正错的，我们这个队伍就一定会兴旺起来。

我们都是来自五湖四海，为了一个共同的革命目标，走到一起来了。我们还要和全国大多数人民走这一条路。我们今天已经领导着有九千一百万人口的根据地，但是还不够，还要更大些，才能取得全民族的解放。我们的同志在困难的时候，要看到成绩，要看到光明，要提高我们的勇气。中国人民正在受难，我们有责任解救他们，我们要努力奋斗。要奋斗就会有牺牲，死人的事是经常发生的。但是我们想到人民的利益，想到大多数人民的痛苦，我们为人民而死，就是死得其所。不过，我们应当尽量地减少那些不必要的牺牲。我们的干部要关心每一个战士，一切革命队伍的人都要互相关心，互相爱护，互相帮助。

今后我们的队伍里，不管死了谁，不管是炊事员，是战士，只要他是做过一些有益的工作的,我们都要给他送葬,开追悼会。这要成为一个制度。这个方法也要介绍到老百姓那里去。村上的人死了,开个追悼会。用这样的方法,寄托我们的哀思,使整个人民团结起来。

【思考题】

1. 简述"为人民服务"的博爱意蕴。

2. 结合实际思考当代青年应如何树立"为人民服务"的理想和开展"为人民服务"的实践。

【延伸阅读】

1. 周培清编:《重读为人民服务》,江西人民出版社 2013 年版。

2. 谢春涛编:《历史的轨迹:中国共产党为什么能》,新世界出版社 2012 年版。

3. 吴海江:《以人民为中心的发展思想研究》,人民出版社 2019 年版。

邓小平博爱著作

在武昌、深圳、珠海、上海等地的谈话要点
（节选）

【导读】

邓小平(1904年—1997年)，原名邓先圣，学名邓希贤，四川广安人。早年赴法留学，回国后全身心地投入争取民族独立和人民解放的革命斗争。先后担任党和军队的许多重要领导职务，成为中华人民共和国的重要开国元勋。1977年第三次复出工作，任中共中央副主席、中央军委副主席、国务院第一副总理，1981年至1989年任中央军委主席。

邓小平是伟大的马克思主义者，改革开放的总设计师，中国特色社会主义道路的开创者，邓小平理论的主要创立者。他倡导推行的"改革开放"改变了中国贫穷落后的历史面貌，成为中国共产党的一次伟大觉醒。习近平同志在庆祝改革开放40周年大会上的重要讲话指出："正是这个伟大觉醒孕育了我们党从理论到实践的伟大创造。改革开放是中国人民和中华民族发展史上一次伟大革命，正是这个伟大革命推动了中国特色社会主义事业的伟大飞跃！"邓小平理论回答了"什么是社会主义、怎样建设社会主义"的重大课题，是改革开放和社会主义现代化建设的思想指南。

邓小平的博爱情怀在于他本人对国家和民族的深挚感情和邓小平理论蕴含的人民标准。他说："我是中国人民的儿子，我深情地爱着我的祖国和人民。"这表达了他对国家和民族的深沉热爱。邓小平理论始终坚持"人民

标准"，把人民"拥护不拥护，赞成不赞成，高兴不高兴，满意不满意"作为衡量一切工作是非得失的根本标准。邓小平确立的"人民评价标准"，实际上是社会主义博爱思想的价值评价尺度，是对马克思主义博爱思想的重要发展。

邓小平《在武昌、深圳、珠海、上海等地的谈话要点》选自《邓小平选文》（第三卷）（人民出版社 1993 年版），是邓小平在 1992 年 88 岁之际"南方谈话"的要点。"南方谈话"具有深刻的国际和国内背景。

20 世纪 80 年代末 90 年代初，由于苏联和东欧社会主义国家领导人没有处理好诸如"如何对待共产党特别是主要领导人曾经犯下的错误""如何处理与资本主义国家长期并存面临的新挑战""如何科学把握世界主题转变"等问题，加之西方国家的"和平演变"进程加快，出现了东欧剧变和苏联解体，苏联和东欧的共产党相继失去政权，世界社会主义进入低潮。西方资本主义也联合对中国进行政治孤立和经济制裁。在这一形势下，一些人感到茫然、困惑，失去了坚持和发展中国特色社会主义的信心，极"左"思潮一度有所恢复。

在这样的大背景下，邓小平视察南方并发表了重要讲话，科学总结了改革开放以来的经验教训，坚定了"什么是社会主义、怎样建设社会主义"的原则问题，破除了困扰人民思想和行为的教条主义观念，激励人民继续解放思想，端正前进方向，坚定了人民对马克思主义的信仰和为社会主义事业奋斗的信心。本书节选部分主要是《在武昌、深圳、珠海、上海等地的谈话要点》的第二部分，这一部分主要牵涉的问题是廓清对姓"资"还是姓"社"问题的争论，找准社会主义事业的评价标准和价值取向。

首先，改革开放不能被姓"资"还是姓"社"问题的争论束缚手脚，而要明确"三个有利于"的评价标准，大胆地试、大胆地闯。害怕倒退到资本主义，是束缚人们改革开放手脚的主要原因，因此邓小平提出改革开放成败的评价标准不是姓"资"还是姓"社"，而是"三个有利于"，这充分体现了中国改革开放的人民性价值指向。

其次,强调计划和市场的区分不是社会主义和资本主义的本质区别,只是经济发展手段,资本主义也有计划,社会主义也有市场。社会主义区别于资本主义之处在于其价值目标是实现人民共同富裕和防止两极分化,这再次体现了社会主义改革开放的博爱价值。

最后,强调在改革开放进程中既要防止超越客观实际而急躁冒进的"左"倾错误,又要防止落后甚至违背客观规律畏缩不前、甚至消极倒退的右倾错误。

【选文】

《在武昌、深圳、珠海、上海等地的谈话要点》(节选)

(一九九二年一月十八日——二月二十一日)

(二)

改革开放胆子要大一些,敢于试验,不能像小脚女人一样。看准了的,就大胆地试,大胆地闯。深圳的重要经验就是敢闯。没有一点闯的精神,没有一点"冒"的精神,没有一股气呀、劲呀,就走不出一条好路,走不出一条新路,就干不出新的事业。不冒点风险,办什么事情都有百分之百的把握,万无一失,谁敢说这样的话? 一开始就自以为是,认为百分之百正确,没那么回事,我就从来没有那么认为。每年领导层都要总结经验,对的就坚持,不对的赶快改,新问题出来抓紧解决。恐怕再有三十年的时间,我们才会在各方面形成一整套更加成熟、更加定型的制度。在这个制度下的方针、政策,也将更加定型化。现在建设中国式的社会主义,经验一天比一天丰富。经验很多,从各省的报刊材料看,都有自己的特色。这样好嘛,就是要有创造性。

改革开放迈不开步子,不敢闯,说来说去就是怕资本主义的东西多了,走了资本主义道路。要害是姓"资"还是姓"社"的问题。判断的标准,应该主要看是否有利于发展社会主义社会的生产力,是否有利于增强社会主义国家的综合国力,是否有利于提高人民的生活水平。对办特区,从一开始就有不同意见,担心是不是搞资本主义。深圳的建设成就,明确回答了那些有这样那样担心的人。特区姓"社"不姓"资"。从深圳的情况看,公有制是主体,外商投资只占四分之一,就是外资部分,我们还可以从税收、劳务等方面得到益处嘛!多搞点"三资"企业,不要怕。只要我们头脑清醒,就不怕。我们有优势,有国营大中型企业,有乡镇企业,更重要的是政权在我们手里。有的人认为,多一分外资,就多一分资本主义,"三资"企业多了,就是资本主义的东西多了,就是发展了资本主义。这些人连基本常识都没有。我国现阶段的"三资"企业,按照现行的法规政策,外商总是要赚一些钱。但是,国家还要拿回税收,工人还要拿回工资,我们还可以学习技术和管理,还可以得到信息、打开市场。因此,"三资"企业受到我国整个政治、经济条件的制约,是社会主义经济的有益补充,归根到底是有利于社会主义的。

计划多一点还是市场多一点,不是社会主义与资本主义的本质区别。计划经济不等于社会主义,资本主义也有计划;市场经济不等于资本主义,社会主义也有市场。计划和市场都是经济手段。社会主义的本质,是解放生产力,发展生产力,消灭剥削,消除两极分化,最终达到共同富裕。就是要对大家讲这个道理。证券、股市,这些东西究竟好不好,有没有危险,是不是资本主义独有的东西,社会主义能不能用?允许看,但要坚决地试。看对了,搞一两年对了,放开;错了,纠正,关了就是了。关,也可以快关,也可以慢关,也可以留一点尾巴。怕什么,坚持这种态度就不要紧,就不会犯大错误。总之,社会主义要赢得与资本主义相比较的优势,就必须大胆吸收和借鉴人类社会创造的一切文明成果,吸收和借鉴当今世界各国包括资本主义发达国家的一切反映现代社会化生产规律的先进经营方式、管理方法。

走社会主义道路,就是要逐步实现共同富裕。共同富裕的构想是这样提出的:一部分地区有条件先发展起来,一部分地区发展慢点,先发展起来的地区带动后发展的地区,最终达到共同富裕。如果富的愈来愈富,穷的愈来愈穷,两极分化就会产生,而社会主义制度就应该而且能够避免两极分化。解决的办法之一,就是先富起来的地区多交点利税,支持贫困地区的发展。当然,太早这样办也不行,现在不能削弱发达地区的活力,也不能鼓励吃"大锅饭"。什么时候突出地提出和解决这个问题，在什么基础上提出和解决这个问题，要研究。可以设想，在本世纪末达到小康水平的时候，就要突出地提出和解决这个问题。到那个时候，发达地区要继续发展，并通过多交利税和技术转让等方式大力支持不发达地区。不发达地区又大都是拥有丰富资源的地区，发展潜力是很大的。总之，就全国范围来说，我们一定能够逐步顺利解决沿海同内地贫富差距的问题。

对改革开放，一开始就有不同意见，这是正常的。不只是经济特区问题，更大的问题是农村改革，搞农村家庭联产承包，废除人民公社制度。开始的时候只有三分之一的省干起来，第二年超过三分之二，第三年才差不多全部跟上，这是就全国范围讲的。开始搞并不踊跃呀，好多人在看。我们的政策就是允许看。允许看，比强制好得多。我们推行三中全会以来的路线、方针、政策，不搞强迫，不搞运动，愿意干就干，干多少是多少，这样慢慢就跟上来了。不搞争论，是我的一个发明。不争论，是为了争取时间干。一争论就复杂了，把时间都争掉了，什么也干不成。不争论，大胆地试，大胆地闯。农村改革是如此，城市改革也应如此。

现在，有右的东西影响我们，也有"左"的东西影响我们，但根深蒂固的还是"左"的东西。有些理论家、政治家，拿大帽子吓唬人的，不是右，而是"左"。"左"带有革命的色彩，好像越"左"越革命。"左"的东西在我们党的历史上可怕呀！一个好好的东西，一下子被他搞掉了。右可以葬送社会主义，"左"也可以葬送社会主义。中国要警惕右，但主要是防止"左"。右的东西有，动乱就是右的！"左"的东西也有。把改革开放说成是引进和发展资本主义，认为和平演变的主要危险来自经济领域，这些就是"左"。我们必须保持清醒的头脑，这样就不会犯大错误，出现问题也容易纠正和改正。

【思考题】

1. "三个有利于"评价标准的内涵及博爱价值是什么？

2. 怎样理解"计划多一点还是市场多一点"不是社会主义与资本主义的本质区别？

【延伸阅读】

1. 吕书正:《南方谈话以后的中国》,中央文献出版社2002年版。

2. 龙平平:《历史转折中的邓小平》,四川人民出版社2014年版。

3. 田炳信:《南方谈话亲历者访谈录》,广东人民出版社2012年版。

江泽民博爱著作

残疾人事业是崇高的事业

【导读】

　　江泽民（1926 年—2022 年），江苏省扬州市人。1989 年 6 月起相继担任中共中央总书记、国家主席和中央军委主席。他提出的"中国共产党始终代表中国先进生产力的发展要求、中国先进文化的前进方向、中国最广大人民的根本利益"，简称"三个代表"，科学回答了"建设什么样的党、怎样建设党"的重大课题。

　　"始终代表最广大人民的根本利益"体现了深厚的博爱意蕴。"最广大人民"，指所有拥护中国共产党、拥护社会主义的人民群众。"代表最广大人民"体现了"人民"内涵的扩大，反映了社会主义人道主义价值关怀的广泛性。之所以谈到"根本利益"，是因为随着社会群体及各种利益诉求的多样化，各种利益关系相互交织、矛盾甚至冲突，国家利益、集体利益、个人利益的矛盾性较计划经济时代更为突出，因此党要紧紧抓牢代表人民群众的根本利益，以此为价值基点更好地处理好个人、集体和国家的关系，最大限度满足不同群体特别是具体个人的合理利益诉求。这既承继了我们党"为人民服务"的博爱宗旨，又反映了新的历史时期对人民施以博爱的现实要求，是马克思主义博爱观的新发展。

　　江泽民重要作品有《为把党建设成更加坚强的工人阶级先锋队而斗争》《当代中国共产党人的庄严使命》《在庆祝中国共产党成立八十周年大会上

的讲话》《残疾人事业是崇高的事业》等。江泽民十分关注残疾人事业发展，发表了 8 篇与残疾人相关的文章和讲话，突出了"代表最广大人民根本利益"的博爱思想。

《残疾人事业是崇高的事业》选自《江泽民文选》（第一卷）（人民出版社2006 年版），是时任中共中央总书记、国家主席的江泽民同志为《自强之歌》（1997 年卷）撰写的序言。全文共谈到了五个问题，处处展现了博爱和自强的有机结合。

一是残疾人自强不息的奋斗精神是我们民族的灵魂。从残疾人身上看到自尊、自信、自强精神，这种精神体现了一种求生存图发展的志气，是我们民族的灵魂，进而把这种精神升华为一种文明创造和民族自强的精神。

二是扶残助残的道德情操体现了中华民族的传统美德和社会主义制度的优越性。这种道德情操就是心中有他人，心中有集体，心中有国家。

三是阐明了现代社会新残疾人观。一方面，认为残疾人的存在是人类不可避免付出的历史代价，从"类存在"视角肯定了残疾人存在的必然性；另一方面，把残疾人视为社会历史发展主体，认为残疾人有参与社会生活的权利和能力。

四是人道主义是残疾人事业发展的旗帜。解读了人道主义的内涵、人道主义和共产党人最高宗旨的关系、人道主义在残疾人事业中的运用。

五是明确了残疾人事业在社会主义事业中的地位以及党和政府在发展残疾人事业中的责任。

【选文】

残疾人事业是崇高的事业

（一九九七年五月一日）

六年前，表彰了吴运铎、张海迪等一批自强模范，我曾与部分代表座谈，记忆犹新。最近，又看了反映这次表彰的自强模范和助残先进事迹的书稿

《自强之歌》,深为感动。这是一曲自强不息、团结友爱的精神文明之歌,具有鲜明的时代特征。

我们正处在改革开放和民族振兴的伟大时代。把我国建设成富强、民主、文明的社会主义现代化国家,是时代赋予我们的重任。实现这一宏伟目标,需要崇高的理想、坚定的信念和自强不息的奋斗精神。

人总是要有一点精神的。残疾人自强模范,以热爱祖国的情怀、百折不挠的毅力、顽强拼搏的精神,超越种种不幸,克服常人难以想象的困难,创造了可歌可泣的业绩。从他们身上,可以感受到一种巨大的精神力量 。这种精神,就是自尊、自信、自强的民族精神。这种精神,是求生存、图发展的一种志气,一种自信力,是我们民族的灵魂。

正是靠这种精神,我们的祖先创造了灿烂辉煌的古代文明。正是靠这种精神,我们的前辈推翻三座大山建立了新中国。我们要实现祖国富强和民族昌盛,仍然要发扬光大这种民族精神。

我们建设有中国特色社会主义的伟大事业,是以经济建设为中心、全面发展的事业。人,既有物质的需求 ,又有精神的需求。在我们的社会里,人们在追求物质生活和精神生活进步的过程中,需要有平等友爱的人际关系和团结互助的社会环境。

助残先进集体和个人,他们理解、尊重、关心、帮助残疾人的事迹,平凡而伟大。最感人的是他们高尚的道德情操。这种道德,不是以个人为中心,而是心中有他人,心中有集体,心中有国家。

道德的力量是巨大的。经济的繁荣、社会的进步、人类的文明,需要道德的发展和完善。作为人,要讲人道;作为社会的一员,要有集体意识和团结意识;作为公民,要热爱自己的祖国;作为共产党人,还应有更高的标准。发展社会主义市场经济,要求加强民主和法制建设,也要求加强思想道德和科学文化建设。要坚持为人民服务的宗旨,坚持进行爱国主义、集体主义、社会主义教育,坚持发扬团结互助、平等友爱、共同前进的社会风尚。

自有人类,就有残疾人。残疾,是人类发展进程中不可避免要付出的一种社会代价。我们国家现有六千多万残疾人,涉及全国近五分之一的家庭。

关系到这么多人的重要社会问题,必须解决好,而不能回避。

残疾人,有人的尊严和权利,有参与社会生活的愿望和能力。历史和现实表明,他们同样是社会财富的创造者。因此,残疾人的问题也是关系到充分实现公民权利和生产力解放的问题,必须始终重视,而不容忽视。

人道主义,是处理人与人之间关系的一个道德规范。人权保障,是国家的责任。对残疾人这个社会脆弱群体给予帮助,是社会文明进步的标志。我们共产党人是以人类解放为最高宗旨,我们的社会主义国家是以实现全体人民的富裕幸福为建设的根本目的,更应尊重残疾人的公民权利和人格尊严,保护其不受侵害。同时,对这个特殊而困难的群体还应给予特别扶助,通过发展残疾人事业使他们的权利得到更好的实现,使他们以平等的地位和均等的机会,参与社会生活和国家建设,共享社会物质文化的成果。

我们党和政府历来关心残疾人。近十年来,为了残疾人的生存和发展,国家颁布了残疾人保障法,制定实施残疾人事业的三个五年计划,完善了各级残疾人组织,并响应《关于残疾人的世界行动纲要》,参与"联合国残疾人十年(一九八三——一九九二年)"、"亚太残疾人十年(一九九三——二〇〇二年)"行动,取得了举世瞩目的成就。全国各地的残疾人参与机会在增多,参与范围在扩大,自身素质也在提高,他们的生活状况进一步改善。从这个方面,也有力地表明了我国人权保障的广泛性、公平性、真实性,体现了我国社会主义制度的优越性。

残疾人事业是崇高的事业,是我们社会主义事业的一部分。我国是个发展中国家,由于历史原因和生产力水平的制约,残疾人事业还滞后于经济和社会发展。各级党委和政府要高度重视这一事业,给予更多的关心和支持。全社会要继续发扬扶残助残的良好风尚,为残疾人送去更多的温暖。

我殷切地希望广大残疾人以自强模范为榜样,热爱生活,继续投身改革开放和现代化建设的伟大实践,同全国人民一道,共创更加美好的未来。

【思考题】

　　1. 这篇文章凸显了现代社会新残疾人观的哪些内容?

　　2. 如何理解"人道主义是残疾人事业发展的旗帜"?

【延伸阅读】

　　1.《江泽民在会见并同部分自强模范与扶残助残先进代表座谈时的讲话》,《人民日报》1997 年 5 月 13 日。

胡锦涛博爱著作

发展残疾人事业，共同创造幸福生活

【导读】

胡锦涛（1942年—　），安徽绩溪人。从2002年11月起相继担任中共中央总书记、国家主席和中央军委主席。他提出的科学发展观，回答了"实现什么样的发展、怎样实现发展"的重大课题。

科学发展观突出"以人为本"，尽最大可能规避"以物为本"的资本逻辑，体现了深刻的社会主义博爱精神。我们可以从三个方面解读以人为本的博爱内蕴。一是"以什么样的人为本"。从哲学意义上讲，"以人为本"符合马克思主义人道主义的价值基点；从法律意义上讲，"以人为本"中的"人"指受法律保护的全体公民。从政治意义上讲，以人为本的中的"人"指广大人民群众，这体现了"以人为本"的人民性。二是"以人的什么为本"。"以人为本"内容丰富，但关键要落脚到个人，关涉个人生存发展主要有三个方面：即个人合理的需要和利益、个人的基本权利和人格、个人实现全面发展的价值愿景。三是"怎样以人为本"。胡锦涛要求："坚持以人为本，就是要以实现人的全面发展为目标，从人民群众的根本利益出发谋发展、促发展，不断满足人民群众日益增长的物质文化需要，切实保障人民群众的经济、政治和文化权益，让发展的成果惠及全体人民。"把人的全面发展作为最终目标，把人民群众根本利益作为着眼点，把保障人民各方面的需要和权益作为重要抓手，把发展成果的普惠作为归宿，充分彰显了以人为本的博爱实践精神。

　　胡锦涛的主要代表作有《树立和落实科学发展观》《把科学发展观贯穿于发展的整个过程和各个方面》《党的先进性建设是关系马克思主义政党生存发展的根本性问题》等。

　　《发展残疾人事业，共同创造幸福生活》选自《胡锦涛文选》（第二卷）（人民出版社 2016 年版），是时任中共中央总书记、国家主席的胡锦涛同志为《自强之歌》（2003 年卷）所做的序言。共阐述了三个问题，展现了共产党人在残疾人事业中的博爱情怀。一是把残疾人事业定位为中国特色社会主义事业的重要组成部分。二是肯定了残疾人的尊严和价值，把残疾人界定为建设中国特色社会主义的重要力量。三是从我国社会主义制度本质要求的高度谈了党和政府应进一步发展残疾人事业。

【选文】

发展残疾人事业　　共同创造幸福生活
（二〇〇三年六月二十五日）

　　第三次全国自强模范暨扶残助残先进集体和个人表彰大会即将召开。看了反映这次表彰的自强模范和助残先进事迹的书稿《自强之歌》（二〇〇三年卷），深为他们的顽强意志和动人事迹所打动。他们的优良品质和模范行动，生动地反映了中华民族的伟大精神，高昂奏响了社会主义改革开放和现代化建设的最强音。我向自强模范和助残先进，表示由衷的敬意。

　　残疾人事业是崇高的事业，是中国特色社会主义事业的重要组成部分。我国广大残疾人的命运同社会主义祖国的命运紧密相连。祖国的繁荣发展给广大残疾人带来福祉。改革开放二十多年来，我国残疾人事业取得了举世瞩目的成就。国家颁布了保障残疾人的法律，各级政府成立了残疾人工作协调机构，制定并实施了发展残疾人事业的工作计划，残疾人自身素质不断提高，生活状况明显改善，扶残助残的良好社会风尚进一步形成。我国政府和残疾人组织积极参与国际残疾人事务，在国际人权和社会发展领域发挥着重要作用。我国残疾人事业取得的成就得到了国际社会的广泛赞誉。

党的十六大制定了全面建设小康社会的宏伟蓝图,全国各族人民正在满怀豪情为实现这一宏伟蓝图而团结奋斗。随着全面建设小康社会的不断推进,我国残疾人的状况必将进一步改善,残疾人事业必将取得更大发展。

残疾人,有人的尊严和权利,有参与社会生活的愿望和能力,是建设中国特色社会主义事业的一支重要力量。我国六千万残疾人是一个特殊的困难群体。在我国贫困人口中,残疾人占的比重很大。满腔热情关心残疾人,切实尊重残疾人公民权利和人格尊严,给他们以平等的地位和均等的机会,让他们共享社会物质文化发展的成果,是我国社会主义制度的本质要求。各级党委和政府要从贯彻落实“三个代表”重要思想的高度,重视和支持残疾人事业发展,把残疾人事业纳入全面建设小康社会规划,根据残疾人的特殊需要,在康复、教育、就业、福利、社会保障、文化生活、无障碍环境等方面制定扶助政策,采取相应措施。残联组织要努力工作,切实履行职责,为残疾人奔小康铺路搭桥,团结广大残疾人一起开拓残疾人事业新局面。社会各界要进一步发扬理解、尊重、关心、帮助残疾人的良好风尚,大力弘扬人道主义思想,进一步形成平等友爱的人际关系和团结互助的社会环境,人人动手,个个关心,努力为残疾人办好事、办实事,让残疾人切实体会到社会主义社会的温暖。

长期以来,我国广大残疾人大力培育爱国主义、集体主义、社会主义的思想,自尊自爱,自强不息,以超人的毅力和不懈的拼搏,克服常人难以想象的困难,创造了可歌可泣的业绩。广大残疾人要继续发扬自尊、自信、自强、自立精神,热爱祖国,热爱生活,积极投身全面建设小康社会的伟大实践,同全国人民一起创造我们的幸福生活和美好未来。

【思考题】

1. 如何理解“发展残疾人事业是中国特色社会主义的本质要求”?

2. 谈谈自身应如何为残疾人事业做贡献?

【延伸阅读】

1.《胡锦涛主持中央政治局会议 部署残疾人事业发展》,《人民日报》2008 年 3 月 28 日。

2.《庆祝中国共产党成立 90 周年胡锦涛同志重要讲话学习问答》编写组:《庆祝中国共产党成立 90 周年胡锦涛同志七一重要讲话辅导读本》,学习出版社,2011 年版。

习近平博爱著作

人民对美好生活的向往，就是我们的奋斗目标

【导读】

习近平(1953 年—　),陕西富平人。2012 年 11 月至今任中共中央总书记、国家主席、中央军委主席。党的十八大以来,以习近平同志为核心的党中央承前启后,继往开来,开创了中国特色社会主义的新时代。以中华民族伟大复兴为价值引领,实现了全面建成小康社会这个"第一个百年"奋斗目标,正带领全国人民向着全面建成社会主义现代化强国这个"第二个百年"奋斗目标而努力奋斗,体现了对广大人民群众最大的博爱。

习近平新时代中国特色社会主义思想主要内容包括"十个明确"和"十四个坚持",其中"以人民为中心",集中体现了党的博爱情怀。其一,始终把人民作为新时代改革发展的价值主体。其二,始终把人民对美好生活的向往作为价值目标。其三,始终把人民共享发展成果作为价值归宿。习近平"以人民为中心"思想深度贯彻了社会主义共同富裕的本质要求,大力推进人民共享改革成果,把中国共产党人越来越多的人道主义价值愿景转化为美好。

《人民对美好生活的向往,就是我们的奋斗目标》,选自《习近平著作选读》(第一卷)(人民出版社 2023 年版),是习近平同志在中共十八届中央政治局常委同记者见面时讲话的主要部分。主要分为三方面内容,彰显了以习近平同志为核心的新一届中央领导集体的责任担当。

　　一是论述了对民族的责任。在回顾中华民族奋斗史基础上,为实现中华民族伟大复兴不懈奋斗。

　　二是论述了对人民的责任。在阐明各种民生需要基础上,提出人民对美好生活的向往就是我们的奋斗目标。

　　三是论述了对党的责任。在谈及党的性质和宗旨基础上,继续从严治党,使党始终成为中国特色社会主义事业的领导核心。

【选文】

人民对美好生活的向往,就是我们的奋斗目标

(二〇一二年十一月十五日)

　　刚才,我们召开了中国共产党第十八届中央委员会第一次全体会议,选举产生了新一届中央领导机构,选举我为中央委员会总书记。我代表新一届中央领导机构成员感谢全党同志的信任,我们一定不负重托,不辱使命。

　　全党同志的重托,全国各族人民的期望,是对我们做好工作的巨大鼓舞,也是我们肩上的重大责任。

　　这个重大责任,就是对民族的责任。我们的民族是伟大的民族。在五千多年的文明发展历程中,中华民族为人类文明进步作出了不可磨灭的贡献。近代以后,我们的民族历经磨难,中华民族到了最危险的时候。自那时以来,为了实现中华民族伟大复兴,无数仁人志士奋起抗争,但一次又一次地失败了。中国共产党成立后,团结带领人民前仆后继、顽强奋斗,把贫穷落后的旧中国变成日益走向繁荣富强的新中国,中华民族伟大复兴展现出前所未有的光明前景。我们的责任,就是要团结带领全党全国各族人民,接过历史的接力棒,继续为实现中华民族伟大复兴而努力奋斗,使中华民族更加坚强有力地自立于世界民族之林,为人类作出新的更大的贡献。

　　这个重大责任,就是对人民的责任。我们的人民是伟大的人民。在漫长的历史进程中,中国人民依靠自己的勤劳、勇敢、智慧,开创了各民族和睦共处的美好家园,培育了历久弥新的优秀文化。我们的人民热爱生活,期盼

有更好的教育、更稳定的工作、更满意的收入、更可靠的社会保障、更高水平的医疗卫生服务、更舒适的居住条件、更优美的环境,期盼孩子们能成长得更好、工作得更好、生活得更好。人民对美好生活的向往,就是我们的奋斗目标。人世间的一切幸福都需要靠辛勤的劳动来创造。我们的责任,就是要团结带领全党全国各族人民,继续解放思想,坚持改革开放,不断解放和发展社会生产力,努力解决群众的生产生活困难,坚定不移走共同富裕的道路。

这个重大责任,就是对党的责任。我们的党是全心全意为人民服务的政党。党领导人民已经取得举世瞩目的成就,我们完全有理由因此而自豪,但我们自豪而不自满,决不会躺在过去的功劳簿上。新形势下,我们党面临着许多严峻挑战,党内存在着许多亟待解决的问题。尤其是一些党员干部中发生的贪污腐败、脱离群众、形式主义、官僚主义等问题,必须下大气力解决。全党必须警醒起来。打铁还需自身硬。我们的责任,就是同全党同志一道,坚持党要管党、从严治党,切实解决自身存在的突出问题,切实改进工作作风,密切联系群众,使我们党始终成为中国特色社会主义事业的坚强领导核心。

人民是历史的创造者,群众是真正的英雄。人民群众是我们力量的源泉。我们深深知道,每个人的力量是有限的,但只要我们万众一心、众志成城,就没有克服不了的困难;每个人的工作时间是有限的,但全心全意为人民服务是无限的。责任重于泰山,事业任重道远。我们一定要始终与人民心心相印、与人民同甘共苦、与人民团结奋斗,夙夜在公,勤勉工作,努力向历史、向人民交出一份合格的答卷。

【思考题】

1. 在这篇文章中习近平谈到了第十八届中央领导集体的哪些责任?

2. 结合自身实际,谈谈对"美好生活"的理解。

【延伸阅读】

1. 习近平:《紧紧围绕坚持和发展中国特色社会主义,学习宣传贯彻党的十八大精神》,载《习近平谈治国理政》,外文出版社 2014 年版。

2. 习近平:《毫不动摇坚持和发展中国特色社会主义》,载《习近平谈治国理政》,外文出版社 2014 年版。

实现中华民族伟大复兴是中华民族
近代以来最伟大的梦想

【导读】

《实现中华民族伟大复兴是中华民族近代以来最伟大的梦想》选自《习近平著作选读》(第一卷)(人民出版社2023年版),是党的十八大刚刚闭幕,习近平率领新一届中央政治局常委同志参观《复兴之路》展览时的讲话。全文分为两部分。

第一部分展示了中华民族的过去、现在和未来。习近平用"雄关漫道真如铁"形容中华民族的过去,得出"落后就要挨打、发展才能自强"的启示;用"人间正道是沧桑"形容中华民族的现在,得出坚持中国特色社会主义道路的启示;用"长风破浪会有时"形容中华民族的未来,得出中华民族前途光明、道路漫长、需艰辛努力的启示。

第二部分提出中国梦的基本内涵。实现中华民族伟大复兴就是近代以来最伟大的梦想。阐明了这个梦想体现了中华民族、中国人民的整体利益和每个个体的个人利益。彰显了奋斗梦想的博爱价值。

【选文】

实现中华民族伟大复兴是中华民族近代以来最伟大的梦想
(二〇一二年十一月二十九日)

《复兴之路》这个展览,回顾了中华民族的昨天,展示了中华民族的今天,宣示了中华民族的明天,给人以深刻教育和启示。中华民族的昨天,可以说是"雄关漫道真如铁"。近代以后,中华民族遭受的苦难之重、付出的牺牲之巨大,在世界历史上都是罕见的。但是,中国人民从不屈服,不断奋起抗争,终于掌握了自己的命运,开始了建设自己国家的伟大进程,充分展示了以爱国主义为核心的伟大民族精神。中华民族的今天,正可谓"人间正道是沧桑"。改革开放以来,我们总结历史经验,不断艰辛探索,终于找到了实现中华民族伟大复兴的正确道路,这条道路就是中国特色社会主义。中华民族的明天,可以说是"长风破浪会有时"。经过鸦片战争以来一百七十多年的持续奋斗,中华民族伟大复兴展现出光明的前景。现在,我们比历史上任何时期都更接近中华民族伟大复兴的目标,比历史上任何时期都更有信心、有能力实现这个目标。

回首过去,全党同志必须牢记,落后就要挨打,发展才能自强。审视现在,全党同志必须牢记,道路决定命运,找到一条正确的道路多么不容易,我们必须坚定不移走下去。展望未来,全党同志必须牢记,要把蓝图变为现实,还有很长的路要走,需要我们付出长期艰苦的努力。

每个人都有理想和追求,都有自己的梦想。现在,大家都在讨论中国梦,我以为,实现中华民族伟大复兴,就是中华民族近代以来最伟大的梦想。这个梦想,凝聚了几代中国人的夙愿,体现了中华民族和中国人民的整体利益,是每一个中华儿女的共同期盼。历史告诉我们,每个人的前途命运都与国家和民族的前途命运紧密相连。国家好,民族好,大家才会好。实现中华民族伟大复兴是一项光荣而艰巨的事业,需要一代又一代中国人共同为之努力。空谈误国,实干兴邦。我们这一代共产党人一定要承前启后、继往开来,把我们的党建设好,团结全体中华儿女把我们国家建设好,把我们民族发展好,继续朝着中华民族伟大复兴的目标奋勇前进。

我坚信,到中国共产党成立一百年时全面建成小康社会的目标一定能实现,到新中国成立一百年时建成富强民主文明和谐的社会主义现代化国家的目标一定能实现,中华民族伟大复兴的梦想一定能实现。

【思考题】

1. 为什么实现民族伟大复兴是近代以来中国人民最伟大的梦想？
2. 中国梦的基本内涵是什么？

【延伸阅读】

1. 习近平:《实现中华民族伟大复兴是海内外中华儿女共同的梦》,《习近平谈治国理政》,外文出版社 2014 年版。

2. 习近平:《在实现中国梦的生动实践中放飞青春梦想》,《习近平谈治国理政》,外文出版社 2014 年版。

3. 习近平:《实现中国梦不仅造福中国人民,而且造福世界人民》,《习近平谈治国理政》,外文出版社 2014 年版。

坚持精准扶贫、精准脱贫，坚决打赢脱贫攻坚战

【导读】

《坚持精准扶贫、精准脱贫、坚决打赢脱贫攻坚战》，选自《习近平谈治国理政》（第二卷）（外文出版社 2017 年版）是 2015 年习近平在中央扶贫开发工作会议上的讲话要点。党的十八届五中全会提出，到 2020 年我国现行标准下农村贫困人口实现脱贫，贫困县全部摘帽，解决区域性整体贫困。在这样的背景下，中央召开扶贫开发工作会议。会议讲话内容主要分为三个方面，处处体现了中国共产党人心系人民、心系贫困群众的博爱立场。

第一，分析了新中国成立以来中国扶贫开发成就，提出中国当前脱贫开发的严峻形势。

第二，提出精准扶贫和精准脱贫的具体方略。即明确"扶持谁""谁来扶""怎么扶"的问题。

第三，论述了加强脱贫攻坚中的党的领导和贫困群众的主体能动性发挥问题。

【选文】

坚持精准扶贫、精准脱贫，坚决打赢脱贫攻坚战

（二〇一五年十一月二十七日）

消除贫困、改善民生、逐步实现共同富裕，是社会主义的本质要求，是我

们党的重要使命。全面建成小康社会,是我们对全国人民的庄严承诺。脱贫攻坚战的冲锋号已经吹响。我们要立下愚公移山志,咬定目标、苦干实干,坚决打赢脱贫攻坚战,确保到 2020 年所有贫困地区和贫困人口一道迈入全面小康社会。

这次中央扶贫开发工作会议是党的十八届五中全会后召开的第一个中央工作会议,体现了党中央对扶贫开发工作的高度重视。党的十八届五中全会从实现全面建成小康社会奋斗目标出发,明确到 2020 年我国现行标准下农村贫困人口实现脱贫,贫困县全部摘帽,解决区域性整体贫困。会议的主要任务是,贯彻落实党的十八届五中全会精神,分析全面建成小康社会进入决胜阶段脱贫攻坚面临的形势和任务,对当前和今后一个时期脱贫攻坚任务作出部署,动员全党全国全社会力量,齐心协力打赢脱贫攻坚战。

新中国成立以来,我们党带领人民持续向贫困宣战。经过改革开放 37 年来的努力,我们成功走出了一条中国特色扶贫开发道路,使 7 亿多农村贫困人口成功脱贫,为全面建成小康社会打下了坚实基础。我国成为世界上减贫人口最多的国家,也是世界上率先完成联合国千年发展目标的国家。这个成就,足以载入人类社会发展史册,也足以向世界证明中国共产党领导和中国特色社会主义制度的优越性。

我们要清醒认识到,当前我国脱贫攻坚形势依然严峻。截至去年底,全国仍有 7000 多万农村贫困人口。"十三五"期间脱贫攻坚的目标是,到 2020 年稳定实现农村贫困人口不愁吃、不愁穿,农村贫困人口义务教育、基本医疗、住房安全有保障;同时实现贫困地区农民人均可支配收入增长幅度高于全国平均水平、基本公共服务主要领域指标接近全国平均水平。脱贫攻坚已经到了啃硬骨头、攻坚拔寨的冲刺阶段,必须以更大的决心、更明确的思路、更精准的举措、超常规的力度,众志成城实现脱贫攻坚目标,决不能落下一个贫困地区、一个贫困群众。

要坚持精准扶贫、精准脱贫,重在提高脱贫攻坚成效。关键是要找准路子、构建好的体制机制,在精准施策上出实招、在精准推进上下实功、在精准落地上见实效。要解决好"扶持谁"的问题,确保把真正的贫困人口弄清楚,把贫困人口、贫困程度、致贫原因等搞清楚，以便做到因户施策、因人施策。要解决好"谁来扶"的问题，加快形成中央统筹、省（自治区、直辖市）负总责、市（地）县抓落实的扶贫开发工作机制，做到分工明确、责任清晰、任务到人、考核到位。

要解决好"怎么扶"的问题，按照贫困地区和贫困人口的具体情况，实施"五个一批"工程。一是发展生产脱贫一批，引导和支持所有有劳动能力的人依靠自己的双手开创美好明天，立足当地资源，实现就地脱贫。二是易地搬迁脱贫一批，贫困人口很难实现就地脱贫的要实施易地搬迁，按规划、分年度、有计划组织实施，确保搬得出、稳得住、能致富。三是生态补偿脱贫一批，加大贫困地区生态保护修复力度，增加重点生态功能区转移支付，扩大政策实施范围，让有劳动能力的贫困人口就地转成护林员等生态保护人员。四是发展教育脱贫一批，治贫先治愚，扶贫先扶智，国家教育经费要继续向贫困地区倾斜、向基础教育倾斜、向职业教育倾斜，帮助贫困地区改善办学条件，对农村贫困家庭幼儿特别是留守儿童给予特殊关爱。五是社会保障兜底一批，对贫困人口中完全或部分丧失劳动能力的人，由社会保障来兜底，统筹协调农村扶贫标准和农村低保标准，加大其他形式的社会救助力度。要加强医疗保险和医疗救助，新型农村合作医疗和大病保险政策要对贫困人口倾斜。要高度重视革命老区脱贫攻坚工作。

精准扶贫是为了精准脱贫。要设定时间表，实现有序退出，既要防止拖延病，又要防止急躁症。要留出缓冲期，在一定时间内实行摘帽不摘政策。要实行严格评估，按照摘帽标准验收。要实行逐户销号，做到脱贫到人，脱没脱贫要同群众一起算账，要群众认账。

越是进行脱贫攻坚战，越是要加强和改善党的领导。各级党委和政府必须坚定信心、勇于担当，把脱贫职责扛在肩上，把脱贫任务抓在手上。各级领导干部要保持顽强的工作作风和拼劲，满腔热情做好脱贫攻坚工作。脱贫攻坚任务重的地区党委和政府要把脱贫攻坚作为"十三五"期间头等大事和第一民生工程来抓，坚持以脱贫攻坚统揽经济社会发展全局。要层层签订脱贫攻坚责任书、立下军令状。要建立年度脱贫攻坚报告和督查制度，加强督查问责。要把脱贫攻坚实绩作为选拔任用干部的重要依据,在脱贫攻坚第一线考察识别干部,激励各级干部到脱贫攻坚战场上大显身手。要把夯实农村基层党组织同脱贫攻坚有机结合起来,选好一把手、配强领导班子。

扶贫开发投入力度,要同打赢脱贫攻坚战的要求相匹配。中央财政专项扶贫资金、中央基建投资用于扶贫的资金等,增长幅度要体现加大脱贫攻坚力度的要求。中央财政一般性转移支付、各类涉及民生的专项转移支付,要进一步向贫困地区倾斜。省级财政、对口扶贫的东部地区要相应增加扶贫资金投入。要加大扶贫资金整合力度。要做好金融扶贫这篇文章,加快农村金融改革创新步伐。要加强扶贫资金阳光化管理,集中整治和查处扶贫领域的职务犯罪,对挤占挪用、层层截留、虚报冒领、挥霍浪费扶贫资金的要从严惩处。

脱贫致富终究要靠贫困群众用自己的辛勤劳动来实现。没有比人更高的山,没有比脚更长的路。要重视发挥广大基层干部群众的首创精神,让他们的心热起来、行动起来,靠辛勤劳动改变贫困落后面貌。要动员全社会力量广泛参与扶贫事业。

【思考题】

1. 精准扶贫和精准脱贫的具体方略包括哪三个方面?

2. 精准扶贫和精准脱贫是如何体现博爱价值的?

【延伸阅读】

1. 习近平:《深刻认识全面建成小康社会决胜阶段的形式》,载《习近平谈治国理政》(第二卷),外文出版社 2017 年版。

2. 习近平:《加大力度推进深度贫困地区脱贫攻坚》,载《习近平谈治国理政》(第二卷),外文出版社 2017 年版。

3. 习近平:《脱贫攻坚必须在精准上出实招下实功见实效》,载《习近平著作选读》(第一卷),人民出版社 2023 年版。

共同构建人类命运共同体

【导读】

《共同构建人类命运共同体》选自《习近平著作选读》(第一卷)(人民出版社 2023 年版),是习近平同志 2017 年在联合国日内瓦总部的演讲。构建人类命运共同体反映了中国对建设一个什么样的世界、如何建设这个世界的深度思考,彰显了中国对人类发展前途命运的公共责任,体现了对世界各国人民的博爱情怀。本文分为四个部分。

第一部分提出了关于"世界怎么了、我们怎么办"的深度追问。着重分析了人类和平与发展面临的机遇和挑战,提出在风险增多、经济增长乏力、发展鸿沟加深、恐怖主义和强权政治阴魂不散的环境下,应如何坚持和平与发展主题的课题。

第二部分提出构建人类命运共同体的中国方案,并阐述了这个中国方案的历史与时代渊源,说明人类命运共同体精神反映了世界人民的共同期盼。

第三部分提出构建人类命运共同体的世界倡议。即坚持对话协商、建设一个持久和平的世界;坚持共建共享,建设一个普遍安全的世界;坚持合作共赢,建设一个共同繁荣的世界;坚持绿色低碳,建设一个清洁美丽的世界。每一倡议都立基于人类共同利益,彰显博爱精神。

第四部分提出构建人类命运共同体的中国行动。即维护世界和平、促进共同发展、打造伙伴关系、支持多边主义的决心绝不改变。彰显了中国负责任大国的公共担当。

【选文】

共同构建人类命运共同体
——在联合国日内瓦总部的演讲
（二〇一七年一月十八日）

尊敬的联合国大会主席汤姆森先生，

尊敬的联合国秘书长古特雷斯先生，

尊敬的联合国日内瓦总部总干事穆勒先生，

女士们，先生们，朋友们：

一元复始，万象更新。很高兴在新年伊始就来到联合国日内瓦总部，同大家一起探讨构建人类命运共同体这一时代命题。

我刚刚出席了世界经济论坛年会。在达沃斯，各方在发言中普遍谈到，当今世界充满不确定性，人们对未来既寄予期待又感到困惑。世界怎么了、我们怎么办？这是整个世界都在思考的问题，也是我一直在思考的问题。

我认为，回答这个问题，首先要弄清楚一个最基本的问题，就是我们从哪里来、现在在哪里、将到哪里去？

回首最近一百多年的历史，人类经历了血腥的热战、冰冷的冷战，也取得了惊人的发展、巨大的进步。上世纪上半叶以前，人类遭受了两次世界大战的劫难，那一代人最迫切的愿望，就是免于战争、缔造和平。上世纪五六十年代，殖民地人民普遍觉醒，他们最强劲的呼声，就是摆脱枷锁、争取独立。冷战结束后，各方最殷切的诉求，就是扩大合作、共同发展。

这一百多年全人类的共同愿望，就是和平与发展。然而，这项任务至今远远没有完成。我们要顺应人民呼声，接过历史接力棒，继续在和平与发展的马拉松跑道上奋勇向前。

人类正处在大发展大变革大调整时期。世界多极化、经济全球化深入发展，社会信息化、文化多样化持续推进，新一轮科技革命和产业革命正在孕育成长，各国相互联系、相互依存，全球命运与共、休戚相关，和平力量的上升远远超过战争因素的增长，和平、发展、合作、共赢的时代潮流更加强劲。

同时，人类也正处在一个挑战层出不穷、风险日益增多的时代。世界经济增长乏力，金融危机阴云不散，发展鸿沟日益突出，兵戎相见时有发生，冷战思维和强权政治阴魂不散，恐怖主义、难民危机、重大传染性疾病、气候变化等非传统安全威胁持续蔓延。

宇宙只有一个地球，人类共有一个家园。霍金先生提出关于"平行宇宙"的猜想，希望在地球之外找到第二个人类得以安身立命的星球。这个愿望什么时候才能实现还是个未知数。到目前为止，地球是人类唯一赖以生存的家园，珍爱和呵护地球是人类的唯一选择。瑞士联邦大厦穹顶上刻着拉丁文铭文"人人为我，我为人人"。我们要为当代人着想，还要为子孙后代负责。

女士们、先生们、朋友们！

让和平的薪火代代相传，让发展的动力源源不断，让文明的光芒熠熠生辉，是各国人民的期待，也是我们这一代政治家应有的担当。中国方案是：构建人类命运共同体，实现共赢共享。

理念引领行动，方向决定出路。纵观近代以来的历史，建立公正合理的国际秩序是人类孜孜以求的目标。从三百六十多年前《威斯特伐利亚和约》确立的平等和主权原则，到一百五十多年前日内瓦公约确立的国际人道主义精神；从七十多年前联合国宪章明确的四大宗旨和七项原则，到六十多年前万隆会议倡导的和平共处五项原则，国际关系演变积累了一系列公认的原则。这些原则应该成为构建人类命运共同体的基本遵循。

主权平等，是数百年来国与国规范彼此关系最重要的准则，也是联合国及所有机构、组织共同遵循的首要原则。主权平等，真谛在于国家不分大小、强弱、贫富，主权和尊严必须得到尊重，内政不容干涉，都有权自主选择社会制度和发展道路。在联合国、世界贸易组织、世界卫生组织、世界知识产权组织、世界气象组织、国际电信联盟、万国邮政联盟、国际移民组织、国际劳工组织等机构，各国平等参与决策，构成了完善全球治理的重要力量。

新形势下,我们要坚持主权平等,推动各国权利平等、机会平等、规则平等。

日内瓦见证了印度支那和平问题最后宣言的通过,见证了冷战期间两大对峙阵营国家领导人首次和解会议,见证了伊朗核、叙利亚等热点问题对话和谈判。历史和现实给我们的启迪是:沟通协商是化解分歧的有效之策,政治谈判是解决冲突的根本之道。只要怀有真诚愿望,秉持足够善意,展现政治智慧,再大的冲突都能化解,再厚的坚冰都能打破。

"法者,治之端也"。在日内瓦,各国以联合国宪章为基础,就政治安全、贸易发展、社会人权、科技卫生、劳工产权、文化体育等领域达成了一系列国际公约和法律文书。法律的生命在于付诸实施,各国有责任维护国际法治权威,依法行使权利,善意履行义务。法律的生命也在于公平正义,各国和国际司法机构应该确保国际法平等统一适用,不能搞双重标准,不能"合则用、不合则弃",真正做到"无偏无党,王道荡荡"。

"海纳百川,有容乃大。"开放包容,筑就了日内瓦多边外交大舞台。我们要推进国际关系民主化,不能搞"一国独霸"或"几方共治"。世界命运应该由各国共同掌握,国际规则应该由各国共同书写,全球事务应该由各国共同治理,发展成果应该由各国共同分享。

一八六二年,亨利·杜楠先生在《沙斐利洛的回忆》中追问:能否成立人道主义组织?能否制定人道主义公约?"杜楠之问"很快有了答案,次年,红十字国际委员会应运而生。经过一百五十多年发展,红十字成为一种精神、一面旗帜。面对频发的人道主义危机,我们应该弘扬人道、博爱、奉献的精神,为身陷困境的无辜百姓送去关爱,送去希望;应该秉承中立、公正、独立的基本原则,避免人道主义问题政治化,坚持人道主义援助非军事化。

女士们、先生们、朋友们!

大道至简,实干为要。构建人类命运共同体,关键在行动。我认为,国际社会要从伙伴关系、安全格局、经济发展、文明交流、生态建设等方面作出努力。

——坚持对话协商,建设一个持久和平的世界。国家和,则世界安;国家斗,则世界乱。从公元前的伯罗奔尼撒战争到两次世界大战,再到延续四十余年的冷战,教训惨痛而深刻。"前事不忘,后事之师。"我们的先辈建立了联合国,为世界赢得七十余年相对和平。我们要完善机制和手段,更好化解纷争和矛盾、消弭战乱和冲突。

瑞士作家、诺贝尔文学奖获得者黑塞说:"不应为战争和毁灭效劳,而应为和平与谅解服务。"国家之间要构建对话不对抗、结伴不结盟的伙伴关系。大国要尊重彼此核心利益和重大关切,管控矛盾分歧,努力构建不冲突不对抗、相互尊重、合作共赢的新型关系。只要坚持沟通、真诚相处,"修昔底德陷阱"就可以避免。大国对小国要平等相待,不搞唯我独尊、强买强卖的霸道。任何国家都不能随意发动战争,不能破坏国际法治,不能打开潘多拉的盒子。核武器是悬在人类头上的"达摩克利斯之剑",应该全面禁止并最终彻底销毁,实现无核世界。要秉持和平、主权、普惠、共治原则,把深海、极地、外空、互联网等领域打造成各方合作的新疆域,而不是相互博弈的竞技场。

——坚持共建共享,建设一个普遍安全的世界。世上没有绝对安全的世外桃源,一国的安全不能建立在别国的动荡之上,他国的威胁也可能成为本国的挑战。邻居出了问题,不能光想着扎好自家篱笆,而应该去帮一把。"单则易折,众则难摧。"各方应该树立共同、综合、合作、可持续的安全观。

近年来,在欧洲、北非、中东发生的恐怖袭击事件再次表明,恐怖主义是人类公敌。反恐是各国共同义务,既要治标,更要治本。要加强协调,建立全球反恐统一战线,为各国人民撑起安全伞。当前,难民数量已经创下第二次世界大战结束以来的历史纪录。危机需要应对,根源值得深思。如果不是有家难归,谁会颠沛流离?联合国难民署、国际移民组织等要发挥统筹协调作用,动员全球力量有效应对。中国决定提供二亿元人民币新的人道援助,用于帮助叙利亚难民和流离失所者。恐怖主义、难民危机等问题都同地缘冲突密切相关,化解冲突是根本之策。当事各方要通过协商谈判,其他各方应该积极劝和促谈,尊重联合国发挥斡旋主渠道作用。禽流感、埃博拉、寨卡等疫情不断给国际卫生安全敲响警钟。世界卫生组织要发挥引领作用,加强疫情监测、信息沟通、经验交流、技术分享。国际社会应该加大对非洲等发展中国家卫生事业的支持和援助。

——坚持合作共赢,建设一个共同繁荣的世界。发展是第一要务,适用于各国。各国要同舟共济,而不是以邻为壑。各国特别是主要经济体要加强宏观政策协调,兼顾当前和长远,着力解决深层次问题。要抓住新一轮科技革命和产业变革的历史性机遇,转变经济发展方式,坚持创新驱动,进一步发展社会生产力、释放社会创造力。要维护世界贸易组织规则,支持开放、透明、包容、非歧视性的多边贸易体制,构建开放型世界经济。如果搞贸易保护主义、画地为牢,损人不利己。

经济全球化是历史大势,促成了贸易大繁荣、投资大便利、人员大流动、技术大发展。本世纪初以来,在联合国主导下,借助经济全球化,国际社会制定和实施了千年发展目标和二○三○年可持续发展议程,推动十一亿人口脱贫,十九亿人口获得安全饮用水,三十五亿人口用上互联网等,还将在二○三○年实现零贫困。这充分说明,经济全球化的大方向是正确的。当然,发展失衡、治理困境、数字鸿沟、公平赤字等问题也客观存在。这些是前进中的问题,我们要正视并设法解决,但不能因噎废食。

我们要从历史中汲取智慧。历史学家早就断言,经济快速发展使社会变革成为必需,经济发展易获支持,而社会变革常遭抵制。我们不能因此踟蹰不前,而要砥砺前行。我们也要从现实中寻找答案。二○○八年爆发的国际金融危机启示我们,引导经济全球化健康发展,需要加强协调、完善治理,推动建设一个开放、包容、普惠、平衡、共赢的经济全球化,既要做大蛋糕,更要分好蛋糕,着力解决公平公正问题。

去年九月,二十国集团领导人杭州峰会聚焦全球经济治理等重大问题,通过《创新增长蓝图》,首次将发展问题纳入全球宏观政策框架,并制定了行动计划。

——坚持交流互鉴,建设一个开放包容的世界。"和羹之美,在于合异。"人类文明多样性是世界的基本特征,也是人类进步的源泉。世界上有二百多个国家和地区、两千五百多个民族、多种宗教。不同历史和国情,不同民族和习俗,孕育了不同文明,使世界更加丰富多彩。文明没有高下、优劣之分，只有特色、地域之别。文明差异不应该成为世界冲突的根源，而应该成为人类文明进步的动力。

每种文明都有其独特魅力和深厚底蕴，都是人类的精神瑰宝。不同文明要取长补短、共同进步，让文明交流互鉴成为推动人类社会进步的动力、维护世界和平的纽带。

——坚持绿色低碳，建设一个清洁美丽的世界。人与自然共生共存，伤害自然最终将伤及人类。空气、水、土壤、蓝天等自然资源用之不觉、失之难续。工业化创造了前所未有的物质财富，也产生了难以弥补的生态创伤。我们不能吃祖宗饭、断子孙路，用破坏性方式搞发展。绿水青山就是金山银山。我们应该遵循天人合一、道法自然的理念，寻求永续发展之路。

我们要倡导绿色、低碳、循环、可持续的生产生活方式，平衡推进2030年可持续发展议程，不断开拓生产发展、生活富裕、生态良好的文明发展道路。《巴黎协定》的达成是全球气候治理史上的里程碑。我们不能让这一成果付诸东流。各方要共同推动协定实施。中国将继续采取行动应对气候变化，百分之百承担自己的义务。

瑞士军刀是瑞士"工匠精神"的产物。我第一次得到一把瑞士军刀时，我就很佩服人们能赋予它那么多功能。我想，如果我们能为我们这个世界打造一把精巧的瑞士军刀就好了，人类遇到了什么问题，就用其中一个工具来解决它。我相信，只要国际社会不懈努力，这样一把瑞士军刀是可以打造出来的。

女士们、先生们、朋友们！

中国人始终认为，世界好，中国才能好；中国好，世界才更好。面向未来，很多人关心中国的政策走向，国际社会也有很多议论。在这里，我给大家一个明确的回答。

第一，中国维护世界和平的决心不会改变。中华文明历来崇尚"以和邦国"、"和而不同"、"以和为贵"。中国《孙子兵法》是一部著名兵书，但其第一句话就讲："兵者，国之大事，死生之地，存亡之道，不可不察也"，其要义是慎战、不战。几千年来，和平融入了中华民族的血脉中，刻进了中国人民的基因里。

数百年前，即使中国强盛到国内生产总值占世界百分之三十的时候，也从未对外侵略扩张。一八四〇年鸦片战争后的一百多年里，中国频遭侵略和蹂躏之害，饱受战祸和动乱之苦。孔子说，己所不欲，勿施于人。中国人民深信，只有和平安宁才能繁荣发展。

中国从一个积贫积弱的国家发展成为世界第二大经济体，靠的不是对外军事扩张和殖民掠夺，而是人民勤劳、维护和平。中国将始终不渝走和平发展道路。无论中国发展到哪一步，中国永不称霸、永不扩张、永不谋求势力范围。历史已经并将继续证明这一点。

第二，中国促进共同发展的决心不会改变。中国有句古语叫"落其实思其树，饮其流怀其源"。中国发展得益于国际社会，中国也为全球发展作出了贡献。中国将继续奉行互利共赢的开放战略，将自身发展机遇同世界各国分享，欢迎各国搭乘中国发展的"顺风车"。

一九五〇年至二〇一六年，中国累计对外提供援款四千多亿元人民币，今后将继续在力所能及的范围内加大对外帮扶。国际金融危机爆发以来，中国经济增长对世界经济增长的贡献率年均在百分之三十以上。未来五年，中国将进口八万亿美元的商品，吸收六千亿美元的外来投资，中国对外投资总额将达到七千五百亿美元，出境旅游将达到七亿人次。这将为世界各国发展带来更多机遇。

中国坚持走符合本国国情的发展道路，始终把人民权利放在首位，不断促进和保护人权。中国解决十三亿多人口的温饱问题，让七亿多人口摆脱贫困，这是对世界人权事业的重大贡献。

我提出"一带一路"倡议，就是要实现共赢共享发展。目前，已经有一百多个国家和国际组织积极响应支持，一大批早期收获项目落地开花。中国支持建设好亚洲基础设施投资银行等新型多边金融机构，为国际社会提供更多公共产品。

第三，中国打造伙伴关系的决心不会改变。中国坚持独立自主的和平外交政策，在和平共处五项原则基础上同所有国家发展友好合作。中国率先把建立伙伴关系确定为国家间交往的指导原则,同九十多个国家和区域组织建立了不同形式的伙伴关系。中国将进一步联结遍布全球的"朋友圈"。

中国将努力构建总体稳定、均衡发展的大国关系框架,积极同美国发展新型大国关系,同俄罗斯发展全面战略协作伙伴关系,同欧洲发展和平、增长、改革、文明伙伴关系,同金砖国家发展团结合作的伙伴关系。中国将继续坚持正确义利观,深化同发展中国家务实合作,实现同呼吸、共命运、齐发展。中国将按照亲诚惠容理念同周边国家深化互利合作,秉持真实亲诚对非政策理念同非洲国家共谋发展,推动中拉全面合作伙伴关系实现新发展。

第四,中国支持多边主义的决心不会改变。多边主义是维护和平、促进发展的有效路径。长期以来,联合国等国际机构做了大量工作,为维护世界总体和平、持续发展的态势作出了有目共睹的贡献。

中国是联合国创始成员国,是第一个在联合国宪章上签字的国家。中国将坚定维护以联合国为核心的国际体系,坚定维护以联合国宪章宗旨和原则为基石的国际关系基本准则,坚定维护联合国权威和地位,坚定维护联合国在国际事务中的核心作用。

中国—联合国和平与发展基金已经正式投入运营,中国将把资金优先用于联合国及日内瓦相关国际机构提出的和平与发展项目。随着中国持续发展,中国支持多边主义的力度也将越来越大。

女士们、先生们、朋友们!

对中国来讲,日内瓦具有一份特殊的记忆和情感。一九五四年,周恩来总理率团出席日内瓦会议,同苏联、美国、英国、法国等共同讨论政治解决朝鲜问题和印度支那停战问题,展现和平精神,为世界和平贡献了中国智慧。一九七一年,中国恢复在联合国的合法席位、重返日内瓦国际机构后,逐步参与裁军、经贸、人权、社会等各领域事务,为重大问题解决和重要规则制定提供了中国方案。近年来,中国积极参与伊朗核、叙利亚等热点问题的对话和谈判,为推动政治解决作出了中国贡献。中国先后成功向国际奥委会申办夏季和冬季两届奥运会和残奥会,中国十多项世界自然遗产和文化自然双重遗产申请得到世界自然保护联盟支持,呈现了中国精彩。

女士们、先生们、朋友们!

中国古人说:"善学者尽其理,善行者究其难。"构建人类命运共同体是一个美好的目标,也是一个需要一代又一代人接力跑才能实现的目标。中国愿同广大成员国、国际组织和机构一道,共同推进构建人类命运共同体的伟大进程。

一月二十八日,中国人民将迎来农历丁酉新年,也就是鸡年春节。鸡年寓意光明和祥和。"金鸡一唱千门晓。"我祝大家新春快乐、万事如意!

谢谢大家!

【思考题】

1. 中国为什么要提出构建人类命运共同体?

2. 中国构建人类命运共同体的世界倡议具体有哪些内容?

3. 人类命运共同体的核心内涵是什么?

4. 中国将为致力于构建人类命运共同体采取哪些举措?

5. 人类命运共同体展现了哪些博爱情怀?

【延伸阅读】

1. 习近平:《携手构建合作共赢新伙伴,同心打造人类命运共同体》,载《习近平谈治国理政》(第二卷),外文出版社 2017 年版。

2. 习近平:《论坚持推动构建人类命运共同体》,中央文献出版社 2018 年版。

3. 习近平:《携手推进"一带一路"建设》,载《习近平著作选读》(第一卷),人民出版社 2023 年版。

4. 习近平:《坚持亲诚惠容的周边外交理念》,载《习近平著作选读》(第一卷),人民出版社 2023 年版。

5. 习近平:《引导好经济全球化走向》,载《习近平著作选读》(第一卷),人民出版社 2023 年版。

使伟大抗疫精神转化为实现中华民族
伟大复兴的强大力量

【导读】

《使伟大抗疫精神转化为实现中华民族伟大复兴的强大力量》选自《习近平著作选读》(第二卷)(人民出版社 2023 年版),是习近平同志在全国抗击新冠肺炎疫情表彰大会上讲话的一部分。2020 年 9 月 8 日,全国抗击新冠肺炎疫情表彰大会在北京人民大会堂隆重举行,对做出突出贡献的个人和集体进行了表彰奖励,其中钟南山被授予共和国勋章,张伯礼、张定宇、陈薇被授予"人民英雄"国家荣誉称号。中央领导同志为获奖的先进集体和个人代表颁奖,习近平总书记发表重要讲话。选文共分为三个部分。

第一部分:总结提炼了中国人民在抗击新冠肺炎疫情实践中形成的伟大抗疫精神。生命至上、举国同心、舍生忘死、尊重科学、命运与共构成了伟大抗疫精神的内核。生命至上,体现了中国人民深厚的仁爱传统和中国共产党人以人民为中心的价值追求;举国同心,体现了中国人民万众一心、同甘共苦的团结伟力;舍生忘死,体现了中国人民敢于压倒一切困难而不被任何困难所压倒的顽强意志;尊重科学,体现了中国人民求真务实、开拓创新的实践品格;命运与共,体现了中国共产党以人民为中心的博爱价值内核。

第二部分:全面归纳了在抗击新冠肺炎疫情实践中积累的主要经验。抗疫斗争伟大实践再次证明,中国共产党所具有的无比坚强的领导力,是风雨来袭时中国人民最可靠的主心骨;中国人民所具有的不屈不挠的意志力,是战胜前进道路上一切艰难险阻的力量源泉;中国特色社会主义制度所具有的显著优势,是抵御风险挑战、提高国家治理效能的根本保证;新中国成立以来所积累的坚实国力,是从容应对惊涛骇浪的深厚底气;社会主义核心价值观、中华优秀传统文化所具有的强大精神动力,是凝聚人心、汇聚民力的强大力量;构建人类命运共同体所具有的广泛感召力,是应对人类共同挑战、建设更加繁荣美好世界的人间正道。

第三部分:全面部署了疫情防控和经济社会发展新形势下的主要任务。扎实做好"六稳"工作、全面落实"六保"任务,确保完成决胜全面建成小康社会、决战脱贫攻坚目标任务;加快补齐治理体系的短板弱项,为保障人民生命安全和身体健康夯实制度保障;秉持人类命运共同体理念,同国际社会携手应对日益严峻的全球性挑战;坚持底线思维、增强忧患意识,有效防范和化解前进道路上的各种风险。

【选文】

使伟大抗疫精神转化为实现中华民族伟大复兴的强大力量
(二○二○年九月八日)

抗击新冠肺炎疫情斗争取得重大战略成果,充分展现了中国共产党领导和我国社会主义制度的显著优势,充分展现了中国人民和中华民族的伟大力量,充分展现了中华文明的深厚底蕴,充分展现了中国负责任大国的自觉担当,极大增强了全党全国各族人民的自信心和自豪感、凝聚力和向心力,必将激励我们在新时代新征程上披荆斩棘、奋勇前进。

同志们、朋友们!

在这场同严重疫情的殊死较量中,中国人民和中华民族以敢于斗争、敢于胜利的大无畏气概,铸就了生命至上、举国同心、舍生忘死、尊重科学、命运与共的伟大抗疫精神。

——生命至上,集中体现了中国人民深厚的仁爱传统和中国共产党人以人民为中心的价值追求。"爱人利物之谓仁。"疫情无情人有情。人的生命是最宝贵的,生命只有一次,失去不会再来。在保护人民生命安全面前,我们必须不惜一切代价，我们也能够做到不惜一切代价，因为中国共产党的根本宗旨是全心全意为人民服务，我们的国家是人民当家作主的社会主义国家。我们果断关闭离汉离鄂通道，实施史无前例的严格管控。作出这一决策，需要巨大的政治勇气，需要果敢的历史担当。为了保护人民生命安全，我们什么都可以豁得出来！从出生仅三十多个小时的婴儿到一百多岁的老人，从在华外国留学生到来华外国人员，每一个生命都得到全力护佑，人的生命、人的价值、人的尊严得到悉心呵护。这是中国共产党执政为民理念的最好诠释！这是中华文明人命关天的道德观念的最好体现！这也是中国人民敬仰生命的人文精神的最好印证！

——举国同心，集中体现了中国人民万众一心、同甘共苦的团结伟力。面对生死考验，面对长时间隔离带来的巨大身心压力，广大人民群众生死较量不畏惧、千难万险不退缩，或向险而行，或默默坚守，以各种方式为疫情防控操心出力。长城内外、大江南北，全国人民心往一处想、劲往一处使，把个人冷暖、集体荣辱、国家安危融为一体，"天使白"、"橄榄绿"、"守护蓝"、"志愿红"迅速集结，"我是党员我先上"、"疫情不退我不退"，誓言铿锵，丹心闪耀。十四亿中国人民同呼吸、共命运，肩并肩、心连心，绘就了团结就是力量的时代画卷！

——舍生忘死，集中体现了中国人民敢于压倒一切困难而不被任何困难所压倒的顽强意志。危急时刻，又见遍地英雄。各条战线的抗疫勇士临危不惧、视死如归，困难面前豁得出、关键时刻冲得上，以生命赴使命，用大爱护众生。他们中间，有把生的希望留给他人而自己错过救治的医院院长，有永远无法向妻子兑现婚礼承诺的丈夫，也有牺牲在救治岗位留下幼小孩子的妈妈……面对疫情，中国人民没有被吓倒，而是用明知山有虎、偏向虎山行的壮举，书写下可歌可泣、荡气回肠的壮丽篇章！中华民族能够经历无数灾厄仍不断发展壮大，从来都不是因为有救世主，而是因为在大灾大难前有千千万万个普通人挺身而出、慷慨前行！

——尊重科学，集中体现了中国人民求真务实、开拓创新的实践品格。面对前所未知的新型传染性疾病，我们秉持科学精神、科学态度，把遵循科学规律贯穿到决策指挥、病患治疗、技术攻关、社会治理各方面全过程。在没有特效药的情况下，实行中西医结合，先后推出八版全国新冠肺炎诊疗方案，筛选出"三药三方"等临床有效的中药西药和治疗办法，被多个国家借鉴和使用。无论是抢建方舱医院，还是多条技术路线研发疫苗；无论是开展大规模核酸检测、大数据追踪溯源和健康码识别，还是分区分级差异化防控、有序推进复工复产，都是对科学精神的尊崇和弘扬，都为战胜疫情提供了强大科技支撑！

——命运与共，集中体现了中国人民和衷共济、爱好和平的道义担当。大道不孤，大爱无疆。我们秉承"天下一家"的理念，不仅对中国人民生命安全和身体健康负责，也对全球公共卫生事业尽责。我们发起了新中国成立以来援助时间最集中、涉及范围最广的紧急人道主义行动，为全球疫情防控注入源源不断的动力，充分展示了讲信义、重情义、扬正义、守道义的大国形象，生动诠释了为世界谋大同、推动构建人类命运共同体的大国担当！

人无精神则不立，国无精神则不强。唯有精神上站得住、站得稳，一个民族才能在历史洪流中屹立不倒、挺立潮头。同困难作斗争，是物质的角力，也是精神的对垒。伟大抗疫精神，同中华民族长期形成的特质禀赋和文化基因一脉相承，是爱国主义、集体主义、社会主义精神的传承和发展，是中国精神的生动诠释，丰富了民族精神和时代精神的内涵。我们要在全社会大力弘扬伟大抗疫精神，使之转化为全面建设社会主义现代化国家、实现中华民族伟大复兴的强大力量。

同志们、朋友们！

"物有甘苦，尝之者识；道有夷险，履之者知。"在这场波澜壮阔的抗疫斗争中，我们积累了重要经验，收获了深刻启示。

——抗疫斗争伟大实践再次证明，中国共产党所具有的无比坚强的领导力，是风雨来袭时中国人民最可靠的主心骨。中国共产党来自人民、植根人民，始终坚持一切为了人民、一切依靠人民，得到了最广大人民衷心拥护和坚定支持，这是中国共产党领导力和执政力的广大而深厚的基础。这次抗疫斗争伊始，党中央就号召全党，让党旗在防控疫情斗争第一线高高飘扬,充分体现了中国共产党人的担当和风骨! 在抗疫斗争中,广大共产党员不忘初心、牢记使命,充分发挥先锋模范作用,两万五千多名优秀分子在火线上宣誓入党。正是因为有中国共产党领导、有全国各族人民对中国共产党的拥护和支持,中国才能创造出世所罕见的经济快速发展奇迹和社会长期稳定奇迹,我们才能成功战洪水、防非典、抗地震、化危机、应变局,才能打赢这次抗疫斗争。历史和现实都告诉我们,只要毫不动摇坚持和加强党的全面领导,不断增强党的政治领导力、思想引领力、群众组织力、社会号召力,永远保持党同人民群众的血肉联系,我们就一定能够形成强大合力,从容应对各种复杂局面和风险挑战。

　　——抗疫斗争伟大实践再次证明,中国人民所具有的不屈不挠的意志力,是战胜前进道路上一切艰难险阻的力量源泉。苦难考验了中国人民,也锻炼了中国人民。正是因为中国人民经千难而前仆后继,历万险而锲而不舍,我们才能在列强侵略时顽强抗争,在山河破碎时浴血奋战,在一穷二白时发愤图强,在时代发展时与时俱进,中华民族才能始终屹立于世界民族之林。千百年来,中国人民就以生命力的顽强、凝聚力的深厚、忍耐力的坚韧、创造力的巨大而闻名于世,我们都为自己是中国人感到骄傲和自豪! 历史和现实都告诉我们,只要紧紧依靠人民、一切为了人民,充分激发广大人民顽强不屈的意志和坚忍不拔的毅力,我们就一定能够使最广大人民紧密团结在一起,不断创造中华民族新的历史辉煌。

　　——抗疫斗争伟大实践再次证明,中国特色社会主义制度所具有的显著优势,是抵御风险挑战、提高国家治理效能的根本保证。衡量一个国家的制度是否成功、是否优越,一个重要方面就是看其在重大风险挑战面前,能不能号令四面、组织八方共同应对。我国社会主义制度具有非凡的组织动员能力、统筹协调能力、贯彻执行能力,能够充分发挥集中力量办大事、办难事、办急事的独特优势,这次抗疫斗争有力彰显了我国国家制度和国家治理体系的优越性。历史和现实都告诉我们,只要坚持和完善中国特色社会主义制度、推进国家治理体系和治理能力现代化,善于运用制度力量应对风险挑战冲击,我们就一定能够经受住一次次压力测试,不断化危为机、浴火重生。

——抗疫斗争伟大实践再次证明，新中国成立以来所积累的坚实国力，是从容应对惊涛骇浪的深厚底气。我们长期积累的雄厚物质基础、建立的完整产业体系、形成的强大科技实力、储备的丰富医疗资源为疫情防控提供了坚强支撑。我们在疫情发生后迅速开展全方位的人力组织战、物资保障战、科技突击战、资源运动战。在抗疫形势最严峻的时候，经济社会发展不少方面一度按下"暂停键"，但群众生活没有受到太大影响，社会秩序总体正常，这从根本上得益于新中国成立以来特别是改革开放以来长期积累的综合国力，得益于危急时刻能够最大限度运用我们的综合国力。历史和现实都告诉我们，只要不断解放和发展社会生产力，不断增强经济实力、科技实力、综合国力，不断让广大人民的获得感、幸福感、安全感日益充实起来，不断让坚持和发展中国特色社会主义、实现中华民族伟大复兴的物质基础日益坚实起来，我们就一定能够使中国特色社会主义航船乘风破浪、行稳致远。

——抗疫斗争伟大实践再次证明，社会主义核心价值观、中华优秀传统文化所具有的强大精神动力，是凝聚人心、汇聚民力的强大力量。文化自信是一个国家、一个民族发展中最基本、最深沉、最持久的力量。向上向善的文化是一个国家、一个民族休戚与共、血脉相连的重要纽带。中国人历来抱有家国情怀，崇尚天下为公、克己奉公，信奉天下兴亡、匹夫有责，强调和衷共济、风雨同舟，倡导守望相助、尊老爱幼，讲求自由和自律统一、权利和责任统一。在这次抗疫斗争中，十四亿中国人民显示出高度的责任意识、自律观念、奉献精神、友爱情怀，铸就起团结一心、众志成城的强大精神防线。历史和现实都告诉我们，只要不断培育和践行社会主义核心价值观，始终继承和弘扬中华优秀传统文化，我们就一定能够建设好全国各族人民的精神家园，筑牢中华儿女团结奋进、一往无前的思想基础。

——抗疫斗争伟大实践再次证明，构建人类命运共同体所具有的广泛感召力，是应对人类共同挑战、建设更加繁荣美好世界的人间正道。新冠肺炎疫情以一种特殊形式告诫世人，人类是荣辱与共的命运共同体，重大危机面前没有任何一个国家可以独善其身，团结合作才是人间正道。任何自私自利、嫁祸他人、颠倒是非、混淆黑白的做法，不仅会对本国和本国人民造成伤害，而且会给世界各国人民带来伤害。历史和现实都告诉我们，只要国际社会秉持人类命运共同体理念，坚持多边主义、走团结合作之路，世界各国人民就一定能够携手应对各种全球性问题，共建美好地球家园。

同志们、朋友们！

当前，世界百年未有之大变局加速演进，国内改革发展稳定任务艰巨繁重。站在"两个一百年"奋斗目标的历史交汇点上，我们必须全面贯彻党的基本理论、基本路线、基本方略，坚持稳中求进工作总基调，坚定不移贯彻新发展理念，着力构建新发展格局，统筹国内国际两个大局，办好发展安全两件大事，推进国家治理体系和治理能力现代化，不断开创党和国家事业发展新局面。

——我们要毫不放松抓好常态化疫情防控，奋力夺取抗疫斗争全面胜利。当前，疫情仍在全球蔓延，国内零星散发病例和局部暴发疫情的风险仍然存在，夺取抗疫斗争全面胜利还需要付出持续努力。要慎终如始、再接再厉，全面做好外防输入、内防反弹工作，坚持常态化精准防控和局部应急处置有机结合，决不能让来之不易的疫情防控成果前功尽弃。要加大药品和疫苗科研攻关力度，深入开展爱国卫生运动，加强公共卫生设施建设，提升全社会文明程度，用千千万万个文明健康的小环境筑牢常态化疫情防控的社会大防线。

——我们要扎实做好"六稳"工作、全面落实"六保"任务，确保完成决胜全面建成小康社会、决战脱贫攻坚目标任务。要增强信心、鼓足干劲，奋力把失去的时间抢回来、把疫情造成的损失补回来。要积极构建疫情防控和经济社会发展工作中长期协调机制。要坚持以供给侧结构性改革为主线，坚持深化改革开放，牢牢把握扩大内需这个战略基点，保护和激发市场主体活力，确保宏观政策落地见效，提高产业链供应链稳定性和竞争力。要瞄准脱贫攻坚突出问题和薄弱环节，一鼓作气、尽锐出战。要始终把人民安危冷暖放在心上，帮助群众解决就业、收入、就学、社保、医保、住房等方面的实际困难,扎扎实实做好保障和改善民生各项工作。

——我们要加快补齐治理体系的短板弱项,为保障人民生命安全和身体健康夯实制度保障。这场抗疫斗争是对国家治理体系和治理能力的一次集中检验。要抓紧补短板、堵漏洞、强弱项,加快完善各方面体制机制,着力提高应对重大突发公共卫生事件的能力和水平。要构筑强大的公共卫生体系,完善疾病预防控制体系,建设平战结合的重大疫情防控救治体系,强化公共卫生法治保障和科技支撑,提升应急物资储备和保障能力,夯实联防联控、群防群控的基层基础。要完善城市治理体系和城乡基层治理体系,树立全周期的城市健康管理理念,增强社会治理总体效能。要重视生物安全风险,提升国家生物安全防御能力。

——我们要秉持人类命运共同体理念,同国际社会携手应对日益严峻的全球性挑战。中国将继续推进疫情防控国际合作,支持世界卫生组织发挥全球抗疫领导作用,同各国分享防控和救治经验,继续向应对疫情能力薄弱的国家和地区提供帮助,发挥全球抗疫物资最大供应国作用,推动构建人类卫生健康共同体。我们将拓展同世界各国的互利互惠合作,继续推进经济全球化,坚定维护多边贸易体制,维护全球产业链供应链安全畅通运转,共同推动世界经济早日重现繁荣。我们愿同各国一道推动形成更加包容的全球治理、更加有效的多边机制、更加积极的区域合作,共同应对地区争端和恐怖主义、气候变化、网络安全、生物安全等全球性问题,共同创造人类更加美好的未来。

——我们要坚持底线思维、增强忧患意识,有效防范和化解前进道路上的各种风险。彩虹和风雨共生,机遇和挑战并存,这是亘古不变的辩证法则。我们党建党近百年、新中国成立七十多年、改革开放四十多年的历史,从来都不是一帆风顺的。志不求易者成,事不避难者进。我们要辩证认识和把握国内外大势,加强战略性、系统性、前瞻性研究谋划,做好较长时间应对外部环境变化的思想准备和工作准备,善于在危机中育新机、于变局中开新局。要发扬斗争精神,敢于斗争、善于斗争,根据形势变化及时调整斗争策略,团结一切可以团结的力量,调动一切积极因素,不断夺取具有许多新的历史特点的伟大斗争新胜利。

同志们、朋友们！

"天行健，君子以自强不息。"一个民族之所以伟大，根本就在于在任何困难和风险面前都从来不放弃、不退缩、不止步，百折不挠为自己的前途命运而奋斗。从五千多年文明发展的苦难辉煌中走来的中国人民和中华民族，必将在新时代的伟大征程上一路向前，任何人任何势力都不能阻挡中国人民实现更加美好生活的前进步伐！

让我们更加紧密地团结起来，大力弘扬伟大抗疫精神，勠力同心、锐意进取，奋力实现决胜全面建成小康社会、决战脱贫攻坚目标任务，在全面建设社会主义现代化国家的新征程上创造新的历史伟业！

【思考题】

1. 简述伟大抗疫精神的博爱价值意蕴。

2. 抗击新冠肺炎疫情实践中积累起来的主要经验对我们坚持和发展中国特色社会主义有什么启示？

【延伸阅读】

1. 习近平：《团结合作战胜疫情　共同构建人类卫生健康共同体——在第73届世界卫生大会视频会议开幕式上的致辞》，《人民日报》2020年5月19日。

2. 习近平：《在参加第十三届全国人大三次会议内蒙古代表团审议时的讲话》，《人民日报》2020年5月23日。

在全国脱贫攻坚总结表彰大会上的讲话

【导读】

习近平总书记《在全国脱贫攻坚总结表彰大会上的讲话》选自《习近平著作选读》(第二卷)(人民出版社 2023 年版)。2021 年 2 月 25 日,全国脱贫攻坚总结表彰大会在北京人民大会堂隆重举行,庄严宣告:在迎来中国共产党成立一百周年的重要时刻,我国脱贫攻坚战取得了全面胜利,中华民族彻底摆脱了绝对贫困。对为脱贫攻坚作出重要贡献的个人和集体进行表彰,授予 10 位个人和 10 个集体全国脱贫攻坚楷模,授予 1981 名同志全国脱贫攻坚先进个人,授予 1501 名同志全国脱贫攻坚先进集体。习近平总书记发表重要讲话,全面总结我国脱贫攻坚的重大成就,深刻阐明我国脱贫攻坚进程中积累的历史经验,提炼了伟大脱贫攻坚精神。

《在全国脱贫攻坚总结表彰大会上的讲话》共分为五个部分:

第一部分:宣告我国脱贫攻坚的全面胜利及其重大意义。提出经过全党全国各族人民共同努力,在迎来中国共产党成立一百周年的重要时刻,我国脱贫攻坚战取得了全面胜利,完成了消除绝对贫困的艰巨任务,创造了又一个彪炳史册的人间奇迹! 这是中国人民的伟大光荣,是中国共产党的伟大光荣,是中华民族的伟大光荣!

第二部分:全面梳理了中国共产党人承续我国古人的反贫困情结、在不同历史时期与贫困英勇抗争的历史过程,梳理了中国共产党人与贫困抗争、为人民创造美好生活的历史进程和卓绝努力。

第三部分:系统总结了中国共产党领导中国人民在脱贫攻坚中取得的

重大成就。农村贫困人口全部脱贫，为实现全面建成小康社会目标任务作出了关键性贡献；脱贫地区经济社会发展大踏步赶上来，整体面貌发生历史性巨变；脱贫群众精神风貌焕然一新，增添了自立自强的信心勇气；党群干群关系明显改善，党在农村的执政基础更加牢固；创造了减贫治理的中国样本，为全球减贫事业作出了重大贡献。

第四部分：深刻总结了中国共产党领导中国人民在脱贫攻坚中积累的宝贵经验。即坚持党的领导，为脱贫攻坚提供坚强政治和组织保证；坚持以人民为中心的发展思想，坚定不移走共同富裕道路；坚持发挥我国社会主义制度能够集中力量办大事的政治优势，形成脱贫攻坚的共同意志、共同行动；坚持精准扶贫方略，用发展的办法消除贫困根源；坚持调动广大贫困群众积极性、主动性、创造性，激发脱贫内生动力；坚持弘扬和衷共济、团结互助美德，营造全社会扶危济困的浓厚氛围；坚持求真务实、较真碰硬，做到真扶贫、扶真贫、脱真贫。

第五部分：凝练出中国共产党带领中国人民在实践中形成的脱贫攻坚精神。即"上下同心、尽锐出战、精准务实、开拓创新、攻坚克难、不负人民"。脱贫攻坚精神，是中国共产党性质宗旨、中国人民意志品质、中华民族精神的生动写照，是爱国主义、集体主义、社会主义思想的集中体现，是中国精神、中国价值、中国力量的充分彰显，赓续传承了伟大民族精神和时代精神。

【选文】

在全国脱贫攻坚总结表彰大会上的讲话
（二〇二一年二月二十五日）

同志们，朋友们：

今天，我们隆重召开大会，庄严宣告，经过全党全国各族人民共同努力，在迎来中国共产党成立一百周年的重要时刻，我国脱贫攻坚战取得了全面胜利，现行标准下九千八百九十九万农村贫困人口全部脱贫，八百三十二个贫困县全部摘帽，十二万八千个贫困村全部出列，区域性整体贫困得到解决，完成了消除绝对贫困的艰巨任务，创造了又一个彪炳史册的人间奇迹！这是中国人民的伟大光荣，是中国共产党的伟大光荣，是中华民族的伟大光荣！

在这里，我代表党中央，向受到表彰的先进个人和先进集体，表示热烈的祝贺！向为脱贫攻坚作出贡献的各级党政军机关和企事业单位，农村广大基层组织和党员、干部、群众，驻村第一书记和工作队员、志愿者，各民主党派、工商联和无党派人士，人民团体以及社会各界，致以崇高的敬意！向积极参与和支持脱贫攻坚的香港特别行政区同胞、澳门特别行政区同胞、台湾同胞以及海外侨胞，向关心和帮助中国减贫事业的各国政府、国际组织、外国友人，表示衷心的感谢！

同志们、朋友们！

贫困是人类社会的顽疾。反贫困始终是古今中外治国安邦的一件大事。一部中国史，就是一部中华民族同贫困作斗争的历史。从屈原"长太息以掩涕兮，哀民生之多艰"的感慨，到杜甫"安得广厦千万间，大庇天下寒士俱欢颜"的憧憬，再到孙中山"家给人足，四海之内无一夫不获其所"的夙愿，都反映了中华民族对摆脱贫困、丰衣足食的深深渴望。近代以后，由于封建统治的腐朽和西方列强的入侵，中国政局动荡、战乱不已、民不聊生，贫困的梦魇更为严重地困扰着中国人民。摆脱贫困，成了中国人民孜孜以求的梦想，也是实现中华民族伟大复兴中国梦的重要内容。

中国共产党从成立之日起，就坚持把为中国人民谋幸福、为中华民族谋复兴作为初心使命，团结带领中国人民为创造自己的美好生活进行了长期艰辛奋斗。新民主主义革命时期，党团结带领广大农民"打土豪、分田地"，实行"耕者有其田"，帮助穷苦人翻身得解放，赢得了最广大人民广泛支持和拥护，夺取了中国革命胜利，建立了新中国，为摆脱贫困创造了根本政治条件。新中国成立后，党团结带领人民完成社会主义革命，确立社会主义基本制度，推进社会主义建设，组织人民自力更生、发愤图强、重整山河，为摆脱贫困、改善人民生活打下了坚实基础。改革开放以来，党团结带领人民实施了大规模、有计划、有组织的扶贫开发，着力解放和发展社会生产力，着力保障和改善民生，取得了前所未有的伟大成就。

党的十八大以来，党中央鲜明提出，全面建成小康社会最艰巨最繁重的任务在农村特别是在贫困地区，没有农村的小康特别是没有贫困地区的小康，就没有全面建成小康社会；强调贫穷不是社会主义，如果贫困地区长期贫困，面貌长期得不到改变，群众生活水平长期得不到明显提高，那就没有体现我国社会主义制度的优越性，那也不是社会主义，必须时不我待抓好脱贫攻坚工作。二〇一二年年底，党的十八大召开后不久，党中央就突出强调，"小康不小康，关键看老乡，关键在贫困的老乡能不能脱贫"，承诺"决不能落下一个贫困地区、一个贫困群众"，拉开了新时代脱贫攻坚的序幕。二〇一三年，党中央提出精准扶贫理念，创新扶贫工作机制。二〇一五年，党中央召开扶贫开发工作会议，提出实现脱贫攻坚目标的总体要求，实行扶持对象、项目安排、资金使用、措施到户、因村派人、脱贫成效"六个精准"，实行发展生产、易地搬迁、生态补偿、发展教育、社会保障兜底"五个一批"，发出打赢脱贫攻坚战的总攻令。二〇一七年，党的十九大把精准脱贫作为三大攻坚战之一进行全面部署，锚定全面建成小康社会目标，聚力攻克深度贫困堡垒，决战决胜脱贫攻坚。二〇二〇年，为有力应对新冠肺炎疫情和特大洪涝灾情带来的影响，党中央要求全党全国以更大的决心、更强的力度，做好"加试题"、打好收官战，信心百倍向着脱贫攻坚的最后胜利进军。

八年来，党中央把脱贫攻坚摆在治国理政的突出位置，把脱贫攻坚作为全面建成小康社会的底线任务，组织开展了声势浩大的脱贫攻坚人民战争。党和人民披荆斩棘、栉风沐雨，发扬钉钉子精神，敢于啃硬骨头，攻克了一个又一个贫中之贫、坚中之坚，脱贫攻坚取得了重大历史性成就。

——农村贫困人口全部脱贫，为实现全面建成小康社会目标任务作出了关键性贡献。党的十八大以来，平均每年一千多万人脱贫，相当于一个中等国家的人口脱贫。贫困人口收入水平显著提高，全部实现"两不愁三保障"，脱贫群众不愁吃、不愁穿，义务教育、基本医疗、住房安全有保障，饮水安全也都有了保障。两千多万贫困患者得到分类救治，曾经被病魔困扰的家庭挺起了生活的脊梁。近两千万贫困群众享受低保和特困救助供养,两千四百多万困难和重度残疾人拿到了生活和护理补贴。一百一十多万贫困群众当上护林员,守护绿水青山,换来了金山银山。无论是雪域高原、戈壁沙漠,还是悬崖绝壁、大石山区,脱贫攻坚的阳光照耀到了每一个角落,无数人的命运因此而改变,无数人的梦想因此而实现,无数人的幸福因此而成就!

——脱贫地区经济社会发展大踏步赶上来,整体面貌发生历史性巨变。贫困地区发展步伐显著加快,经济实力不断增强,基础设施建设突飞猛进,社会事业长足进步,行路难、吃水难、用电难、通信难、上学难、就医难等问题得到历史性解决。义务教育阶段建档立卡贫困家庭辍学学生实现动态清零。具备条件的乡镇和建制村全部通硬化路、通客车、通邮路。新改建农村公路一百一十万公里,新增铁路里程三万五千公里。贫困地区农网供电可靠率达到百分之九十九,大电网覆盖范围内贫困村通动力电比例达到百分之百,贫困村通光纤和4G比例均超过百分之九十八。七百九十万户、两千五百六十八万贫困群众的危房得到改造,累计建成集中安置区三万五千个、安置住房二百六十六万套,九百六十多万人"挪穷窝",摆脱了闭塞和落后,搬入了新家园。许多乡亲告别溜索桥、天堑变成了通途,告别苦咸水、喝上了清洁水,告别四面漏风的泥草屋、住上了宽敞明亮的砖瓦房。千百万贫困家庭的孩子享受到更公平的教育机会,孩子们告别了天天跋山涉水上学,实现了住学校、吃食堂。二十八个人口较少民族全部整族脱贫,一些新中国成立后"一步跨千年"进入社会主义社会的"直过民族",又实现了从贫穷落后到全面小康的第二次历史性跨越。所有深度贫困地区的最后堡垒被全部攻克。脱贫地区处处呈现山乡巨变、山河锦绣的时代画卷!

——脱贫群众精神风貌焕然一新,增添了自立自强的信心勇气。脱贫攻坚,取得了物质上的累累硕果,也取得了精神上的累累硕果。广大脱贫群众激发了奋发向上的精气神,社会主义核心价值观得到广泛传播,文明新风得到广泛弘扬,艰苦奋斗、苦干实干、用自己的双手创造幸福生活的精神在广大贫困地区蔚然成风。带领乡亲们历时七年在绝壁上凿出一条通向外界道路的重庆市巫山县竹贤乡下庄村党支部书记毛相林说:"山凿一尺宽一尺,路修一丈长一丈,就算我们这代人穷十年苦十年,也一定要让下辈人过上好日子。"身残志坚的云南省昆明市东川区乌龙镇坪子村芭蕉箐小组村民张顺东说:"我们虽然残疾了,但我们精神上不残,我们还有脑还有手,去想去做。"贫困群众的精神世界在脱贫攻坚中得到充实和升华,信心更坚、脑子更活、心气更足,发生了从内而外的深刻改变!

　　——党群干群关系明显改善,党在农村的执政基础更加牢固。各级党组织和广大共产党员坚决响应党中央号召,以热血赴使命、以行动践诺言,在脱贫攻坚这个没有硝烟的战场上呕心沥血、建功立业。广大扶贫干部舍小家为大家,同贫困群众结对子、认亲戚,常年加班加点、任劳任怨,困难面前豁得出,关键时候顶得上,把心血和汗水洒遍千山万水、千家万户。他们爬过最高的山,走过最险的路,去过最偏远的村寨,住过最穷的人家,哪里有需要,他们就战斗在哪里。有的村干部说:"只要我还干得动,我都永远为村里的老百姓做事! 带上我们村的老百姓,过上更美好的生活。""我是一个共产党员,我必须带领群众,拔掉老百姓的穷根。"基层党组织充分发挥战斗堡垒作用,在抓党建促脱贫中得到锻造,凝聚力、战斗力不断增强,基层治理能力明显提升。贫困地区广大群众听党话、感党恩、跟党走,都说"党员带头上、我们跟着干、脱贫有盼头","我们爱挂国旗,因为国旗最吉祥","吃水不忘挖井人,脱贫不忘共产党",党群关系、干群关系得到极大巩固和发展!

　　——创造了减贫治理的中国样本,为全球减贫事业作出了重大贡献。摆脱贫困一直是困扰全球发展和治理的突出难题。改革开放以来,按照现行贫困标准计算,我国七亿七千万农村贫困人口摆脱贫困;按照世界银行国际贫困标准,我国减贫人口占同期全球减贫人口百分之七十以上。特别是在全球贫困状况依然严峻、一些国家贫富分化加剧的背景下,我国提前十年实现《联合国二〇三〇年可持续发展议程》减贫目标,赢得国际社会广泛赞誉。我们积极开展国际减贫合作,履行减贫国际责任,为发展中国家提供力所能及的帮助,做世界减贫事业的有力推动者。纵览古今、环顾全球,没有哪一个国家能在这么短的时间内实现几亿人脱贫,这个成绩属于中国,也属于世界,为推动构建人类命运共同体贡献了中国力量!

八年来,我先后七次主持召开中央扶贫工作座谈会,五十多次调研扶贫工作,走遍十四个集中连片特困地区,坚持看真贫,坚持了解真扶贫、扶真贫、脱真贫的实际情况,面对面同贫困群众聊家常、算细账,亲身感受脱贫攻坚带来的巨大变化。我在各地都看到,广大脱贫群众露出了真诚笑脸,这是对脱贫攻坚的最大肯定,是对广大党员、干部倾情付出的最高褒奖,也是对革命先辈和英烈的最好告慰。

同志们、朋友们!

时代造就英雄,伟大来自平凡。在脱贫攻坚工作中,数百万扶贫干部倾力奉献、苦干实干,同贫困群众想在一起、过在一起、干在一起,将最美的年华无私奉献给了脱贫事业,涌现出许多感人肺腑的先进事迹。三十五年坚守太行山的"新愚公"李保国,献身教育扶贫、点燃大山女孩希望的张桂梅,用实干兑现"水过不去、拿命来铺"誓言的黄大发,回乡奉献、谱写新时代青春之歌的黄文秀,扎根脱贫一线、鞠躬尽瘁的黄诗燕等同志,以及这次受到表彰的先进个人和先进集体,就是他们中的杰出代表。他们有的说:"脱贫攻坚路上有千千万万的人,我真的就是其中一个小小的石子。其实走到最后,走到今天,虽然有苦,还是甜多。"有的说:"不为钱来,不为利往,农民才能信你,才能听你。"有的说:"把论文写在大地上,真正来地里面写,那才叫真本事。"

在脱贫攻坚斗争中,一千八百多名同志将生命定格在了脱贫攻坚征程上,生动诠释了共产党人的初心使命。脱贫攻坚殉职人员的付出和贡献彪炳史册,党和人民不会忘记!共和国不会忘记!各级党委和政府要关心关爱每一位牺牲者亲属,大力宣传脱贫攻坚英模的感人事迹和崇高精神,激励广大干部群众为全面建设社会主义现代化国家、实现第二个百年奋斗目标而披坚执锐、勇立新功。

同志们、朋友们!

脱贫攻坚取得举世瞩目的成就,靠的是党的坚强领导,靠的是中华民族自力更生、艰苦奋斗的精神品质,靠的是新中国成立以来特别是改革开放以来积累的坚实物质基础,靠的是一任接着一任干的坚守执着,靠的是全党全国各族人民的团结奋斗。我们立足我国国情,把握减贫规律,出台一系列超常规政策举措,构建了一整套行之有效的政策体系、工作体系、制度体系,走出了一条中国特色减贫道路,形成了中国特色反贫困理论。

——坚持党的领导,为脱贫攻坚提供坚强政治和组织保证。我们坚持党中央对脱贫攻坚的集中统一领导,把脱贫攻坚纳入"五位一体"总体布局、"四个全面"战略布局,统筹谋划,强力推进。我们强化中央统筹、省负总责、市县抓落实的工作机制,构建五级书记抓扶贫、全党动员促攻坚的局面。我们执行脱贫攻坚一把手负责制,中西部二十二个省份党政主要负责同志向中央签署脱贫攻坚责任书、立下"军令状",脱贫攻坚期内保持贫困县党政正职稳定。我们抓好以村党组织为核心的村级组织配套建设,把基层党组织建设成为带领群众脱贫致富的坚强战斗堡垒。我们集中精锐力量投向脱贫攻坚主战场,全国累计选派 25.5 万个驻村工作队、三百多万名第一书记和驻村干部,同近二百万名乡镇干部和数百万村干部一道奋战在扶贫一线,鲜红的党旗始终在脱贫攻坚主战场上高高飘扬。

事实充分证明,中国共产党具有无比坚强的领导力、组织力、执行力,是团结带领人民攻坚克难、开拓前进最可靠的领导力量。只要我们始终不渝坚持党的领导,就一定能够战胜前进道路上的任何艰难险阻,不断满足人民对美好生活的向往!

——坚持以人民为中心的发展思想,坚定不移走共同富裕道路。"治国之道,富民为始。"我们始终坚定人民立场,强调消除贫困、改善民生、实现共同富裕是社会主义的本质要求,是我们党坚持全心全意为人民服务根本宗旨的重要体现,是党和政府的重大责任。我们把群众满意度作为衡量脱贫成效的重要尺度,集中力量解决贫困群众基本民生需求。我们发挥政府投入的主体和主导作用,宁肯少上几个大项目,也优先保障脱贫攻坚资金投入。八年来,中央、省、市县财政专项扶贫资金累计投入近一万六千亿元,其中中央财政累计投入六千六百零一亿元。打响脱贫攻坚战以来,土地增减挂指标跨省域调剂和省域内流转资金四千四百多亿元,扶贫小额信贷累计发放七千一百多亿元,扶贫再贷款累计发放六千六百八十八亿元,金融精准扶贫贷款发放九万两千亿元,东部九省市共向扶贫协作地区投入财政援助和社会帮扶资金一千零五亿多元,东部地区企业赴扶贫协作地区累计投资一万多亿元,等等。我们统筹整合使用财政涉农资金,强化扶贫资金监管,确保把钱用到刀刃上。真金白银的投入,为打赢脱贫攻坚战提供了强大资金保障。

事实充分证明,做好党和国家各项工作,必须把实现好、维护好、发展好最广大人民根本利益作为一切工作的出发点和落脚点,更加自觉地使改革发展成果更多更公平惠及全体人民。只要我们始终坚持以人民为中心的发展思想,一件事情接着一件事情办,一年接着一年干,就一定能够不断推动全体人民共同富裕取得更为明显的实质性进展!

——坚持发挥我国社会主义制度能够集中力量办大事的政治优势,形成脱贫攻坚的共同意志、共同行动。我们广泛动员全党全国各族人民以及社会各方面力量共同向贫困宣战,举国同心,合力攻坚,党政军民学劲往一处使,东西南北中拧成一股绳。我们强化东西部扶贫协作,推动省市县各层面结对帮扶,促进人才、资金、技术向贫困地区流动。我们组织开展定点扶贫,中央和国家机关各部门、民主党派、人民团体、国有企业和人民军队等都积极行动,所有的国家扶贫开发工作重点县都有帮扶单位。各行各业发挥专业优势,开展产业扶贫、科技扶贫、教育扶贫、文化扶贫、健康扶贫、消费扶贫。民营企业、社会组织和公民个人热情参与,"万企帮万村"行动蓬勃开展。我们构建专项扶贫、行业扶贫、社会扶贫互为补充的大扶贫格局,形成跨地区、跨部门、跨单位、全社会共同参与的社会扶贫体系。千千万万的扶贫善举彰显了社会大爱,汇聚起排山倒海的磅礴力量。

事实充分证明,中国共产党领导和我国社会主义制度是抵御风险挑战、聚力攻坚克难的根本保证。只要我们坚持党的领导、坚定走中国特色社会主义道路,就一定能够办成更多像脱贫攻坚这样的大事难事,不断从胜利走向新的胜利!

——坚持精准扶贫方略,用发展的办法消除贫困根源。我们始终强调,脱贫攻坚，贵在精准，重在精准。我们坚持对扶贫对象实行精细化管理、对扶贫资源实行精确化配置、对扶贫对象实行精准化扶持，建立了全国建档立卡信息系统，确保扶贫资源真正用在扶贫对象上、真正用在贫困地区。围绕扶持谁、谁来扶、怎么扶、如何退等问题，我们打出了一套政策组合拳，因村因户因人施策，因贫困原因施策，因贫困类型施策，对症下药、精准滴灌、靶向治疗，真正发挥拔穷根的作用。我们要求下足绣花功夫，扶贫扶到点上、扶到根上、扶到家庭，防止平均数掩盖大多数。我们坚持开发式扶贫方针，坚持把发展作为解决贫困的根本途径，改善发展条件，增强发展能力，实现由"输血式"扶贫向"造血式"帮扶转变，让发展成为消除贫困最有效的办法、创造幸福生活最稳定的途径。我们紧紧扭住教育这个脱贫致富的根本之策，强调再穷不能穷教育、再穷不能穷孩子，不让孩子输在起跑线上，努力让每个孩子都有人生出彩的机会，尽力阻断贫困代际传递。

事实充分证明，精准扶贫是打赢脱贫攻坚战的制胜法宝，开发式扶贫方针是中国特色减贫道路的鲜明特征。只要我们坚持精准的科学方法、落实精准的工作要求，坚持用发展的办法解决发展不平衡不充分问题，就一定能够为经济社会发展和民生改善提供科学路径和持久动力！

——坚持调动广大贫困群众积极性、主动性、创造性，激发脱贫内生动力。"志之难也，不在胜人，在自胜。"脱贫必须摆脱思想意识上的贫困。我们注重把人民群众对美好生活的向往转化成脱贫攻坚的强大动能，实行扶贫和扶志扶智相结合，既富口袋也富脑袋，引导贫困群众依靠勤劳双手和顽强意志摆脱贫困、改变命运。我们引导贫困群众树立"宁愿苦干、不愿苦熬"的观念，鼓足"只要有信心，黄土变成金"的干劲，增强"弱鸟先飞、滴水穿石"的韧性，让他们心热起来、行动起来。脱贫群众说："现在国家政策好了，只要我们不等待、不观望，发扬'让我来'的精神，一定能过上好日子。""生活改变了我，我也改变了生活。"

事实充分证明，人民是真正的英雄，激励人民群众自力更生、艰苦奋斗的内生动力，对人民群众创造自己的美好生活至关重要。只要我们始终坚持为了人民、依靠人民，尊重人民群众主体地位和首创精神，把人民群众中蕴藏着的智慧和力量充分激发出来,就一定能够不断创造出更多令人刮目相看的人间奇迹!

——坚持弘扬和衷共济、团结互助美德,营造全社会扶危济困的浓厚氛围。我们推动全社会践行社会主义核心价值观,传承中华民族守望相助、和衷共济、扶贫济困的传统美德,引导社会各界关爱贫困群众、关心减贫事业、投身脱贫行动。我们完善社会动员机制,搭建社会参与平台,创新社会帮扶方式,形成了人人愿为、人人可为、人人能为的社会帮扶格局。

事实充分证明,社会主义核心价值观、中华优秀传统文化是凝聚人心、汇聚民力的强大力量。只要我们坚定道德追求,不断激发全社会向上向善的正能量,就一定能够为中华民族乘风破浪、阔步前行提供不竭的精神力量!

——坚持求真务实、较真碰硬,做到真扶贫、扶真贫、脱真贫。我们把全面从严治党要求贯穿脱贫攻坚全过程和各环节,拿出抓铁有痕、踏石留印的劲头,把脱贫攻坚一抓到底。我们突出实的导向、严的规矩,不搞花拳绣腿,不搞繁文缛节,不做表面文章,坚决反对大而化之、撒胡椒面,坚决反对搞不符合实际的"面子工程",坚决反对形式主义、官僚主义,把一切工作都落实到为贫困群众解决实际问题上。我们实行最严格的考核评估,开展扶贫领域腐败和作风问题专项治理,建立全方位监督体系,真正让脱贫成效经得起历史和人民检验。

事实充分证明,一分部署,九分落实,真抓实干、埋头苦干保证了脱贫攻坚战打得赢、打得好。只要我们坚持实干兴邦、实干惠民,就一定能够把全面建设社会主义现代化国家的宏伟蓝图一步步变成现实!

这些重要经验和认识,是我国脱贫攻坚的理论结晶,是马克思主义反贫困理论中国化最新成果,必须长期坚持并不断发展。

同志们、朋友们!

伟大事业孕育伟大精神,伟大精神引领伟大事业。脱贫攻坚伟大斗争,锻造形成了"上下同心、尽锐出战、精准务实、开拓创新、攻坚克难、不负人民"的脱贫攻坚精神。脱贫攻坚精神,是中国共产党性质宗旨、中国人民意志品质、中华民族精神的生动写照,是爱国主义、集体主义、社会主义思想的集中体现,是中国精神、中国价值、中国力量的充分彰显,赓续传承了伟大民族精神和时代精神。全党全国全社会都要大力弘扬脱贫攻坚精神,团结一心,英勇奋斗,坚决战胜前进道路上的一切困难和风险,不断夺取坚持和发展中国特色社会主义新的更大的胜利!

同志们、朋友们!

脱贫攻坚战的全面胜利,标志着我们党在团结带领人民创造美好生活、实现共同富裕的道路上迈出了坚实的一大步。同时,脱贫摘帽不是终点,而是新生活、新奋斗的起点。解决发展不平衡不充分问题、缩小城乡区域发展差距、实现人的全面发展和全体人民共同富裕仍然任重道远。我们没有任何理由骄傲自满、松劲歇脚,必须乘势而上、再接再厉、接续奋斗。

"胜非其难也,持之者其难也。"我们要切实做好巩固拓展脱贫攻坚成果同乡村振兴有效衔接各项工作,让脱贫基础更加稳固、成效更可持续。对易返贫致贫人口要加强监测,做到早发现、早干预、早帮扶。对脱贫地区产业要长期培育和支持,促进内生可持续发展。对易地扶贫搬迁群众要搞好后续扶持,多渠道促进就业,强化社会管理,促进社会融入。对脱贫县要扶上马送一程,设立过渡期,保持主要帮扶政策总体稳定。要坚持和完善驻村第一书记和工作队、东西部协作、对口支援、社会帮扶等制度,并根据形势和任务变化进行完善。党中央决定,适时组织开展巩固脱贫成果后评估工作,压紧压实各级党委和政府巩固脱贫攻坚成果责任,坚决守住不发生规模性返贫的底线。

乡村振兴是实现中华民族伟大复兴的一项重大任务。要围绕立足新发展阶段、贯彻新发展理念、构建新发展格局带来的新形势、提出的新要求,坚持把解决好"三农"问题作为全党工作重中之重,坚持农业农村优先发展,走中国特色社会主义乡村振兴道路,持续缩小城乡区域发展差距,让低收入人口和欠发达地区共享发展成果,在现代化进程中不掉队、赶上来。全面实施乡村振兴战略的深度、广度、难度都不亚于脱贫攻坚,要完善政策体系、工作体系、制度体系,以更有力的举措、汇聚更强大的力量,加快农业农村现代化步伐,促进农业高质高效、乡村宜居宜业、农民富裕富足。

在全面建设社会主义现代化国家新征程中,我们必须把促进全体人民共同富裕摆在更加重要的位置,脚踏实地、久久为功,向着这个目标更加积极有为地进行努力,促进人的全面发展和社会全面进步,让广大人民群众获得感、幸福感、安全感更加充实、更有保障、更可持续。

同志们、朋友们!

回首过去,我们在解决困扰中华民族几千年的绝对贫困问题上取得了伟大历史性成就,创造了人类减贫史上的奇迹。展望未来,我们正在为全面建设社会主义现代化国家的历史宏愿而奋斗。征途漫漫,惟有奋斗。全党全国各族人民要更加紧密地团结在党中央周围,坚定信心决心,以永不懈怠的精神状态、一往无前的奋斗姿态,真抓实干、埋头苦干,向着实现第二个百年奋斗目标奋勇前进!

【思考题】

　　1. 简述我国脱贫攻坚的历史经验。

　　2. 试论述伟大脱贫攻坚精神的博爱价值意蕴。

【延伸阅读】

　　1. 习近平:《坚持精准扶贫、精准脱贫,坚决打赢脱贫攻坚战》,《习近平谈治国理政》(第二卷),2017 年版。

　　2. 习近平:《加大力度推进深度贫困地区脱贫攻坚》,《习近平谈治国理政》(第二卷),2017 年版。

　　3. 习近平:《把乡村振兴战略作为新时代"三农"工作总抓手》,《习近平谈治国理政》(第三卷),2020 年版。

在庆祝中国共产党成立 100 周年
大会上的讲话

【导读】

　　《在庆祝中国共产党成立 100 周年大会上的讲话》选自《习近平著作选读》(第二卷)(人民出版社 2023 年版),是 2021 年 7 月 1 日习近平总书记在中国共产党成立 100 周年大会上的重要讲话全文。100 年来,为了实现中华民族伟大复兴,中国共产党人浴血奋战、百折不挠;自力更生、奋发图强;解放思想、锐意进取;自信自强、守正创新,创造了中华民族发展史上一段可歌可泣的时代颂歌。2021 年 7 月 1 日,首都各界 7 万余名干部群众在北京天安门广场隆重集会,以最庄严喜庆的方式庆祝中国共产党成立 100 周年。

　　《在庆祝中国共产党成立 100 周年大会上的讲话》共分为五个部分。

　　第一部分:庄严宣告我们党完成了第一个百年奋斗目标。经过全党全国各族人民持续奋斗,我们实现了第一个百年奋斗目标,在中华大地上全面建成了小康社会,历史性地解决了绝对贫困问题,正在意气风发向着全面建成社会主义现代化强国的第二个百年奋斗目标迈进。

　　第二部分:回顾中国共产党在不同历史时期为实现中华民族伟大复兴进行的奋斗、牺牲与创造。在回顾中华民族苦难近代史中指出中国共产党诞生的伟大意义。指出一百年来,中国共产党团结带领中国人民进行的一切奋斗、一切牺牲、一切创造,归结起来就是一个主题:实现中华民族伟大复兴。回顾了中国共产党团结并带领中国人民在新民主主义革命、社会主义革命和建设、改革开放和社会主义现代化建设、新时代中国特色社会主义实践中如何为实现中华民族伟大复兴不懈奋斗,并指出各个历史时期在实现中华民族伟大复兴中的地位和作用。

第三部分:提出了伟大建党精神。即坚持真理、坚守理想,践行初心、担当使命,不怕牺牲、英勇斗争,对党忠诚、不负人民的伟大建党精神。指出伟大建党精神是中国共产党的精神之源。

第四部分:提出了中国共产党100年来九大历史经验以及在新征程上的实践价值取向。这一部分为全文的主体部分。从九个"以史为鉴、开创未来"的角度讲明中国共产党百年奋斗的历史经验,即必须坚持中国共产党坚强领导;必须团结带领中国人民不断为美好生活而奋斗;必须继续推进马克思主义中国化;必须坚持和发展中国特色社会主义;必须加快国防和军队现代化;必须不断推动构建人类命运共同体;必须进行具有许多新的历史特点的伟大斗争;必须加强中华儿女大团结;必须不断推进党的建设新的伟大工程。

第五部分:指出了党中央对青年的希望和对全体共产党员的号召。寄望新时代的中国青年要以实现中华民族伟大复兴为己任,增强做中国人的志气、骨气、底气,不负时代,不负韶华,不负党和人民的殷切期望。同时向全体中国共产党员发出号召,以"两在两同"精神努力为党和人民争取更大光荣。

【选文】

在庆祝中国共产党成立一百周年大会上的讲话

(二〇二一年七月一日)

同志们,朋友们:

今天,在中国共产党历史上,在中华民族历史上,都是一个十分重大而庄严的日子。我们在这里隆重集会,同全党全国各族人民一道,庆祝中国共产党成立一百周年,回顾中国共产党百年奋斗的光辉历程,展望中华民族伟大复兴的光明前景。

首先，我代表党中央，向全体中国共产党员致以节日的热烈祝贺！

在这里，我代表党和人民庄严宣告，经过全党全国各族人民持续奋斗，我们实现了第一个百年奋斗目标，在中华大地上全面建成了小康社会，历史性地解决了绝对贫困问题，正在意气风发向着全面建成社会主义现代化强国的第二个百年奋斗目标迈进。这是中华民族的伟大光荣！这是中国人民的伟大光荣！这是中国共产党的伟大光荣！

同志们、朋友们！

中华民族是世界上伟大的民族，有着五千多年源远流长的文明历史，为人类文明进步作出了不可磨灭的贡献。一八四〇年鸦片战争以后，中国逐步成为半殖民地半封建社会，国家蒙辱、人民蒙难、文明蒙尘，中华民族遭受了前所未有的劫难。从那时起，实现中华民族伟大复兴，就成为中国人民和中华民族最伟大的梦想。

为了拯救民族危亡，中国人民奋起反抗，仁人志士奔走呐喊，太平天国运动、戊戌变法、义和团运动、辛亥革命接连而起，各种救国方案轮番出台，但都以失败而告终。中国迫切需要新的思想引领救亡运动，迫切需要新的组织凝聚革命力量。

十月革命一声炮响，给中国送来了马克思列宁主义。在中国人民和中华民族的伟大觉醒中，在马克思列宁主义同中国工人运动的紧密结合中，中国共产党应运而生。中国产生了共产党，这是开天辟地的大事变，深刻改变了近代以后中华民族发展的方向和进程，深刻改变了中国人民和中华民族的前途和命运，深刻改变了世界发展的趋势和格局。

中国共产党一经诞生，就把为中国人民谋幸福、为中华民族谋复兴确立为自己的初心使命。一百年来，中国共产党团结带领中国人民进行的一切奋斗、一切牺牲、一切创造，归结起来就是一个主题：实现中华民族伟大复兴。

——为了实现中华民族伟大复兴，中国共产党团结带领中国人民，浴血奋战、百折不挠，创造了新民主主义革命的伟大成就。我们经过北伐战争、土地革命战争、抗日战争、解放战争，以武装的革命反对武装的反革命，推翻帝国主义、封建主义、官僚资本主义三座大山，建立了人民当家作主的中华人民共和国，实现了民族独立、人民解放。新民主主义革命的胜利，彻底结束了旧中国半殖民地半封建社会的历史，彻底结束了旧中国一盘散沙的局面，彻底废除了列强强加给中国的不平等条约和帝国主义在中国的一切特权，为实现中华民族伟大复兴创造了根本社会条件。中国共产党和中国人民以英勇顽强的奋斗向世界庄严宣告，中国人民站起来了，中华民族任人宰割、饱受欺凌的时代一去不复返了！

——为了实现中华民族伟大复兴，中国共产党团结带领中国人民，自力更生、发愤图强，创造了社会主义革命和建设的伟大成就。我们进行社会主义革命，消灭在中国延续几千年的封建剥削压迫制度，确立社会主义基本制度，推进社会主义建设，战胜帝国主义、霸权主义的颠覆破坏和武装挑衅，实现了中华民族有史以来最为广泛而深刻的社会变革，实现了一穷二白、人口众多的东方大国大步迈进社会主义社会的伟大飞跃，为实现中华民族伟大复兴奠定了根本政治前提和制度基础。中国共产党和中国人民以英勇顽强的奋斗向世界庄严宣告，中国人民不但善于破坏一个旧世界、也善于建设一个新世界，只有社会主义才能救中国，只有社会主义才能发展中国！

——为了实现中华民族伟大复兴，中国共产党团结带领中国人民，解放思想、锐意进取，创造了改革开放和社会主义现代化建设的伟大成就。我们实现新中国成立以来党的历史上具有深远意义的伟大转折，确立党在社会主义初级阶段的基本路线，坚定不移推进改革开放，战胜来自各方面的风险挑战，开创、坚持、捍卫、发展中国特色社会主义，实现了从高度集中的计划经济体制到充满活力的社会主义市场经济体制、从封闭半封闭到全方位开放的历史性转变，实现了从生产力相对落后的状况到经济总量跃居世界第二的历史性突破，实现了人民生活从温饱不足到总体小康、奔向全面小康的历史性跨越，为实现中华民族伟大复兴提供了充满新的活力的体制保证和快速发展的物质条件。中国共产党和中国人民以英勇顽强的奋斗向世界庄严宣告，改革开放是决定当代中国前途命运的关键一招，中国大踏步赶上了时代！

——为了实现中华民族伟大复兴，中国共产党团结带领中国人民，自信自强、守正创新，统揽伟大斗争、伟大工程、伟大事业、伟大梦想，创造了新时代中国特色社会主义的伟大成就。党的十八大以来，中国特色社会主义进入新时代，我们坚持和加强党的全面领导，统筹推进"五位一体"总体布局、协调推进"四个全面"战略布局，坚持和完善中国特色社会主义制度、推进国家治理体系和治理能力现代化，坚持依规治党、形成比较完善的党内法规体系，战胜一系列重大风险挑战，实现第一个百年奋斗目标，明确实现第二个百年奋斗目标的战略安排，党和国家事业取得历史性成就、发生历史性变革，为实现中华民族伟大复兴提供了更为完善的制度保证、更为坚实的物质基础、更为主动的精神力量。中国共产党和中国人民以英勇顽强的奋斗向世界庄严宣告，中华民族迎来了从站起来、富起来到强起来的伟大飞跃，实现中华民族伟大复兴进入了不可逆转的历史进程！

一百年来，中国共产党团结带领中国人民，以"为有牺牲多壮志，敢教日月换新天"的大无畏气概，书写了中华民族几千年历史上最恢宏的史诗。这一百年来开辟的伟大道路、创造的伟大事业、取得的伟大成就，必将载入中华民族发展史册、人类文明发展史册！

同志们、朋友们！

一百年前，中国共产党的先驱们创建了中国共产党，形成了坚持真理、坚守理想，践行初心、担当使命，不怕牺牲、英勇斗争，对党忠诚、不负人民的伟大建党精神，这是中国共产党的精神之源。

一百年来，中国共产党弘扬伟大建党精神，在长期奋斗中构建起中国共产党人的精神谱系，锤炼出鲜明的政治品格。历史川流不息，精神代代相传。我们要继续弘扬光荣传统、赓续红色血脉，永远把伟大建党精神继承下去、发扬光大！

同志们、朋友们！

一百年来，我们取得的一切成就，是中国共产党人、中国人民、中华民族团结奋斗的结果。以毛泽东同志、邓小平同志、江泽民同志、胡锦涛同志为主要代表的中国共产党人，为中华民族伟大复兴建立了彪炳史册的伟大功勋！我们向他们表示崇高的敬意！

此时此刻，我们深切怀念为中国革命、建设、改革，为中国共产党建立、巩固、发展作出重大贡献的毛泽东、周恩来、刘少奇、朱德、邓小平、陈云同志等老一辈革命家，深切怀念为建立、捍卫、建设新中国英勇牺牲的革命先烈，深切怀念为改革开放和社会主义现代化建设英勇献身的革命烈士，深切怀念近代以来为民族独立和人民解放顽强奋斗的所有仁人志士。他们为祖国和民族建立的丰功伟绩永载史册！他们的崇高精神永远铭记在人民心中！

人民是历史的创造者，是真正的英雄。我代表党中央，向全国广大工人、农民、知识分子，向各民主党派和无党派人士、各人民团体、各界爱国人士，向人民解放军指战员、武警部队官兵、公安干警和消防救援队伍指战员，向全体社会主义劳动者，向统一战线广大成员，致以崇高的敬意！向香港特别行政区同胞、澳门特别行政区同胞和台湾同胞以及广大侨胞，致以诚挚的问候！向一切同中国人民友好相处，关心和支持中国革命、建设、改革事业的各国人民和朋友，致以衷心的谢意！

同志们、朋友们！

初心易得，始终难守。以史为鉴，可以知兴替。我们要用历史映照现实、远观未来，从中国共产党的百年奋斗中看清楚过去我们为什么能够成功、弄明白未来我们怎样才能继续成功，从而在新的征程上更加坚定、更加自觉地牢记初心使命、开创美好未来。

——以史为鉴、开创未来，必须坚持中国共产党坚强领导。办好中国的事情，关键在党。中华民族近代以来一百八十多年的历史、中国共产党成立以来一百年的历史、中华人民共和国成立以来七十多年的历史都充分证明，没有中国共产党，就没有新中国，就没有中华民族伟大复兴。历史和人民选择了中国共产党。中国共产党领导是中国特色社会主义最本质的特征，是中国特色社会主义制度的最大优势，是党和国家的根本所在、命脉所在，是全国各族人民的利益所系、命运所系。

新的征程上，我们必须坚持党的全面领导，不断完善党的领导，增强"四个意识"、坚定"四个自信"、做到"两个维护"，牢记"国之大者"，不断提高党科学执政、民主执政、依法执政水平，充分发挥党总揽全局、协调各方的领导核心作用！

——以史为鉴、开创未来，必须团结带领中国人民不断为美好生活而奋斗。江山就是人民、人民就是江山，打江山、守江山，守的是人民的心。中国共产党根基在人民、血脉在人民、力量在人民。中国共产党始终代表最广大人民根本利益，与人民休戚与共、生死相依，没有任何自己特殊的利益，从来不代表任何利益集团、任何权势团体、任何特权阶层的利益。任何想把中国共产党同中国人民分割开来、对立起来的企图，都是绝不会得逞的！九千五百多万中国共产党人不答应！十四亿多中国人民也不答应！

新的征程上，我们必须紧紧依靠人民创造历史，坚持全心全意为人民服务的根本宗旨，站稳人民立场，贯彻党的群众路线，尊重人民首创精神，践行以人民为中心的发展思想，发展全过程人民民主，维护社会公平正义，着力解决发展不平衡不充分问题和人民群众急难愁盼问题，推动人的全面发展、全体人民共同富裕取得更为明显的实质性进展！

——以史为鉴、开创未来，必须继续推进马克思主义中国化。马克思主义是我们立党立国的根本指导思想，是我们党的灵魂和旗帜。中国共产党坚持马克思主义基本原理，坚持实事求是，从中国实际出发，洞察时代大势，把握历史主动，进行艰辛探索，不断推进马克思主义中国化时代化，指导中国人民不断推进伟大社会革命。中国共产党为什么能，中国特色社会主义为什么好，归根到底是因为马克思主义行！

新的征程上，我们必须坚持马克思列宁主义、毛泽东思想、邓小平理论、"三个代表"重要思想、科学发展观，全面贯彻新时代中国特色社会主义思想，坚持把马克思主义基本原理同中国具体实际相结合、同中华优秀传统文化相结合，用马克思主义观察时代、把握时代、引领时代，继续发展当代中国马克思主义、二十一世纪马克思主义！

——以史为鉴、开创未来，必须坚持和发展中国特色社会主义。走自己的路，是党的全部理论和实践立足点，更是党百年奋斗得出的历史结论。中国特色社会主义是党和人民历经千辛万苦、付出巨大代价取得的根本成就，是实现中华民族伟大复兴的正确道路。我们坚持和发展中国特色社会主义，推动物质文明、政治文明、精神文明、社会文明、生态文明协调发展，创造了中国式现代化新道路，创造了人类文明新形态。

新的征程上，我们必须坚持党的基本理论、基本路线、基本方略，统筹推进"五位一体"总体布局、协调推进"四个全面"战略布局，全面深化改革开放，立足新发展阶段，完整、准确、全面贯彻新发展理念，构建新发展格局，推动高质量发展，推进科技自立自强，保证人民当家作主，坚持依法治国，坚持社会主义核心价值体系，坚持在发展中保障和改善民生，坚持人与自然和谐共生，协同推进人民富裕、国家强盛、中国美丽。

中华民族拥有在五千多年历史演进中形成的灿烂文明，中国共产党拥有百年奋斗实践和七十多年执政兴国经验，我们积极学习借鉴人类文明的一切有益成果，欢迎一切有益的建议和善意的批评，但我们绝不接受"教师爷"般颐指气使的说教！中国共产党和中国人民将在自己选择的道路上昂首阔步走下去，把中国发展进步的命运牢牢掌握在自己手中！

——以史为鉴、开创未来，必须加快国防和军队现代化。强国必须强军，军强才能国安。坚持党指挥枪、建设自己的人民军队，是党在血与火的斗争中得出的颠扑不破的真理。人民军队为党和人民建立了不朽功勋，是保卫红色江山、维护民族尊严的坚强柱石，也是维护地区和世界和平的强大力量。

新的征程上，我们必须全面贯彻新时代党的强军思想，贯彻新时代军事战略方针，坚持党对人民军队的绝对领导，坚持走中国特色强军之路，全面推进政治建军、改革强军、科技强军、人才强军、依法治军，把人民军队建设成为世界一流军队，以更强大的能力、更可靠的手段捍卫国家主权、安全、发展利益！

——以史为鉴、开创未来，必须不断推动构建人类命运共同体。和平、和睦、和谐是中华民族5000多年来一直追求和传承的理念，中华民族的血液中没有侵略他人、称王称霸的基因。中国共产党关注人类前途命运，同世界上一切进步力量携手前进，中国始终是世界和平的建设者、全球发展的贡献者、国际秩序的维护者!

新的征程上,我们必须高举和平、发展、合作、共赢旗帜,奉行独立自主的和平外交政策,坚持走和平发展道路,推动建设新型国际关系,推动构建人类命运共同体,推动共建"一带一路"高质量发展,以中国的新发展为世界提供新机遇。中国共产党将继续同一切爱好和平的国家和人民一道,弘扬和平、发展、公平、正义、民主、自由的全人类共同价值,坚持合作、不搞对抗,坚持开放、不搞封闭,坚持互利共赢、不搞零和博弈,反对霸权主义和强权政治,推动历史车轮向着光明的目标前进!

中国人民是崇尚正义、不畏强暴的人民,中华民族是具有强烈民族自豪感和自信心的民族。中国人民从来没有欺负、压迫、奴役过其他国家人民,过去没有,现在没有,将来也不会有。同时,中国人民也绝不允许任何外来势力欺负、压迫、奴役我们,谁妄想这样干,必将在十四亿多中国人民用血肉筑成的钢铁长城面前碰得头破血流!

——以史为鉴、开创未来,必须进行具有许多新的历史特点的伟大斗争。敢于斗争、敢于胜利,是中国共产党不可战胜的强大精神力量。实现伟大梦想就要顽强拼搏、不懈奋斗。今天,我们比历史上任何时期都更接近、更有信心和能力实现中华民族伟大复兴的目标,同时必须准备付出更为艰巨、更为艰苦的努力。

新的征程上,我们必须增强忧患意识、始终居安思危,贯彻总体国家安全观,统筹发展和安全,统筹中华民族伟大复兴战略全局和世界百年未有之大变局,深刻认识我国社会主要矛盾变化带来的新特征新要求,深刻认识错综复杂的国际环境带来的新矛盾新挑战,敢于斗争,善于斗争,逢山开道、遇水架桥,勇于战胜一切风险挑战!

——以史为鉴、开创未来,必须加强中华儿女大团结。在百年奋斗历程中,中国共产党始终把统一战线摆在重要位置,不断巩固和发展最广泛的统一战线,团结一切可以团结的力量、调动一切可以调动的积极因素,最大限度凝聚起共同奋斗的力量。爱国统一战线是中国共产党团结海内外全体中华儿女实现中华民族伟大复兴的重要法宝。

新的征程上，我们必须坚持大团结大联合，坚持一致性和多样性统一，加强思想政治引领，广泛凝聚共识，广聚天下英才，努力寻求最大公约数、画出最大同心圆，形成海内外全体中华儿女心往一处想、劲往一处使的生动局面，汇聚起实现民族复兴的磅礴力量！

——以史为鉴、开创未来，必须不断推进党的建设新的伟大工程。勇于自我革命是中国共产党区别于其他政党的显著标志。我们党历经千锤百炼而朝气蓬勃，一个很重要的原因就是我们始终坚持党要管党、全面从严治党，不断应对好自身在各个历史时期面临的风险考验，确保我们党在世界形势深刻变化的历史进程中始终走在时代前列，在应对国内外各种风险挑战的历史进程中始终成为全国人民的主心骨！

新的征程上，我们要牢记打铁必须自身硬的道理，增强全面从严治党永远在路上的政治自觉，以党的政治建设为统领，继续推进新时代党的建设新的伟大工程，不断严密党的组织体系，着力建设德才兼备的高素质干部队伍，坚定不移推进党风廉政建设和反腐败斗争，坚决清除一切损害党的先进性和纯洁性的因素，清除一切侵蚀党的健康肌体的病毒，确保党不变质、不变色、不变味，确保党在新时代坚持和发展中国特色社会主义的历史进程中始终成为坚强领导核心！

同志们、朋友们！

我们要全面准确贯彻"一国两制"、"港人治港"、"澳人治澳"、高度自治的方针，落实中央对香港、澳门特别行政区全面管治权，落实特别行政区维护国家安全的法律制度和执行机制，维护国家主权、安全、发展利益，维护特别行政区社会大局稳定，保持香港、澳门长期繁荣稳定。

解决台湾问题、实现祖国完全统一，是中国共产党矢志不渝的历史任务，是全体中华儿女的共同愿望。要坚持一个中国原则和"九二共识"，推进祖国和平统一进程。包括两岸同胞在内的所有中华儿女，要和衷共济、团结向前，坚决粉碎任何"台独"图谋，共创民族复兴美好未来。任何人都不要低估中国人民捍卫国家主权和领土完整的坚强决心、坚定意志、强大能力！

同志们、朋友们！

　　未来属于青年,希望寄予青年。一百年前,一群新青年高举马克思主义思想火炬,在风雨如晦的中国苦苦探寻民族复兴的前途。一百年来,在中国共产党的旗帜下,一代代中国青年把青春奋斗融入党和人民事业,成为实现中华民族伟大复兴的先锋力量。新时代的中国青年要以实现中华民族伟大复兴为己任,增强做中国人的志气、骨气、底气,不负时代,不负韶华,不负党和人民的殷切期望!

　　同志们、朋友们!

　　一百年前,中国共产党成立时只有五十多名党员,今天已经成为拥有九千五百多万名党员、领导着十四亿多人口大国、具有重大全球影响力的世界第一大执政党。

　　一百年前,中华民族呈现在世界面前的是一派衰败凋零的景象。今天,中华民族向世界展现的是一派欣欣向荣的气象,正以不可阻挡的步伐迈向伟大复兴。

　　过去一百年,中国共产党向人民、向历史交出了一份优异的答卷。现在,中国共产党团结带领中国人民又踏上了实现第二个百年奋斗目标新的赶考之路。

　　全体中国共产党员!党中央号召你们,牢记初心使命,坚定理想信念,践行党的宗旨,永远保持同人民群众的血肉联系,始终同人民想在一起、干在一起,风雨同舟、同甘共苦,继续为实现人民对美好生活的向往不懈努力,努力为党和人民争取更大光荣!

　　同志们、朋友们!

　　中国共产党立志于中华民族千秋伟业,百年恰是风华正茂!回首过去,展望未来,有中国共产党的坚强领导,有全国各族人民的紧密团结,全面建成社会主义现代化强国的目标一定能够实现,中华民族伟大复兴的中国梦一定能够实现!

　　伟大、光荣、正确的中国共产党万岁!

　　伟大、光荣、英雄的中国人民万岁!

【思考题】

1. 中国共产党一百年来一切奋斗、一切牺牲、一切创造的主题是什么？围绕这一主题，中国共产党人开创了哪些历史伟业。

2. 中国共产党一百年的奋斗史如何彰显了马克思主义博爱文化的人民性？

3. 伟大建党精神的思想内涵是什么？

4. 我们应当如何"以史为鉴、面向未来"，在新的征程上开创美好未来？

5. 中国青年应如何把青春奋斗融入党和人民事业、成为中华民族伟大复兴的先锋力量？

【延伸阅读】

1. 《中共中央关于党的百年奋斗重大成就和历史经验的决议》，北京：人民出版社，2021年版。

2. 中央党史和文献研究院：《中国共产党的一百年》，北京：中央党史出版社，2022年版。

下编　博爱文化研究

以爱润心，以文化人。从古以来，我国博爱文化源远流长，"博爱"的观念和境界，成为中华民族生存发展的重要精神力量。当前，我国进入新时代，正处在实现"两个一百年"关键时期，更加需要用博爱文化凝心聚力，共同奋进新征程。弘扬博爱文化，成为高校思想政治教育的重要内容。

我校是全国唯一一所独立设置的以培养特殊教育师资为主的师范类普通本科高校，同时还开展残疾人高等教育，培养残疾人事业专门人才。学校坚持为中国特殊教育和残疾人事业服务的办学宗旨，秉承"博爱塑魂"的办学理念，大力实施"特色发展、内涵发展、融合发展、开放发展"四大战略，着力做强特殊教育、做大康复教育、做亮融合教育、做优残疾人事业管理人才培养，共为全国特殊教育及残疾人管理与服务机构等培养了2万多名专门人才，桃李满天下，被誉为"中国特殊教育师资培养的摇篮"。

在"博爱塑魂"办学理念的熏陶之下，教师捧着一颗来以，爱心而教学；学子因爱心而精学，因精学而成才，因成才而奉献，塑造独特高尚的灵魂。在博爱文化氛围的熏陶下，一群博爱文化的爱好者，对博爱文化的传承中涌现的代表性思想进行了较为深入的研究。这一编辑录了他们的部分研究成果，展示其学术观点。

在对传统博爱文化的研究中，有的探讨庄子自然生命意识，揭示其当代博爱价值为实现社会和谐，建设美好社会以启示；有的探析儒家"仁爱"、墨家"兼爱"、佛家"慈爱"中渗透的公共关怀特质，有助于我们辩证地吸取中国传统文化中的公共智慧。

在对西方博爱文化的研究中，有的专门研究亚里士多德的友爱观，为"现代性"道德反思和道德建设提供参考，也为解决现代道德困境提供新的思路；有的分析了现代西方博爱思想的缘起和发展，并用全球抗疫的事实，论述了西方的博爱思想的虚伪性。

在对马克思主义博爱文化的研究中，有的分析了马克思主义博爱文化的价值基点、价值立场、价值旨归,以毛泽东"为人民服务"的博爱思想、邓小平"人民评价标准"的博爱立场、江泽民"代表最广大人民根本利益"的博爱取向、胡锦涛"以人为本"的博爱精神、习近平"以人民为中心"的博爱情怀阐释了中国共产党对马克思主义博爱文化的发展实践;有的界定了新时代博爱精神的内涵,揭示了它与传统仁爱文化、革命文化以及社会主义先进文化的关系;有的从党的根本政治立场、根本政治制度、工作最高标准、根本工作路线等方面论述了以人民为中心的思想,充分展示了这一思想产生的实践历程。

当然,这些研究的面还不够广泛,阐述的内容还不够深入,需要进一步拓展和深化。在这里展示研究成果,也是为了更好地求教于大方之家,希望有更多的人关注和从事博爱文化的研究。

庄子自然生命意识的当代博爱价值

刘春颖[①]

庄子对于自然生命的关注和思考与他所处的时代密切相关。战国中期各诸侯间弱肉强食,大肆发动战争、兼地夺城,加速了社会的动荡不安;统治者们不顾及老百姓安危死活,使人们对现实社会失去了信心。面对这样困苦的社会画面,庄子不再寄希望于统治者,也不再枉费心机去改变世界,而是把人生价值的追求转向了对自然生命的关注和心灵的超越之上。庄子自然生命意识是对自然生命与人类的终极关怀,是对天地万物、各行各业百姓的关怀,以各类形残之人为榜样,希望最终达到天地人的和谐共生,形成理想人格以及人的心灵自由。庄子自然生命意识是那个时代的产物,但又超越了那个时代,带有恒久的博爱价值。

一、庄子自然生命意识对当代的博爱启示

自然是庄子自然生命意识之本。"自然"一词在《庄子》文章中出现频率并不高,但其字里行间却又都是自然。全篇涉及了多种谷物、蔬菜、果实和多种植物、动物以及山水自然景观。庄子崇尚天地自然万物,有"天地有大美而不言"的自然生命至高无上的博爱精神,蕴含着无限丰富的"爱"的哲学,对现代人的生命意识具有深远的启示。

---

① 刘春颖,女,1977—　　,黑龙江大庆人,硕士,副教授,南京特殊教育师范学院马克思主义学院教师,研究方向:高校思想政治教育。

（一）"保身全生"，自然生命的博爱缘起

1. 生命源于自然

庄子的自然生命意识首先源于对生命形成问题的解答。在《知北游》中有言："人之生，气之聚也；聚之为生，散之为死。"自然界以"气"聚积成生命，气散了就是死亡了。"万物皆种也，以不同形相禅。"（《庄子·寓言》）世界万物是以不同的形态变化传接而成的，是一个循环往复的过程。生命的生成与消失，都是自然之气转化的过程而已，是自然现象而已。其意指生命发端于自然，包括自然界所有生命在内的生存与死亡都是一个自然而然的事情，是自然的产物。因而也可以说，无物不"自然"，"自然"就获得了至强至久的生命力，从而使"自然"充溢空间，贯穿时间，获得了极至意义上的普遍与永恒。

2. 保身全生自然天性

庄子提出生命源于自然之气又依赖于自然之后，又阐述了比自然更高一层的是人的生命。由"人生天地之间，若白驹之过隙，忽然而已"（《庄子·知北游》）体会生命的短暂，又生发出"吾生也有涯，而知也无涯……缘督以为经，可以保身，可以全生，可以养亲，可以尽年"（《庄子·养生主》）的感慨。故庄子认为应树立"保身全生"以适应自然运行的规律与事物的变化。"保身"就是保护自己在社会生活中不受非理性伤害；"全生"就是保持生命的完整性。在庄子看来，只有生命才是属于我们自己的东西，而其他一切都是外在于人的。所以保全生命，就是保全自然赋予人的天性。"忘乎物，忘乎天，其名为忘己。忘己之人，是之谓入于天。"（《庄子·天地》）庄子认为，只有达到"物我两忘"方能潇洒前行。

（二）"放德而行"，至仁追求的博爱情怀

1."放德而行"自然本性

庄子在对自然生命生成独特理解的基础上，追求的是一种放德而行、自然而然的人性观。《天道》有言："则天地固有常矣，日月固有明矣，星辰固有列矣，禽兽固有群矣，树木固有立矣。夫子亦放德而行，循道而趋，已至矣。"自然界万事万物都有其常态，即自在地存在并依据自己的方式生长，人也只有把那个束缚生命之德的理念放下,顺应自身的存在方式,心灵才能达到一种自由自在的自然状态。"放德而行"的获得也不是无拘无束的,而是要"循道而趋",就是要内外因循自然调节至恰到好处地保全自己的自然本性,方可获得自由人性,而不被异化。放任己德而逍遥行世,顺于天道而趋步人间,人间至极妙行,莫过于此也。①

2."至仁"人性追求

庄子所求"放德而行"的实质是对人性的"至仁"追求。庄子认为,人最为理想的品格是"至仁",并应与"道"融为一体,不会有任何偏私。庄子所推崇的"至仁"品格包含着一种悲天悯人的大慈、大悲的博爱情怀。②如《庄子·天地》有言:"端正而不知以为义,相爱而不知以为仁。"自己行为端正,爱人爱物,却又没有意识到这一点的"忘我",才是真正的至仁至义行为。"与天为徒者,知天子之于己,皆天之所子。"(《庄子·人间世》)天子与芸芸众生都不过是天道的儿子,本质上放之四海皆是同胞兄弟。庄子站在"忘我"境界、天道合一的角度求"仁",便可以明了"至人无己,神人无功,圣人无名"(《庄子·逍遥游》)。庄子所说"至仁无亲",即至仁之人因为"与天为徒"与天道同行而至于忘亲、忘我、无我、无己。③

在争权夺利之风盛行之时,庄子则更多关注和倡导人的生存权,显示了庄子的博爱情怀。庄子思想中的博爱缘起于对生命万物的敬畏和尊重,其次"保性"和"全生"等观念显示了他对人性本质的理解。庄子处处关照人生,珍视人生,强调人生价值高于一切,直接表现了庄子的博爱精神。"至仁"追求更是蕴含着无限博爱情怀,以庄子自然生命意识观点重新审视自然万物与自己的关系,充分认识到自然界万事万物的生命价值,做到爱自然、爱万物,爱家人、关爱身边人,关爱弱势群体。

---

① 郭庆藩.庄子集释[M].北京:中华书局,1961:480.
② 徐春根.论庄子"至仁"思想[J].嘉应学院学报(哲学社会科学),2016(7):35.
③ 徐春根.论庄子"至仁"思想[J].嘉应学院学报(哲学社会科学),2016(7):35.

二、庄子生命自由意识对当代人生观的博爱价值引导

《庄子》自然生命意识的最高目标是逍遥，即自由，不仅是身体自由，更是对灵魂自由的追求。庄子对是非、荣辱、生死等独到论述，对名誉、功利、财富的超越，无不证明着他对独立人格和自由精神的执著追求；轻视功名利禄、超越自我的人生态度构成了庄子完整的、逍遥自由的人生观。只有达到"至人无己""圣人无名""神人无功"才能保持独立自由的人格，以及了解人之为人的价值和意义。

（一）"与物为春"的博爱价值境界

1. 德充于内的自我价值实现

《庄子》中描绘的大多是社会底层的劳动者或身体残缺的貌丑之人。他们虽身有残相貌丑，却为我们展示出了完美的现实人格。身有残相貌丑之人或多或少地存在心理障碍，无法正视自己或自认为低人一等。庄子认为人活在世上，总是会遇到这样那样的苦难，或貌丑、或断足、或生病，然而，一个人遭受苦难后不能正视自己，才是真正苦难。《德充符》中身残貌丑之人却全然不是如此，对于自身残状的认识，申徒嘉说："游于羿之彀中。中央者，中地也；然而不中者，命也。"命运不会特别眷顾谁或亏待谁，每个人都会承受着或多或少、或这样或那样、或轻或重的苦痛或打击。申徒嘉面对残疾、苦难可以超越残疾走出困境，他表现出来的洒脱与坚强无疑是值得世人学习的。庄子连续描写了王骀、叔山无趾、哀骀它等六位残丑怪形，却品德高尚、魅力非凡之人，连君王、百姓都为之倾倒。"故德有所长，而形有所忘。人不忘其所忘，而忘其所不忘，此谓诚忘。"（《庄子·德充符》）只要有过人的德性，形体上的残缺也会被人遗忘。"德有所长，形有所忘"是在精神上超越残缺、超越世俗、超越常人的境界，这种崇高而充实的内心，使他们残缺的生命呈现出无比的光辉。

2. "与物为春"的积极人生态度

《德充符》曰："死生、存亡、穷达、贫富、贤与不肖、毁誉、饥渴、寒暑，是事之变，命之行也。日夜相代乎前，而知不能规乎其始者也。故不足以滑和，

不可入于灵府。使之和豫,通而不失于兑。使日夜无隙,而与物为春,是接而生时于心者也。"一般人都会被时间空间做限制,被环境所阻碍,自己内心永远无法解脱。庄子认为人的心灵与天地相通,平和愉悦,内心保持安闲、愉快而通达的状态;再将这种安闲、愉快而通达的心灵状态投射于万物,于是外在的万事万物看上去就会变得像春天一般温暖,世界也会因此而充满了愉悦和欢乐。正是因为有了这样的心境,死生、存亡、穷达、贫富等这些生命中无可避免的际遇,都只是一种经历而已。[1]"与物为春"所要表达的就是人与物之间的一种理想关系,也即是人与万物融为一体的本真状态的审美人生境界,鼓励着人们超越现实局限、走出人生困境。

（二）自由生命的博爱价值追求

1. 超越外物的自由精神

世人常常会被眼花缭乱的物质所迷惑,并狂热地追逐名利,从而成为名誉、功利、财富的奴隶。庄子认为人不应该被外物所异化,而要追求更高的"大知""大年"。只有超越外物的自由精神,才是人超越现实的最佳生存方式。《逍遥游》有言:"北冥有鱼,其名为鲲。鲲之大,不知其几千里也。化而为鸟,其名为鹏。鹏之背,不知其几千里也。……小知不及大知,小年不及大年。"世俗之人宥于"小知",像蜩与鸠一样,讥笑大鹏追求的广大和自由,以生活在榆枋间为最大快乐。小雀不知大鹏高飞九万里,大地在鹏的眼里化成了云气,一切都浑然一体,分不清牛马,更看不到是是非非。"以随侯之珠,弹千仞之雀"(《庄子·让王》),庄子以随侯之珠比喻人的生命,用雀鸟比喻功名利禄。世俗君子用危害身体,甚至舍弃生命的办法追求名利,就如同用随侯之珠去弹雀鸟一样,既不值得,也是非常可悲的。获得的微不足道,损失的却是人之为人的本真,造成人格扭曲、灵魂失去自由。所以对于物质、地位等身外之物不要过于追逐,否则就必定会不由自主地陷入物质依附、人身依附和心灵依附的关系网络之中,甚至毫无自身独立的人格尊严和

---

[1] 周亚婧.庄子"德"论研究[D].南昌:南昌大学,2019:24-25.

人格自由可言。①

2. 超越自我做真人

在庄子心目中,真正完善的、理想的人是"真人",就是要守住人之所以为人的本真,彻底抛弃名利世俗意识。而超越自我,是庄子理想人格的最高追求。虽然庄子在描述理想人格时带有神异色彩,但另一个突出的特征就是超越性。"古之真人,不逆寡,不雄成,不谟士。若然者,过而弗悔,当而不自得也。若然者,登高不栗,入水不濡,入火不热,是知之能登假于道者也若此。古之真人,其寝不梦,其觉无忧,其食不甘,其息深深。真人之息以踵,众人之息以喉。屈服者,其嗌言若哇。其耆欲深者,其天机浅。古之真人,不知说生,不知恶死;其出不欣,其入不距;翛然而往,翛然而来而已矣。不忘其所始,不求其所终;受而喜之,忘而复之,是之谓不以心捐道,不以人助天。是之谓真人。"(《庄子·大宗师》)庄子心目中的理想人格"真人"在精神上的超越达到了无待、无累、无患的自由境界。庄子把这种特殊的超越性当做精神修养方法和理智的生活态度,以换来生存的安全和精神的安宁。一个人要完全超越现实困境而获得自由是不可能的,但任何一个社会都需要自己时代的理想人格,以导引民众,垂范他人。②庄子的逍遥游(自由)和理想人格互为一体,"逍遥无待"的自由境界,是庄子追求的理想的生存状态,也建构了这一境界的完美理想人格。同时这也表达了庄子对普通人的博爱之心。

中国改革开放四十多年,有些人精神方向和价值取向被"物质化",迷失不定。重新理解和思考庄子超越人生困境的理想人格,为现代人审视自我、树立正确人生观提供了理想的途径。要避免人格"物质化"唯一之路就是超越名誉功利、超越财富物欲、超越自我,达到"至人无己""圣人无名""神人无功"的境界,由此,真人不知乐生恶死,德人不知思虑是非,大人无形影声响。

---

① 徐春根.论庄子"至仁"思想[J].嘉应学院学报(哲学社会科学),2016(7):38.
② 李道湘.论庄子理想人格的现代价值[J].首都师范大学学报(社会科学版),1998(5):14.

三、庄子生命平等意识架构现代社会的博爱原则

庄子以"道"作为自然生命思想的核心概念,主张"万物齐一",就是以"道"为出发点和立足点来考察、评价和衡量万物,倡导人与自然生命共同体;庄子以"无为"作为政治思想的基础欲达到"无为而治"状态,构建"至德之世"理想社会。这种"万物齐一""无为而治"的思想为现代化国家治理提供了的博爱理念和博爱目标。

（一）"万物齐一"为现代社会的博爱理念

1. 道通为一构建平等基础

《庄子》认为先天地而生的"道",普遍存在于万事万物之中,且具有取法自然的特征,并将这种"自然"立场扩大到整个社会人生。"夫道,有情有信,无为无形;可传而不可受,可得而不可见;自本自根,未有天地,自古以固存;神鬼神帝,生天生地;在太极之先而不为高,在六极之下而不为深,先天地生而不为久,长于上古而不为老。"(《庄子·大宗师》)"道"是真实而又确凿可信的,然而它又是无为无形的;"道"可以感知却不可口授、可领悟却不可面见;"道"自身就是本、就是根,在还未出现天地的远古时代"道"就已经存在;它产生了神鬼神帝,产生了天地;它在太极之上而不算高,在六极之下而不算深,先天地而生不算久,长于上古不算老。可以说《大宗师》这一段对"道"的阐释最为全面、深刻。"故为是举莛与楹,厉与西施,恢诡憰怪,道通为一。"(《庄子·齐物论》)再千奇百怪的各种事态,从道的意义上讲,都是相通而浑然一体的。《庄子·秋水》有言:"以道观之,物无贵贱;以物观之,自贵而相贱;以俗观之,贵贱不在己。以差观之,因其所大而大之,则万物莫不大;因其所小而小之,则万物莫不小……以功观之,因其所有而有之,则万物莫不有;因其所无而无之,则万物莫不无。"万物的大小、贵贱、有无、是非没有固定界限,都是从不同角度得出的结论。

2. 万物齐一打造生命共同体

庄子由道生发出的平等思想,认为人与自然界密切联系、和谐统一,人和自然万物相比没有任何的优越性。"天与人不相胜也。"(《庄子·大宗

师》)庄子否定了人类是自然界主宰者的观点,认为人只是自然界一个小的组成部分。"自其同者视之,万物皆一也。"(《庄子·德充符》)这些不同生命形态中,也包含了人的存在,人与自然界的天地万物一样是平等的关系。"天地与我并生,而万物与我为一。"(《庄子·齐物论》)天地与我同生,万物与我一体,是生命共同体。如果人类以自我为中心,藐视自然万物,肆意破坏自然,必将给人类带来灾难。庄子时代就已经认识到世间万物是共生共亡的道理,流露出了生态哲学的意蕴。对于当前紧张的生态环境,庄子给了我们很多警示和价值启示,以道法自然的博爱理念,全方位促使地球整体生态平衡和健康发展、规范人类行为是当务之急。

（二）无为状态"至德之世"为现代社会的博爱目标

1. 人与人平等的倾心愿望

"至德"是庄子倾心盼望的和谐社会最佳状态。《庄子·天地》有言:"至德之世,不尚贤,不使能,上如标枝,民如野鹿,端正而不知以为义,相爱而不知以为仁,实而不知以为忠,当而不知以为信,蠢动而相使,不以为赐。"不崇尚贤能,不鼓励竞争;居上位有如高枝,无心显示高贵,人民有如野鹿,放任自得。性行端正却不知道有义的说法;彼此相亲相爱,却不知道有仁的说法;待人诚恳实在,却不知道有忠的说法;行事恰当却不知道有信的说法;彼此自然的互助,却没想到是报偿恩惠。在庄子推崇的至德理想社会里,人与人之间都是自由生活、平等生存的个体。所以行走不留痕迹,没有事迹留传后世,达到世人的"同乎无知,其德不离;同乎无欲,是谓素朴"(《庄子·马蹄》)。

2. 人与自然平等的倾心理想

《庄子·马蹄》有言:"至德之世,其行填填,其视颠颠。当是时也,山无蹊隧,泽无舟梁;万物群生,连属其乡;禽兽成群,草木遂长。是故禽兽可系羁而游,鸟鹊之巢可攀援而窥。"在大德昌盛的时代,人们做事缓慢持重,眼神也都比较专一,神态都是自然而得意的。那时候,山岭上没有栈路和隧道,水面上没有船只和桥梁;万物共生,比邻而居;鸟兽成群,草木自由自在,连成片地茁壮生长。在庄子推崇的至德社会里,人类禽兽与万物同是自然的一份子。只要人类尊重自然、顺应其自然本性，按照自然规律办事，无心无欲，便可形成"同与禽兽居，族与万物并"（《庄子·马蹄》）的人与自然之生命共同体，便会实现繁荣昌盛，生机勃勃。

3."无为而治"的理想社会

庄子生活在一个诸侯割据、礼义崩塌时期，人与人的关系混乱，人与自然的关系对立。为改变当下的生活现状，庄子以"道"作为立场，构建人与人、人与自然和谐的生命共同体。《庄子·胠箧》有言："当是时也，民结绳而用之，甘其食，美其服，乐其俗，安其居，邻国相望，鸡狗之音相闻，民至老死而不相往来。"在鼎盛时代，国泰民安，百姓吃得香，穿得漂亮，住得舒适，过得快乐，国与国之间互相望得见，鸡犬的叫声都可以听得见，但人民从生到死也不用互相往来。庄子理想的至德社会并不是真正的原始社会，而是返朴归真"无为而治"的状态，无人干预自然而然的社会状态，完全在自然规律的调节下运行。为道有成，达到德治之至，谓至德之世。在庄子看来，在这样的社会里，人真正恢复到了自己本真的状态。

庄子以自然为法，一切顺应自然界的规律逻辑起点出发"万物齐一"，构建人与人、人与自然的平等；"无为而治"是告诫统治者不要只爱自己满足自己的私人欲望，不应对民苛政暴力，而是应该以宽得天下、爱子民，为人民追求幸福美好生活。和谐社会是人类美好社会状态的一种描绘，是人们梦寐以求的社会理想。实现社会和谐，建设美好社会，始终是中国共产党不懈追求的一个社会理想，体现了党全心全意为人民服务的根本宗旨。

中国传统文化中的公共关怀探析

张九童①

公共关怀是价值主体超越对个体或私人群体的利益而关怀社会公共生活、实现社会公共价值的实践活动。对于中国传统文化中的公共关怀问题，一些学者以西方公共领域和私人领域的发展标准加以衡量，认为传统文化中的公共关怀在"差序格局"的社会结构中受制于私人文化的关照而未能走向成熟。费孝通说："（中国人）以'己'为中心，像石子一般投入水中……像水波纹一般，一圈圈推出去，愈推愈远，也愈推愈薄。"②似乎传统社会关系仅仅是一根根私人联系所构成的网络，缺乏公共关怀发展的土壤。事实上，中西文化对公共关怀问题有着不同的阐释维度：西方文化注重领域维度，认为只有成熟公共领域的发育才能成就公共关怀；中国文化则注重价值维度，将公共关怀视为对公共价值的塑造和对公共精神的追求。中国传统社会结构和文化机理决定了中国传统文化中公共关怀有其自身特征，主要表现为在内在心性修养中对公共精神和公共价值的追寻。"修身、齐家、治国、平天下"素来是中国传统知识分子的价值追求。虽然个人修身是现实起点，但治国、平天下才是中国人更高尚的精神追求。"内圣外王"一直是中国人的理想人格取向，"内圣"要求人们在自我修炼中培育圣人才德，进而在"外王"中经世致用而彰显其本真价值。内在修身本身激励着个人在自我完善基础上

---

① 张九童，男，1988—　，山东东营人，博士，副教授，南京特殊教育师范学院马克思主义学院副院长（主持工作），研究方向：马克思主义文化哲学。

② 费孝通.乡土中国[M].上海：上海世纪出版集团，2007：26.

关注公共事务,实现人与人之间的相互成就,为国家和民族的公共事业而奋斗。虽然"家国同构"的社会结构没有形成西方意义上完备的公共领域,但"以民为本"始终是中国传统文化的价值支撑,"先天下之忧而忧,后天下之乐而乐""天下兴亡,匹夫有责"的天下情怀一直是传统文化的内在基因,凸显出超越私人利益、关注国计民生的公共责任担当,也彰显了中国传统文化特有的公共关怀价值底蕴。

中国传统文化源远流长,博大精深,处处闪耀着公共关怀的光芒,特别是儒家的仁爱、墨家的兼爱、佛家的慈爱对后世产生了很大影响,更是彰显了深厚的博爱情怀。

一、儒家的公共关怀:仁爱

追求"以公求仁"的修养观。"颜渊问仁,子曰:克己复礼为仁。"(《论语·颜渊》)宋儒朱熹认为:"所谓'克己复礼'者,去其私而已矣。能去其私,则天理便自流行。"(《朱子语类》)又进一步解释为"若能公,仁便流行"(《朱子语类》)。在这里,"公"是儒家修养工夫论的重要内容,用以克服私欲、发掘内在的仁之性体。在宋儒那里,"公以人体之,故为仁。只为公,则物我兼照,故仁"(《二程集》)。人们在对"公"的价值体认中实现"仁爱"的内在修养,达到"以公体仁"的目的。"仁"是个体性和公共性内在统一的道德哲学范畴。"仁"的个体性表现为"仁"是个体私德的核心,"仁"的获得是主体凭借道德修炼而自我塑造的结果,正所谓:"为仁由己,而由人乎哉?"(《论语·颜渊》)仁的公共性表现为"仁"作为旨在调控人与人关系的道德原则,具有对群体价值和类价值的公共关怀,也属于社会公德的范畴。"樊迟问仁,子曰:'爱人。'"(《论语·八佾》)董仲舒则说:"仁之法在爱人,不在爱我。"(《春秋繁露·仁义法》)韩愈更是把"仁"定位为"博爱"。由此可见,"仁"不局限于内在修养的私人领域,也还是在公共领域中以平等和爱对待他者、践行社会公德的表现。孔子认为,求仁的途径在于"忠恕之道"。从正面讲为"己欲立而立人,己欲达而达人"(《论语·雍也》),从反面讲为"己所不欲,勿施于人"(《论语·卫灵公》)。在理学家程颐看来,孔子的"为仁"主张最能彰显公平公正的价值内涵："立人达人，为仁之方，莫近，言得不济事，亦须实见得近处，其理故不出乎公平。忠恕所以公平，造德则自忠恕，其致则公平。"(《二程集》)张载提倡"民胞物与"的价值观，把天地万物视如己出；王阳明将"仁者"界定为"以万物为体"之人，"不能一体，只是己私为忘"(《王阳明全集》)，凸显出"仁爱"的公共追求，实现了个体修养的超越性表达。

追求"天下为公"的利益观。"大道之行也，天下为公……故人不独亲其亲，不独子其子，使老有所终，壮有所用，幼有所长，矜寡孤独废疾者，皆有所养。"(《礼记》)儒家最重要的公共关怀就在于谋求天下公利，让每个人各得其所。实现公共利益的主要途径就是推行"仁政"，这是儒家仁爱最鲜明的政治实践。仁政就是对生命的尊重。儒家遵循"仁者，人也"的价值理念，把人当人看，反对刑治和战争，提倡德治和王道。正如孟子斥责梁惠王发动战争时说："仁者以其所爱及其所不爱，不仁者以其所不爱及其所爱。"(《孟子·尽心下》)仁政就是对民生的公共关怀。儒家推崇以安民和富民的方式巩固统治基础，主张"藏富于民"，予民以恒产，使百姓"仰足以事父母，俯足以事妻子"，实现"养生丧死无憾""黎民不饥不寒"(《孟子·梁惠王上》)。仁政就是实现个体利益和公共利益的有机结合。儒家尊重人以正当途径谋求个人利益的权力，特别是明清时期的儒者在反思理学家对于"私欲"的盲目打压基础上，开始为"私"正名，强调"人必有私而后其心乃见"(《德业儒臣后论》)，但是对个体之"私"的肯定中依旧寄托着美好的公共愿景。黄宗羲认为："有生之初，人各自私也，人各自利也……有人者出，不以一己之利为利，而使天下人受其利；不以一己之害为害，而使天下释其害。"(《明夷访谈录》)体现了黄宗羲希求出现可以实现万民公利的贤主明君。顾炎武则认为："合天下之私以成为公，此所以为王政也。"(《日知录》)即通过尊重每个人私人利益的实现而客观上促进公共利益的进益。尽管这种思想的合理性有待于推敲，但同样体现了明清儒家知识分子探索私人利益实现和公共利益关怀相结合的逻辑进路。

追求"公私分明"的价值观。儒家强调"爱有等差"，即对待亲疏远近时各有分别，这常常被认为儒家缺乏公共性的依据。的确，在以血缘为纽带的宗法社会中,对私情的顾忌容易导致公法执行中的"打折",但儒家也并非完全混淆公私,而是分析了公私领域的不同处置方式,归结为一句经典表述:"门内之治恩掩义,门外之治义断恩。"(《礼记》)儒家在公法与私情的抉择上存在诸多复杂性。其一,当事情发端于私人领域时,儒家提倡"恩掩义"。儒家倡导私域自治,主张私人领域亲亲互隐。在"父攘羊"的典故中,孔子认为儿子看到父亲偷了别人的羊,应替父亲隐瞒,然后再劝说父亲悄悄把羊还回。其二,当事情发生于公共领域,儒家提倡"义断恩"。晋国代理法官叔鱼收受贿赂替人隐罪,最终被处斩,其兄叔向表示支持,孔子赞叔向为"古之遗直",因为其"治国制刑,不隐于亲"。其三,儒家的"公私分明"价值观在"恩义并重"上存在双重标准。舜之父杀人,法官皋陶欲惩处,舜没有责令皋陶,但为了保护其父亲辞去"天子"之位偷偷携父逃走。在私情和公义的抉择面前,舜希求二者兼顾。孔子对叔向的大义灭亲持赞同态度,对舜没有以权压法责难皋陶表示肯定,这体现了儒家的公共关怀;但同时对舜以牺牲公权保护私情的举动表示支持,这又表现了其在公法与私情面前尺度不一。在公共领域,儒家的确欲遵循公私分明的价值取向,却往往因对私情的关照阻碍了公法的执行。肯定舜没有以权压法并引咎辞职的公共行为是对的,但支持舜徇情枉法的私人行为就完全错误了。舜之父杀人无疑是对公共法典和良知的重大损害,舜没有惩处反而带其逃走,用私情冲击了公法,为私情放弃"天子"职位弃民众公共利益于不顾,无疑为后世开了个坏头。在私人领域中,儒家主张的"父子互隐",也对公共道德和法律构成了冲击。儒家把家庭私恩看得至高无上:"父母有过,下气怡色,柔声以谏。谏若不入,起敬起孝,说则复谏;不说,与其得罪于乡党州间,宁孰谏。"(《礼记》)强调如果父母不接收子女劝谏而改过,子女就只能使公法让位于私人孝道,这着实不利于公共关怀的切实履行。我们应批判借鉴儒家所谓"公私分明"的价值信念,深化"仁爱"精神的内涵,探寻公共关怀和私情关照的对立统一规律,做到在大是大非问题上立场坚定、旗帜鲜明。

二、墨家的公共关怀：兼爱

倡导"爱无等差"的兼爱情怀。许慎在《说文解字》中谈到："兼为并也，又从持秝，兼持二禾。"①引申为同时拥有几种事物，并将其捏合成整体。首先，墨家"兼爱"的公共关怀体现为施予所有人以博爱。相比于儒家的"爱有等差"，墨家倡导"爱无等差"，即给予人类整体平等之爱，这反映了兼爱的公共性特质。"爱众世与爱寡世相若，兼爱之有相若；爱尚世与爱后世，一若今世之人也。"（《墨子·大取》）"人无幼长贵贱，皆天之臣也。"（《墨子·法仪》）即不论时间远近、空间大小、长幼尊卑，所有人皆应得到平等的爱，爱不应有任何偏私。每个人都要将对方视如己出，形成相互关爱的生动局面，最大限度地避免私欲而达成公共和谐。正如墨子所言："视人之国，若视其国；视人之家，若视其家；视人之身，若视其身。是故诸侯相爱，则不野战；家主相爱，则不相篡；人与人相爱，则不相贼；君臣相爱，则惠忠；父子相爱，则慈孝；兄弟相爱，则和调。"（《墨子·兼爱中》）其次，墨家"兼爱"的公共关怀体现在追求人人互利基础上的公共利益。墨家提倡"兼相爱，交相利"，以功利主义的思维和实践逻辑将"爱"与"利"紧密结合起来，但其"功利主义"绝不在于个人私利，而是谋求人人互利基础上的天下公利。"夫爱人者，人必从而爱之；利人者，人必从而利之。"（《墨子·兼爱中》）在这种人人投桃报李的过程中凝聚实现天下利益的公共力量。墨子极力反对统治者横征暴敛损害民利的行为，告诫君主不要做"诸加费不加民利"的事，追求"使饥者得食，寒者得衣，劳者得息"的公共理想。再次，墨家兼爱的公共关怀还体现在为公利和大义的自我牺牲精神。故人问墨子："今天下莫为义，子独自自苦而为义，自若已。"墨子答道："今有人于此，有子十人，一人耕而九人处，则耕者不可以不益急矣。何故？则食者众而耕者寡也。"（《墨子·贵义》）这充分体现墨家牺牲私利而成就公利和大义的高尚情怀。墨家的兼爱情怀固然博大，但正如荀子所说："有见于齐，无见于畸。"（《荀子·天论》）墨家的公共视野中

---

① 许慎.说文解字[M].北京：中华书局，1963：46.

缺乏对人类差别的认识，使兼爱归于抽象化和无序化，应当引发人们的深入思考。

倡导"非攻"的和平理想。在诸侯割据的春秋时代，"强之劫弱，众之暴寡"（《墨子·兼爱下》）已经成为一种常态。墨家主张"天下无大小国，皆天之邑也"（《墨子·法仪》），认为任何大国都没有权力欺侮小国。墨子追求的公共利益不是某一国的利益，而是天下之利，"攻异国以利其国"的举动最令墨子所不齿。墨子劝解楚王不要攻打宋国时说："今有人于此，舍其文轩，邻有敝舆而欲窃之；舍其锦绣，邻有短褐而欲窃之；舍其粱肉，邻有糠糟而欲窃之—此为何若人？"王曰："必为有窃疾矣。"墨子便比喻道："臣以王吏之攻宋也，为与此同类。"（《墨子·公输》）墨子将楚国的侵略行为比喻为"窃国者"，因为侵略行为体现的"非此即彼"的兼并思想，是对公共价值最强烈的破坏，与"大公无私"的兼爱精神根本相悖。墨子认为，只有宣扬和平，"视人之国，若视其国"，使"强不执弱，众不劫寡，富不侮贫，贵不傲贱，诈不欺愚"（《兼爱中》），才能真正保障人权，改善民生，实现"天下之人相爱"（《墨子·兼爱中》）的公共关怀。

倡导"唯公义是举"的政治信念。墨家对为政者的核心要求就是"唯公义是举"，即通过对政治治理主体的公共性要求达到公共关怀的目的。一是为政者要树立公正无私的"天道观"。中国传统文化的"敬天"思想根深蒂固，从儒家的"天无私覆，地无私载，日月无私照"（《礼记》）到道家的"知常容，容乃公，公乃王，王乃天，天乃道，道乃久"（《老子》），昭昭天道就是最完全的"公道"。古代统治者追求"以德配天"来完善自身统治，黎民百姓也希望为政者能效法天道，完善德性，塑造贤德政治。在墨家看来，人性向来都是存在偏私的。"天下之为父母者众，而仁者寡，若皆法其父母，此法不仁也……天下之为学者众，而仁者寡，若皆法其学，此法不仁也……天下之为君者众，而仁者寡，若皆法其君，此法不仁也……天之行广而无私，其仁厚而不德，其明久而不衰，故圣王法之。"（《墨子·法仪》）相比之下，只有天道无私，可以使为政者效法。二是为政者要任人唯贤。尚贤举能方能使政治清明、民心安定。然而，"今王公夫人，其所富，其所贵，皆王公大人骨肉之亲、无故富贵、面目美好者也,焉故必知哉? 若不知,使治其国家,则其国家之乱,可得而知也"(《墨子·尚贤》)。墨子认为,为政者用人多以"骨肉之亲、无故富贵者、面目美好者"为用人标准,任人唯私,冲击了贤能的公共标准,无疑将导致国家的混乱。墨子强调,为政者必须戒除私心,唯公义是举,使贤能之人"上可而利天,中可而利鬼,下可而利人"(《墨子·尚贤》),让为善之人受到勉励,行暴之人受到阻止,使真正贤能之人为社会公共利益尽心竭力。这是墨家公共关怀最鲜明的政治表达。

三、佛家的公共关怀:慈爱

奉行"众生平等"的公共价值。宋代高僧清远说:"若论平等,无过佛法,惟佛法最平等。"(《古尊宿语录》)个人或私人群体为了私欲的满足,造成了人压迫人的现象,导致了人世间的不平等,冲击了人类生存发展的公共底线,佛教就是基于对人间苦难的同情和对人类不平等的反思而创立和发展起来的。"平等观"是佛家公共关怀的理论前提。佛家平等是全面的平等,不仅涵摄人与人之间的平等,而且还包括佛与佛、人与佛、人与其他一切生物、人与神鬼之间的平等。佛教传入中国后,与儒、道等传统文化相融合,凸显出更为鲜明的本体论特质。首先,万事万物均可通过圆融达到平等境界。万事万物是千差万别但又相互联系的有机整体,之所以能够相互融合,是因为事物之间、事物与佛之间都是彼此平等的。众生与佛就心体而言是圆融平等的。"以本具染性故,说名众生法身;以本具净性故,说名诸佛法身,以此义故,有凡圣法身之异名,若废二性之能以论心体者,即非染非净,非凡非圣,非一非异,非静非乱,圆融平等,不可名目。"(《大乘止观法门》(卷二))就像华严宗所主张的,万事万物皆有"六相"(总、别、同、异、成、坏),因为"六相"相通,万物通过平等互摄而相互融通,达到内在和谐的理想境界。其次,万事万物的圆融平等可通过佛性平等得以实现。佛家认为,每个人内心本初时都是清净的,都有成佛成圣的潜能,人人皆可修习成佛。正所谓"不悟即是众生,一念若悟,即众生是佛""自性迷佛即众生,自性悟众生即是佛"。(《坛经》)"佛性平等"看起来只停留在内在心灵修习的本体层面,事实上,中国传统佛教"佛性平等"的主张对人们追求"世俗平等"产生了重要促进作用,增强了社会底层大众的"价值存在感",给予他们超越现世苦难的精神信念和理想寄托,体现了佛家对芸芸众生的公共关怀。

　　秉承"慈悲为怀"的公共情感。"慈悲"是佛教教义的核心。龙树云:"慈悲是佛道之根本。""一切诸佛法中慈悲为大。"(《大智度论》)佛家一方面引导人们以"出世"情怀摆脱现实欲望羁绊;另一方面又怀着普度众生的使命感并以此激励人们积极"入世",给世界带来和平、安宁与关怀。因此,佛家绝不仅仅是消极"出世"的个体修身学,更是努力"入世"的公共价值学,只不过是以"出世"的方式达到"入世"的目的。佛家与世俗勾连的纽带就在于"慈悲心"。大乘佛教认为:"大慈与一切众生乐,大悲拔一切众生苦。大慈以喜乐因缘与众生,大悲以离苦因缘与众生。"(《大智度论》)慈悲之心就是对众生"予乐拔苦"的"公共心",它突破了个体私人感受,自觉体认众生苦乐。佛家讲:无缘大慈,同体大悲。所谓无缘,就是指佛家平等地看待众生,不以所谓"有缘""无缘"等私人情感作为"慈悲"的依据。所谓同体,就是指佛、菩萨和众生之间彼此本性如一,可以相互融合,构成"同呼吸共命运"的生命共同体,众生即我,我即众生,对于众生遭受的任何苦难,佛都能产生相同的情感体认,就仿佛是自己遭受苦难一样,解救众生的过程也就是自我拯救的过程。中国佛教把内在修为与公共追求相结合,发展了"同体大悲"的观点。其一,发展了"众生同体"的观念。《华严经》有云:"一切众生而为树根,诸佛菩萨而为华果。"(《华严经》)将众生与诸佛菩萨视为根果相连的生命整体。其二,阐发了"慈悲"的公共关怀属性。隋代三论宗吉藏从"利他"视角阐述了"慈悲":"利他行体为慈,利他用为悲。"(《维摩经义疏》)。慈悲感是利他行为的情感基础,只有心怀慈悲的人,才能将实现他人的需要和利益作为"慈悲"的现实旨归。其三,在慈悲心与惭愧心的结合中激发人的公共责任。藕益大师在《灵峰宗论》中说道:"惭愧自严,方能断恶修善。慈悲利物,乃是接世度生。""有惭愧者,方有慈悲,无慈悲者,即无惭愧。"(《灵峰宗论》)惭愧与慈悲的对接反映了中国传统文化"内圣外王"的哲学特质。心怀惭愧,就是对他人和社会抱有歉疚感,对自己的德性修养提出了更高的要求,更加发愤图强;心怀慈悲,就是在"惭愧感"的基础上,要求自己更多地付出而不是索取,更多地利人而不是利己,以博大的慈爱精神建设美好的公共世界。

重视"普度众生"的公共关怀。普度众生是佛家"众生平等"的公共价值和"慈悲为怀"的公共情感在现实社会的具体实践。在佛家看来,每个人生来皆苦,"苦"是人生在世的一种基本情态,正所谓"苦海无边",佛的使命不仅在于使自己摆脱苦海,更在于帮助众生度过苦海。在人与人的关系上,佛家普度众生的公共实践表现为"布施"。布施的前提在于人与人之间财富分配不均。佛家主张节制物欲,把过多的财富施予更为需要的人,在利他的同时获得精神上的满足与超越,这是佛家公共关怀的鲜明表现。佛家的布施分为法布施和财布施。法布施是开启心智、建构精神世界的布施行为,财布施则是分享财物以帮助穷苦人度过困境的布施行为。中国古代的佛舍、粥厂、普济堂都是佛家布施的重要场所,承担着食宿、赈灾、医疗、丧葬等社会公共事务,是中国传统慈善组织的重要代表。佛家布施行为的关键在于心诚,即布施行为是否完全以利益众生、增进公益为宗旨,将布施看做是一种施恩,要求施惠于他人而不期望任何回报,使布施成为一种纯粹利他的价值活动,不含有任何私人欲求;如果布施行为怀有"客观为他人、主观为自己"的思想倾向,就不是"真布施",这彰显了佛家布施文化的公共性本质。在人与生态的关系上,佛家普度众生的公共实践表现为"放生"。放生文化是指看到异类众生被擒被抓被关被杀、惊慌失措或生命垂危时,发慈悲心和实行救赎的行为。正如志公禅师所说:"放生功德不可限量。经云:蠢动含灵,皆有佛性,只因迷忘了姻缘,才使它们升沉个别,沉沦到生死轮回中……如果能发喜舍心,起慈悲念,赎命放生,那么,在现世就会得到保病延生,在未来世则当证菩提。"(《志公禅师因果录》)这种朴素的"万物有灵"主张体现了佛家对生态大生命的尊重,表现了佛家对自然生命体的公共关怀。人类与生态大生命息息相关,保护生态大生命的和谐运转,维护它们生存发展的公共权利,自觉肩负生态责任,才能真正普渡众生,使人类和自然都能获得健康、持续的发展。

亚里士多德友爱思想论析

曹宗敏①

友爱作为一种德性在当今社会发挥着独特的凝聚黏合作用,能够增进人民幸福感、增强价值认同感,提升社会凝聚力,因而也是当今社会不可或缺的重要论题。早在古希腊时期,哲学家们就高度关注友爱,认为友爱不仅有助于实现公民幸福,也有助于激发城邦贵族和公民的共同体意识,促进城邦的繁荣兴旺。

一、基于德性的友爱是追求城邦善业、实现公民幸福的重要纽带

(一)友爱是基于美善的德性

早在古希腊时期,友爱就得到了恩培多克勒、毕达哥拉斯、苏格拉底、柏拉图等思想家和哲学家的关注,他们在相关著作中均提到了友爱。恩培多克勒认为,友爱源于相似,彼此之间相似的德性、共同的话题会让相处更加契合,正因为如此,人往往会选择与己相似的人为友。毕达哥拉斯认为友爱是富有德性且平等的,友爱源于德性。苏格拉底从美德出发,认为美德源于内在,同人一样会成长、完善。朋友双方基于相似的美德而互相吸引,共同分享内在的善,并做向善的事。不难看出,在友爱问题上,恩培多克勒、毕达哥拉斯和苏格拉底都提到了人的德性或美德对于友爱的重要性。

---

① 曹宗敏,女,1988—　　,安徽六安人,博士,讲师,南京特殊教育师范学院马克思主义学院教师,研究方向:高校思想政治教育。

作为亚里士多德的老师,柏拉图对友爱的探讨深刻地影响了亚里士多德。柏拉图在对话集《吕西斯篇》《会饮篇》以及《斐德罗篇》中对友爱问题进行了深入探讨。在《吕西斯篇》中柏拉图通过爱来探讨友爱产生的原因,指出爱与被爱都不是友爱形成的原因,友爱的原因在于欲的缺乏,由于"变得缺乏就想要获得"。在《会饮篇》中,苏格拉底转述第俄提玛关于爱的说教时提出了爱或友爱自身是一种不美不善的欲,实质是对美善的追求。爱所追求的美善只是一种欲望,它的目的是"凭借美来孕育生殖",凭借美善来延续生命。在对话《斐德罗篇》中,柏拉图将这种不美不善而追求美善的欲求升华为欲的迷狂。爱是自然赋予人的迷狂,是一种非理性的欲望,实质是人的灵魂迷恋美好事物的本能流露。不难看出,在柏拉图看来,爱或友爱是一种不美不善的欲,由于自身的缺乏而追求美善,这种欲望源于人的灵魂对美善事物的追求,是人的灵魂自然本能的流露。

在对柏拉图的友爱思想进行批判反思的基础上,亚里士多德阐述了自己的友爱观。他将爱和友爱进行了区分,指出了两者情感强烈程度的不同。友爱是一种适度的情感,不似爱那样过激,友爱不会限制双方同其他人的友谊;与爱欲有一种"偶性的缺陷"不同,友爱特别是善的友爱是美好的且能够长久的;友爱与爱处于智和无智之间,取决于人自身的美与善。友爱非不善不美,而是一种有实践能力的关乎美善的德性,是一种实践的智慧,其重点在于实行,即以美善为尺度做出让朋友和自己幸福生活的善事。

（二）友爱对于实现公民幸福和追求城邦善业不可或缺

任何一种思想、理论的形成都离不开时代的土壤,离不开当时当地的政治社会文化环境。古希腊社会政治制度的变迁和城邦政治的施行使公民间公开性活动和交往活动变得越来越频繁,培养有德性的公民和营造好的城邦成为了人们的追求。伯罗奔尼撒战争爆发后,雅典战败,古希腊城邦制由盛转衰,各个城邦陷入了严重的经济政治危机,城邦内大批农业和手工业者破产,贫富分化加剧、阶级矛盾尖锐,社会秩序混乱,城邦民主制度陷入了危机。在这种情况下,造就好的公民和好的城邦更加成为思想家、哲学家以至普通公民不得不关注的重要问题。由此,关于城邦和友爱的话题在公共广场集会、仪式庆典、学院讲坛等公共领域中流行起来。

从社会政治制度角度来看,德性的友爱是追求城邦善业、实现公民幸福的重要纽带。

一方面,希腊城邦制度的发展直接影响着公民的生活和社会交往关系,为友爱思想的形成提供了天然土壤。关于城邦,亚里士多德在其《政治学》中认为,以完成善业并取得善果为目的的至高而至广的共同社会团体就是所谓的城邦,它是一定领土范围内不同类型的人所组成的集体,除了涵盖经济、政治、军事等功能以外,"城邦内部所蕴含的精神要素赋予了城邦存在的最终合法性及其神圣性"①。城邦作为一个政治社团将其所蕴含的实体性要素和精神要素(如民主制、宗教理念、神的允诺等)相结合,并同时把家族、部落和城邦合并到一起,塑造了公民对城邦共同体的认同感和归属感。而古希腊城邦的封闭、狭小的独特地理环境和排外又使得城邦公民更加团结紧密,公民关系更加融洽。这种城邦共同体需要基于德性的友爱为纽带来实现公平、平等、正义和至善。

另一方面,公民的德性是实现城邦正义和幸福的重要因素。在古希腊时期,伴随着雅典城邦民主制度的形成和发展,原有的家族和氏族部落走向衰退,原有的氏族部落成员成为了城邦公共事务的管理者和主宰者。这些获得公民资格的自由人作为城邦的共同统治者,他们可以同等地参加公民大会和陪审团,有共同的政治和军事事务目标,共同的邦火(是城邦共同体的象征,置于城中心的城邦神殿之中,供本邦公民祭祀,并不准许不具备公民资格和外邦人接近),共同的祭祀和庆典活动。他们具有同等的政治地位,在城邦的公共领域中占有一席之地,并且将直接参加公共活动和参与城邦管理视为自己的权利和义务。而共享公民权利和参与政事就要求每位公民都具有统治者和被统治者的德性。只有具备了这样的德性,公民才能在管理城邦公共事务中实现城邦正义,实现公民的善与城邦的善相结合。

不难看出,公民的德性作为追求城邦善业、实现城邦正义和幸福的重要

---

① 吴晓群.希腊思想与文化[M].上海:上海社会科学院出版,2009:48.

品质,与城邦紧密相连。关于这一点,柏拉图认为,最好的城邦是应该用德性超群的爱智者来治理,只有这样,才能实现城邦正义和造就好的公民。亚里士多德赞同柏拉图的"哲学王"治理国家的观点,承认德性在城邦政治中的重要作用,同时更加强调公正和德性对实现城邦幸福、打造好的城邦的重要作用。而在亚里士多德看来,幸福是合于德性的实践活动,完满的幸福需要公民德性之内在善与朋友之外在善相结合才能达成,而友爱是连接公民德性与幸福的重要方式,也是连接城邦的善和公民的善的重要路径。公民仅仅拥有内在的善即高尚的德性是无法达到幸福的,他需要能使自己感到快乐的外在的善,即朋友。也就是说,公民若要达到完满的幸福,不仅仅自身要具备内在的善即内在的德性,而且要将这种内在善和高尚德性运用到城邦人际交往的实践活动中,才能达到幸福。而友爱可以使公民实现个人幸福。这表明,友爱本身具有德性之属性,它是公民通往幸福生活的源泉,伴随着公民的幸福生活。

基于这种认识,亚里士多德分析友爱的几种原因在于以下几点。一是无论任何人、无论身处何境都需要友爱,需要朋友互相成就高尚德性和善举。"青年人需要朋友帮助少犯错误;老年人需要朋友关照生活和帮助做他力所不及的事情;中年人也需要朋友帮助他们行为高尚[高贵]。因为'当两人结伴时'——无论在思考上还是做事情上都比一个人强。"二是友爱是出于本能的或是自然的需要。"父母对子女或子女对父母的感情似乎是天性,不仅人类如此,鸟类与多数兽类也是如此。"①三是实现城邦至善需要友爱。在亚里士多德看来,作为天生的政治动物,人需要过共同的生活,而共同的生活也是一个幸福的人所不可缺少的。"友爱还是把城邦联系起来的纽带。立法者们也重视友爱胜过公正。因为,城邦的团结就类似于友爱,他们欲加强之;纷争就相当于敌人,他们欲消除之。而且,若人们都是朋友,便不会需要公正;而若他们仅只公正,就还需要友爱。人们都认为,真正的公正就包含着友善。友爱不仅是必要的,而且是高尚[高贵]的。我们称赞那些爱朋

---

① [古希腊]亚里士多德.尼各马可伦理学[M].北京:商务印书馆,2019:249.

友的人,认为广交朋友是高尚[高贵]的事。我们还认为,朋友也就是好人。"①因此,基于德性的友爱本身是高贵的、高尚的,友爱对于幸福自足的生活不可或缺,对于打造至善的城邦也必不可少。

二、亚里士多德友爱思想的内涵

友爱一词在希腊语中指的是两个个体之间因相互吸引而亲密地交往,相互间出于意愿主动地为对方付出的关系。亚里士多德十分重视友爱思想,在《尼各马可伦理学》中,他用了八、九两卷对友爱问题进行了细致的研究与探讨。亚里士多德提出:友爱"它是一种德性或包含一种德性。而且,它是生活最必需的东西之一。因为,即使享有所有其他的善,也没有人愿意过没有朋友的生活"②。在他看来,友爱一种基于美善的德性,这种德性是个体双方基于善、快乐或有用而互有善意并为之付诸实践的关系,这种德性是个体达到幸福、完满、至善生活,达到城邦至善生活必不可少的重要组成部分。

(一)三种友爱:善的友爱、快乐的友爱和实用的友爱

亚里士多德从分析爱和可爱的事物入手对友爱进行分析。亚里士多德认为:"并不是所有事物都为人们所爱,只有可爱的事物,即善的、令人愉悦的和有用的事物,才为人们所爱。……只有相互都抱有善意才是友爱。而且,也许还要附加一个条件,即这种善意必须为对方所知。……要成为朋友,他们就不仅要互有善意,即都希望对方好,而且要相互了解对方的善意,并且这种善意须是由于上面所说的原因之一产生的。"③在善的、令人愉悦的和有用的事物中,善的事物指个体的德性,即内在善的东西。令人愉悦和有用的事物指个体满足他人的愉悦性和有用性。据此,亚里士多德将友爱分成了三类:善的友爱、快乐的友爱和实用的友爱。他指出:"相应于三种可爱

① [古希腊]亚里士多德.尼各马可伦理学[M].北京:商务印书馆,2019:250.
② [古希腊]亚里士多德.尼各马可伦理学[M].北京:商务印书馆,2019:248-249.
③ [古希腊]亚里士多德.尼各马可伦理学[M].北京:商务印书馆,2019:252-253.

的事物,就有三种友爱。因为,相互的爱可以因这三种原因中的任何一种而发生,并相互为对方知晓。当人们互爱时,他们是因这三种原因之一而希望对方好的。由此便可以知道,因有用而互爱的人不是因对方自身之故,而是因能从对方得到的好处而爱的。基于快乐原因的友爱也是这样。例如,人们愿意同机智的人相处,不是因他的品质,而是因他能带来的快乐。"①他认为,人们是因为善的友爱、快乐的友爱和实用的友爱三种原因而互爱并且希望对方好,更加快乐,更实用。"那些因有用而爱的人是为了对自己有好处,那些因快乐而爱的人是为了使自己愉快。他们爱朋友都不是因朋友是那种人,而是因他有用或能带来快乐。所以,这两种友爱是偶性的。因为,那个朋友不是因他自身之故,而是因能提供某种好处或快乐,才被爱的。所以,一旦哪一方有所变化,这样的友爱就容易破裂。因为,如果相互间不再使人愉悦或有用,他们也就不再互爱。而且,有用不是一种持久的性质,它随着时间的迁移而变化。因此,随着友爱的原因的消逝,友爱本身也就随之解体,因为这种友爱就是为着那个目的的。"②

不难看出,实用的友爱和快乐的友爱是偶性的、利己的、不稳定且不能持久的,属于较低层次的友爱。个体之间互爱并非基于他们是朋友而由于实用和快乐。纯粹为了实用、利益或者快乐而产生的友爱是不能持久的,但在生活中却是最常见的。随着有用性和快乐的消失,友爱也就终止了。亚里士多德举例指出,实用的友爱常见于老年人和中壮年人之中,而青年的友爱似乎因快乐而存在。一些人很快能成为朋友,又很快断绝往来,基于快乐的友爱也随之改变。亚里士多德指出:"青年人很容易相爱。而爱主要是受感情驱使、以快乐为基础的。所以他们常常一日之间就相爱,一日之间就分手。"③亚里士多德对友爱三种类型的划分,为进一步探讨友爱的本质和友爱实践提供了一种思维范式。从友爱的三种不同类型可以看出,友爱在不同

---

① [古希腊]亚里士多德.尼各马可伦理学[M].北京:商务印书馆,2019:253.
② [古希腊]亚里士多德.尼各马可伦理学[M].北京:商务印书馆,2019:253-254.
③ [古希腊]亚里士多德.尼各马可伦理学[M].北京:商务印书馆,2019:254.

年龄层次、不同群体、不同场合、不同政体等方面也各有差异。

需要指出的是,依照亚里士多德的观点,快乐的友爱也不同于实用的友爱。在一定的条件下快乐的友爱可以持久,比如在长期的交往中朋友彼此逐渐认同并喜爱对方的品性,并且随着时间的推移,两人之间的品性也变得相似,那么这种友爱就可以持久。而实用的友爱则不同,它却会随着用处和好处的消失而消逝。不仅如此,快乐的友爱中有较大的慷慨,而实用的友爱却因人的贪欲之心而处处计较,充满抱怨。因此,快乐的友爱更接近善。如果快乐的友爱在朋友双方基于共同生活而使德性变得相似且更加高尚,那么,快乐的友爱就会转变为德性友爱。

（二）友爱的本质:德性友爱

探寻友爱的本质和真谛对友爱实践尤为重要。通过分析三种不同类型的友爱,亚里士多德得出结论,只有德性友爱是完善的和完美的、持久的、完全的友爱,而实用的友爱和快乐的友爱这些次等的友爱只是在部分的意义上才被称为友爱。

友爱是一种高尚的德性,它比实用的友爱与快乐的友爱更具有持久性和稳定性。实用的友爱与快乐的友爱都是因好处和快乐而存在,但在现实生活中好处和快乐是不稳定的、易变的,一旦这种快乐和好处消逝了,友爱就不存在了。正如亚里士多德所说:"爱者的快乐在于注视被爱者,被爱者的快乐则在于爱者对他的注视。当被爱者的青春逝去,友爱有时就会枯萎。"①"那些因相互有用而结为朋友的人一旦当对方不再有用了就不再做朋友。因为,他们相互间并不存在爱,他们所爱的是能从朋友那里得到的东西。快乐的友爱和有用的友爱可存在于两个坏人之间,一个公道的人和一个坏人之间,一个不好不坏的人和一个好人、坏人或不好不坏的人之间。"②由于德性品质具有持久性,因此,因朋友而产生的德性友爱是能够持久的。"如果有了共同的道德并变得喜爱这种道德,因而在实际上变得相似,许多

---

① ［古希腊］亚里士多德.尼各马可伦理学［M］.北京:商务印书馆,2019:256－257.
② ［古希腊］亚里士多德.尼各马可伦理学［M］.北京:商务印书馆,2019:257.

人还是可以保持住友爱。"①这种友爱产生于同一类人之间,朋友双方都是因对方自身之故而愿意为对方行善,这源自于每个人都爱对方的品质,而非偶然因素。只要朋友双方的德性品质在,友爱就一直存在。因此,只有善的友爱即德性友爱才能持久。亚里士多德强调:"完善的友爱是好人和在德性上相似的人之间的友爱。因为首先,他们相互间都因对方自身之故而希望他好,而他们自身也都是好人。那些因朋友自身之故而希望他好的人才是真正的朋友。因为,他们爱朋友是因其自身,而不是出于偶性。所以,这样的友爱只要他们还是好人就一直保持着,而德性则是一种持久的品质。"②只有在好人之间单单因为对方自身而希望他好,如此才能避开利益、实用和快乐,避开离间。"因为,对一个久经考验、彼此间可以信任,确信他永远不会做不公正的事,并具有真正朋友的所有其他特性的人,我们不会相信别人关于他的闲话。而其他友爱则不免受到此类中伤。"③

这种因朋友之故而产生的友爱使得善、快乐和实用统一起来,使得这种德性友爱既是完全的善,也完全令人快乐。亚里士多德指出:"他们每个人都既在总体上是好人,又相对于他的朋友是好人,因为好人既是总体上好又相互有用。他们每个人也在这两种意义上令朋友愉悦。……这样的友爱自然是持久的。因为朋友所具有的所有特性都包含在这种友爱中。每一种友爱都因善或快乐——总体上的或对爱者而言的——而发生,并且都有某种相似。而这种友爱,由于友爱双方的本性,把这一切性质都包含于其中了。因为,它甚至在其他性质上也都相似:总体上的善也就是总体上的快乐,这些都是最可爱的东西。所以,只有在这些朋友中间,爱与友爱才最好。"④这表明,一方面,友爱之德性因其本就既令人愉悦,又能让对方感到欢喜,故而是快乐的事物;另一方面,德性之人本就有善的品质,会善待朋友,故而又相

① [古希腊]亚里士多德.尼各马可伦理学[M].北京:商务印书馆,2019:257.
② [古希腊]亚里士多德.尼各马可伦理学[M].北京:商务印书馆,2019:254-255.
③ [古希腊]亚里士多德.尼各马可伦理学[M].北京:商务印书馆,2019:258.
④ [古希腊]亚里士多德.尼各马可伦理学[M].北京:商务印书馆,2019:255-256.

互有益。正因为如此,亚里士多德将德性友爱视为最持久稳定的、最高级别的、最完善的、最完美的友爱。

正因为朋友之间具有相似的善的品格和德性,所以,朋友是人的另一个自我,而这种对朋友的爱源于自爱。亚里士多德指出:"对朋友的感情都是从对自身的感情中衍生的。"①朋友乃是人们认识自己、完善德性的一面镜子,是另一个自我。人们可以通过朋友来认识自己。如此,关怀朋友,便如同关怀自己一样。从这个角度看,德性友爱将人自身之善和朋友之善统一起来。人们通过朋友看清自身,并在共同的生活中完善德性,实现好的幸福的生活。德性友爱之间,人们只需要和朋友在一起,通过分享自己的善而获得幸福。在这个过程中,人们通过朋友认识了自己,并彰显了自己的德性和善。

需要指出的是,由于德性友爱的形成依赖于朋友双方是否兼具高尚的德性、是否共同生活、是否相互拥有善意、是否在德性上趋于相似等条件,且具有高尚德性的好人本就为数不多,况且还需要时间来形成共同的道德,因此,在现实生活中,只有极少朋友能形成高尚的德性友爱。但是,德性友爱由于其具有的完善性、完美性、持久性而成为人们追求真正意义上的友爱的理想目标,因为只有德性友爱才能帮助人们实现幸福高尚的生活,才能真正实现友爱的价值。

(三)友爱的保持:共同生活

如前所述,德性的友爱更具有稳定性和持久性。在德性友爱中,朋友是另一个自我,而共同生活则是检验友爱的工具。亚里士多德说:"共同生活,相互提供快乐与服务的人们是在做朋友,睡着的人和彼此分离的人则不是在实际地做朋友,而只是有做朋友的品质。因为,分离虽然不致摧毁友爱,却妨碍其实现活动。但如果分离得太长久,友爱也会被淡忘。所以有人说:'若不交谈,许多友爱都会枯萎。'"②也就是说,友爱会在长期分离中被淡忘,

---

① [古希腊]亚里士多德.尼各马可伦理学[M].北京:商务印书馆,2019:299.
② [古希腊]亚里士多德.尼各马可伦理学[M].北京:商务印书馆,2019:259.

渐渐消逝。因此,共同生活是保持友爱的重要方式,是考验何种友爱的重要途径,也是友爱最重要的特征。不难看出,在亚里士多德看来,人们的友爱关系在共同生活中变得更加密切,友谊本身因为彼此的接触而增长。并且,人们对待朋友的善与自身的善在共同生活中能够展示出来,促使朋友相互之间变得越来越好。

共同生活是保持友爱的重要方式,这就意味这人们之间需要在一个共同的范围内活动,在这种范围或共同体中存在并保持友爱。正如亚里士多德所言:"一切友爱……都意味着某种共同体的存在。"①共同生活的载体是城邦中的现实存在的各种共同体,如家庭、部落、城邦等各种因某种共同利益而结合在一起的团体。其中,家庭成员之间的友爱关系是基础,衍生出家庭以外的各种友爱关系。家室的友爱包括夫妻之间的友爱、父母与孩子之间的友爱,兄弟姐妹之间的友爱、家室中其他成员之间的友爱等等。其他类型的友爱皆由父母与子女的友爱衍生出来。第一种是关于父母与子女之间的爱,亚里士多德指出:"父母爱子女,是把他们当作自身的一部分。子女爱父母,是因为父母是他们存在的来源。"②第二种为兄弟之间的友爱。亚里士多德认为,兄弟之间之所以互爱是由于他们拥有共同的血脉和生命来源。兄弟之间血脉相通、骨肉相连,这种共同的生命来源造成了他们的共同点。兄弟的友爱由于年龄相近,他们随着共同的成长而日益结成拥有共同道德的亲密伙伴。在这个意义上,兄弟之间的友爱与伙伴之间的友爱相似。叔伯兄弟和其他亲属出于同一祖先,他们之间的友爱是由兄弟之间的友爱派生出来的,而他们之间情感的强弱、关系的亲密度与同祖先相距之远近直接关联。在其他亲属间的友爱中,友善的程度都与关系的远近直接相关。第三种为夫妻之间的友爱。这是家庭中最原始的、最基本的友爱关系。这种友爱完全出于自然,夫妻必须相互结合,才能繁衍后代,并提供满足基本生活需要的物质资料。亚里士多德指出:"家庭先于城邦且更为必需。繁衍后

---

① 〔古希腊〕亚里士多德.尼各马可伦理学[M].北京:商务印书馆,2019:274.
② 〔古希腊〕亚里士多德.尼各马可伦理学[M].北京:商务印书馆,2019:274.

代是动物的普遍特性。其他动物的异性共同体只是为了繁衍后代,人的此种共同体则不只为生育,也为提供满足生活的需要。"①男子与女子共同生活,互帮互助。"这种友爱似乎既有用又有快乐。如果他们是公道的人,这种友爱还是德性的。因为,男人与妇女各有其德性,德性也可以是相互吸引的原因。孩子也是维系的纽带,没有孩子这种共同体就容易解体。因为,孩子是双方共同的善,共同的东西把人结合到一起。丈夫与妻子——以及一般地说朋友与朋友——当如何相处,似乎与他们当如何公正地生活是同一个问题。"②

不难看出,亚里士多德更加重视友爱的实践,而共同生活便是维持友爱的重要方式。如前所述,在亚里士多德生活的时代,雅典民主制开始衰落,城邦内部出现各种危机。在这种情况下,他主张城邦正义,强调好的城邦是为公民幸福生活而存在的,城邦本身是由友爱维系的。而共同生活恰恰能够使人们养成友爱,形成亲密、和睦的友爱关系。"友爱与公正相关于同样的题材,并存在于同样一些人之间。首先,在每一种共同体中,都有某种公正,也有某种友爱。至少是,同船的旅伴、同伍的士兵,以及其他属于某种共同体的成员,都以朋友相称。"③

三、亚里士多德友爱思想的当代价值

时至今日,友爱作为一种珍贵的德性,在当今社会也是人们共同关注的道德话题。亚里士多德的友爱思想作为人类历史上重要的精神遗产,为道德反思和道德建设提供了理论借鉴。亚里士多德所阐述的德性友爱,源自个体自身之正义、善和高尚德性,并且由自爱推己及人以至博爱,而非放纵私欲、谋取私利。当今社会,创建人类美好生活仍然需要这种基于高尚德性的博爱。

① ［古希腊］亚里士多德.尼各马可伦理学［M］.北京:商务印书馆,2019:275-276.
② ［古希腊］亚里士多德.尼各马可伦理学［M］.北京:商务印书馆,2019:276.
③ ［古希腊］亚里士多德.尼各马可伦理学［M］.北京:商务印书馆,2019:268.

　　此外,亚里士多德的友爱思想也为解决现代道德困境提供新的思路。亚里士多德所主张的不仅是友爱理论本身,更指向基于德性的友爱实践。在实现我国"两个一百年"奋斗目标的征途中,必然面临许多具有新的历史特点的伟大斗争,利益交织、思想错综,各种问题、矛盾和挑战层出不穷。重新回顾亚里士多德的友爱思想,把握德性友爱的真谛,有利于理解个人、他人与共同体之间的关系,找到个人、他人与共同体之间的一致性,努力实现人与人之间的和谐友爱。

全球抗击疫情背景下审视欧美
"博爱"思想的现代担当

荣　霞[①]

当前,新型冠状病毒(COVID-19)疫情仍在全球肆虐,但是我们可以看到大多数欧美国家抗击疫情的表现并不突出,欧美社会的弊病在疫情灾难面前得以充分暴露。近年来,欧美国家的政治生态不断恶化,即使在人类面临巨大灾难之时,欧美政府普遍在抗击疫情和恢复经济运行之间犹豫不决,不少欧美民众认为政府实施的强制防疫措施是对个人自由的限制。于是,我们看到这样一幅景象:一边是疫情夺取了更多人的生命,一边是欧美国家民众走上街头抗议政府的强制隔离措施。

记者在白宫记者会上问特朗普(Donald Trump)为什么美国有钱有名的人更有可能优先接受新冠检测,特朗普思考了一下,说道:"也许这就是人生吧,这种情况有时发生。"不禁会产生这样的疑问:"自由、平等、博爱"作为欧美的基本价值观,不受约束的个人消极自由难道更重于公民生命权吗?今天,欧美国家的公民基本实现了"一人一票"的政治上的"平等",却能够容忍经济地位的巨大差距所带来的实际不平等吗? 欧美文化中的大力宣传的"博爱"在当代面对实际灾难时候为什么又显得羸弱。

本文认为,对欧美"博爱"思想的理解不能简单停留在其字面解释和某一阶段的历史作用上,欧美的价值观不等于人类的价值共识,不是放之四海

---

① 荣霞,女,1979——,江苏盐城人,博士,副教授,南京特殊教育师范学院马克思主义学院副院长,研究方向:高校思想政治教育,美国史。

而皆准的"真理",欧美的"博爱"在资本主义国家的制度设计层面上并不具备广泛实现的条件,应该对欧美博爱思想价值观进行辩证分析,运用马克思的历史唯物主义理论对欧美博爱思想的现代担当做分析批判,进一步破除欧美价值观的迷惑性和虚伪性。

一、欧美"博爱"思想的缘起和发展

爱是人类恒久追求的一个主题,这一个概念一直被作为一个正价值加以构建。"爱"作为重要的价值理念,必然在不同的时代与文明形态中被构建和强化。欧美的博爱可以溯源至西方基督教,基督教的"爱"在启蒙运动中,成为反对蛮族与神学黑暗统治的重要利器,对于颠覆旧意识起到了革命性作用。基督教的爱认为"每一个人,不管他属于什么民族,不论他居住在什么地方,只要他信仰上帝和广施善行,就会得到上帝的保佑"①。基督教相信灵魂的存在,认为死后生命形态才是活着的目标,才是追求的目标,是一种爱神、爱上帝、爱仇敌的博爱思想,基督教的爱本质上就是人自身的精神安慰,不以所生活于其中的这个世界为真实世界,是建立于彼岸世界观上的精神寄托。

因为法国大革命,"博爱"被赋予了新的内涵。法国大革命提出的"liberté、égalité、fraternité",它所指向的英文是"fraternity",即友爱、兄弟之爱、手足之爱,这个词具有强烈的共同体意识,强调的是一种关系,一种兄弟之情(Brotherhood)。它的提出背景是当时西欧独特的公共舆论空间,即每个个人以自身作为个体的立场出发,对社会问题进行责问和辩论,这种氛围的载体是西欧社会开始兴起的酒馆和咖啡厅文化及贵族定期举办的沙龙聚会。"博爱"原则的诞生被打上了强烈的欧洲文化烙印,是17—18世纪西欧社会风貌的一种特殊性体现。

真正让"自由、平等、博爱"成为法兰西民族共识的第三共和国。第三共

---

① 张庆熊.基督教神学范畴——历史和文化比较的考察[M].上海:上海人民出版社,2003:62.

和国将法国1789年革命成果和1793年的革命成果都吸纳进共和主义框架，他们虽然将自由摆在第一位，但是同时也强调自由与平等并不等于个人主义，而应该置于一个社群意识相互关系中加以考量。法兰西第三共和国的"博爱"在语境中更接近于团结的本意，在法兰西第三共和国的吸纳和阐释下，1789年原则和1793年原则在共和国框架下得到调和，自由不是放纵，平等不是均等，博爱不是不分彼此的混合，"自由、平等、博爱"成为不可分割的整体，法兰西共和国也不再是暴力和激进的象征，相反，共和国是防止暴力的稳固体制，这三个词已经成为法兰西历史不可分割的一部分。"法国大革命引发了世界革命，并赋予其思想，以致三色旗这类事物成了实质上每个新生国家的象征。法国为民族主义提供了第一个伟大的榜样、观念和语汇。"①法国革命的世界性影响使得革命口号"自由、平等、博爱"显示出强大的号召力，并伴随着资产阶级革命的兴起和高潮深入人心。原有基督教的博爱思想因为法国大革命和美国独立战争，变得世俗化，并因此传递下去。博爱的意义也突破了法国大革命时期源起，并随着资本主义的发展被赋予了新的涵义和历史作用。

19世纪以后，资产阶级国家相继完成了工业革命，并大力推进资本向外扩张和对其他地区的殖民化。资本主义国家在创造巨大财富的同时，重新塑造了世界，世界范围的殖民过程也促进了世界的一体化。19世纪到20世纪初，资产阶级国家在殖民化、全球化的过程中迅速积累了大量财富。财富的积累并没有给欧美国家带来一个"爱"的社会，相反，欧美的工业化和现代化的进程带来的是更加过分的贫富差距在代际之间继续蔓延。特别在19世纪后半叶，欧美社会对自由竞争的追求达到顶点，资本主义社会丛林法则信奉社会达尔文主义，认为优胜劣汰是自然法则，也是社会法则，穷人不值得同情，理应为自己的懒惰和无能买单。人们渴望在冰冷社会中寻求人性的温情，渴望超越党派纷争、超越阶级阶层的差别与冲突对人的爱，呼吁对弱势成员的关爱。

---

① ［英］艾瑞克·霍布斯鲍姆.革命的年代1789—1848［M］.北京：中信出版社，2017：64.

欧美的一些平等主义者逐步意识到要实现"博爱"与"平等",仅有"政治平等"即"法律面前人人平等"远远不够,只是一种形式上的平等,要达到实质性的平等,需要实现经济平等,这就要求国家对经济进行干预。资本主义国家也意识到对弱势群体的过度冷漠、巨大贫富差距会带来社会动荡,并不利于资本主义国家稳定,需要建立一种新的国家机制。19世纪末,一些资本主义国家就开始以国家名义进行一些财富再分配,开始了现代福利保障制度的初步建设。二次世界大战之后,随着欧美社会进入后工业化时代,以经济福利为主的第二代权利兴起,个人要求国家或者政府提供更加公正的社会条件,平等不仅是法律身份的平等,也应该是经济权利的平等,政府应该关心个人发展并提供保护,为人类积极的尊严提供保障就是福利国家的核心,政府和国家有责任提供更加平等的社会条件。美国学者桑斯坦(Cass R. Sunstein)较为系统地概括了传统两分法的区分,即消极权利禁止政府行为,并将它拒之门外;积极权利需要并盛情邀请政府。"前者需要公职人员蹒跚而行,而后者需要公职人员雷厉风行。消极权利的特点是保护自由,积极权利的特点是促进平等。"①

"自由、博爱、平等"在20世纪有了新的历史意义,在这样的思想指导下,欧美发达国家的社会福利制度有了进一步发展,欧美的博爱原则与欧美福利保障制度开始关联起来。博爱成为福利国家理论和政策的价值基础,全民福利制度体现了国家至善或正义原则,弘扬了人道主义精神,缓解了经济地位的实际不平等,落实了欧美"博爱"思想的一些具体原则。20世纪30年代,"罗斯福新政"提出人民应当拥有"四大自由"和"八项权利"。欧美的政府和学者认为,正是这些关于人民自由权力的规定奠定了社会福利保障制度的坚实基础,是社会福利保障制度的宣言,也是现代欧美社会博爱的宣言。② 欧美福利国家"归根结底都是为了探求国家予以公民的'社会公平'程

① [美]史蒂芬·霍尔姆斯,凯斯·R.桑斯坦.权利的成本——为什么自由依赖于税[M].毕竟悦译,北京大学出版社,2004:23.

② 柏元海.现代欧美社会博爱观批判[J].马克思主义研究,2010(4):84-90.

度和借以达到普遍福利的途径"①。

"欧洲发达国家将福利权利和公民身份挂钩,只要是这个国家的公民,国家就有责任提供住房、医疗及工作方面的持续支持。大多数欧洲国家已经接受这样的观点。"②二战后,欧美福利国家的发展和逐步成熟,大多数欧美国家已经在法律或者宪法确立福利作为一项公民的权利。1966 年,联合国《经济、社会和文化权利公约》(International Covenant on Economic, Social and Cultural Rights)向全世界宣布,在很长历史时间内,曾经被视为恩赐和怜悯的福利已经被视作国家提供的义务和公民应该主张的权利。发展公民权利,也要求国家提供规范性、强制性的制度保障。欧美福利国家的发展为人类构建共同的幸福生活提供了可行的实施方案,并且为欧美宣传的"博爱"和"人道"的观念提供了一个平台,通过这个平台,欧美"博爱"思想有了一定的社会实现基础。二战以后,资本主义福利国家经历了发展的黄金时代,较高的福利和较高的生活水平增强了欧美"自由、平等、博爱"价值观的合法性,成为欧美社会强势"话语体系"的一部分,并在世界范围内有着深远的影响。

二、辩证认识欧美"博爱"思想的价值

"自由、平等、博爱"囊括了人本主义、基督教精神、理性主义等一系列欧美文化的内核。其中"博爱"的主要内核来自基督教精神,随着资产阶级革命的兴起和资本主义社会的发展,现代欧美"博爱"思想隐去了基督教博爱的神圣光环,继承了基督教的平等、互相尊重和友爱的精神,成为欧美社会的一种价值观念。其中包含了对资本主义社会个人的自由、平等、人权、民主的尊重和对人抽象的价值与尊严的珍爱。现代资产阶级的"博爱"思想也是一种帮助他人、帮助弱者的道德和义务,强调的是人与人之间的合作与

① 吴娆.试析美国社会福利政策模式[J].江淮论坛,2003(3):57-60

② T.R Reid. The Healing of America: A Global Quest for Better, Cheaper, and Fairer Health Care,The Penguin Press,1st edition 2009:214.

共享。没有"博爱","自由"就失去了人性关怀,"平等"也就成了一个空壳。"博爱"排在"自由"和"平等"之后,但"自由"和"平等"却需要"博爱"来保驾护航。

近代以来,随着资本主义经济实力的迅速增长,欧美资本主义国家通过殖民化把世界其他部分纳入到资本主义体系之下,并推动了全球化进程。在这个过程中,资本主义国家处于绝对的支配地位,欧美的话语体系被建构并且在全世界范围内强势推广。"自由、平等、博爱"以自然法和自然权利为理论基础,以人权名义充分展现了资产阶级的经济意愿和政治理想,近代以来资本主义国家所创造的财富和成就让欧美"自由、平等、博爱"的话语体系变得颇具吸引力和号召力,它也日益被资产阶级用来作为一种维护其社会正常运转的意识形态工具。冷战时期,为了和社会主义阵营的对抗,欧美国家妖魔化"苏联模式",加紧推销欧美的文化和制度,并将之包装成普遍意义的价值观向外输出。冷战结束后,欧美国家进一步增强了对非欧美国家的价值观输出,进一步鼓吹"欧美价值论",即认为他们的价值观是一种普遍适用的价值观,是放之四海而皆准的真理。欧美话语权几乎独霸了国际民主话语权。[①]

"自由、平等、博爱"是被欧美极力推崇的价值观一部分,但如果从欧美国家300多年的历史来看,资本主义制度和自由、人权、平等并没有天生的必然关系,甚至是毫无关系。

英国是世界上第一个宪政国家,但资本主义制度在英国建立以后并没有给民众带来自由、平等和人权,英国资本家通过"羊吃人"的圈地运动进行资本原始积累,失地农民甚至被剥夺了乞讨的权利,资本家在积累财富的时根本谈不上所谓的"自由、平等、博爱"。爱尔兰大饥荒(1845 年—1850 年)时期,英国统治下的爱尔兰人口锐减了近四分之一,英国仍在要求爱尔兰向外输出粮食,没有丝毫人性关怀。美国独立战争结束后,被赋予选举权的仅

---

① 王立洲,岳静.解蔽与超越:马克思主义视域下的欧美民主输出[J].延安大学学报,2019(6):36-40.

仅只有白人男性，在之后的较长时间内，美国对黑人残酷奴役，号称"山巅之城"的"文明"国度对印第安人实施人种族灭绝政策，"自由、平等、博爱"的原则根本不见踪影。法国大革命诞生让"自由、平等、博爱"原则响彻云霄，现代博爱思想诞生在法国大革命的语境之中，是资产阶级革命者在咖啡店团结议事的产物，但"当资产阶级成为新的特权阶层，曾经同为第三等级的下层人民转而成为被镇压和盘剥的对象，博爱便荡然无存了"。马克思在《六月革命》中写道："当资产阶级的巴黎张灯结彩，而无产阶级的巴黎在燃烧、在流血、在呻吟的时候，这个博爱便在巴黎所有窗户前面烧毁了。博爱存在的那段时间正好是资产阶级利益和无产阶级利益友好共处的时候。"①马克思和恩格斯一针见血指出：只有当资产阶级的利益与无产阶级利益结合在一起时即资产阶级要利用无产阶级时才"存在"，因此"博爱"一开始就是以伪善的面目出现的，是欺骗无产阶级的术语。② 无论是英国第一个宪政国家的建立，还是法兰西大革命，抑或是美国独立战争，这些资本主义国家和"自由、平等、博爱"都没有天然的联系。

　　然而，"博爱"最终成为欧美价值观的一部分。一是人民发起了声势浩大的运动，社会的严重不平等已经威胁到资产阶级的统治，迫使欧美资产阶级不断做出让步，建立欧美福利社会制度，为"博爱"在一定程度的实现提供了现实基础；二是资本主义社会经过长时间的发展，他们发现即使实现普选实践，自己的权利也并未受到侵害，而人道主义和博爱的关怀反而增强了政权的合法性，有利于消解社会不稳定因素，并有利于少数人对多数人的统治。在这种背景下，"博爱"逐渐被资产阶级作为一种资本主义的价值观来推广，和"自由、民主、平等"等一起成为欧美的显学，成为欧美统治的工具。亨廷顿都直言不讳："普世文明的概念是欧美文明的独特产物……普世主义

---

①　[德]马克思,恩格斯.马克思恩格斯选集(第1卷)[M].北京:人民出版社,1995:398.

②　窦凌.马克思恩格斯对资产阶级价值观的批判及启示[J].江苏大学学报,2010(1):
21－25.

是欧美对付非欧美社会的意识形态。"①20 世纪 80 年代末 90 年代初的苏东巨变也在一定程度上证实了欧美价值观在"和平演变"中进行意识形态输出的重要作用。东欧解体后,欧美国家将欧美话语和价值观重新包装,集中向中国输出,欧美国家认为他们的价值体系是一般的、普遍的,适用于全人类,企图建立符合欧美理念的世界共同体,并通过各种手段推行他们的价值观。具有讽刺意味的是,为了推广他们所谓的普遍意义的价值,欧美国家不惜动用武力。

三、抗击疫情中"博爱"的真谛是什么

2020 年,突如其来的新冠疫情(COVID‐19)在世界范围的爆发,让我们很容易看到欧美民主制度和博爱观的虚伪性。美国的富人、名人和有权势的人在新冠肺炎的检测和治疗上有着不加掩饰的特权,从美国感染新冠的比例来看,美国拉美裔和非裔新冠死亡率远远高于其他族裔。② 对此,美国政府首席传染病专家福奇表示,这次疫情暴露了美国不同族裔居民长期存在的健康医疗差距。在欧洲,疫情最严重的是意大利和西班牙。在疫情传播初期,由于感染人数迅速增加以及欧洲普遍存在的严重的人口老龄化问题,意大利、西班牙的医疗保健系统先后被击穿,医疗资源被挤兑之后,医护人员只能选择优先救治年轻人,面对大难,国家设定了放弃救治的门槛,放弃了生命平等的原则。而世界上最强大的美国则放弃抗击疫情的国际合作,退出世界卫生组织,拒绝履行大国的义务,且美国的国内疫情控制在世界上而言也是表现十分糟糕的。

就这次疫情下中国的表现看,虽然存在一定形式的官僚主义和形式主义导致初期武汉救灾不力和混乱。但中国抗击新冠疫情的闪光点颇多,比如羡煞欧美人的基建和工作效率,强大的社会和后勤组织力,以及比美国

---

① [美]塞缪尔·亨廷顿.文明的冲突[M].北京:新华出版社,2017:58.

② 刘洁.要命的种族差异 美国拉美裔与非裔新冠死亡率远高于其他族裔[EB/OL].:央视网 2020‐9‐24:

H1N1 疫情时更及时透明的信息。最为重要的是,中国在抗击疫情中向欧美显示了他们不愿意承认的事实:中国政府非常重视国民最基本的人权——生命权。生命不分高下,不分年龄,所有的病人都得到了最努力的救治,充分体现了人道主义精神。这和欧美长期宣传的中国形象是不相符合的:在大是大非面前,中国宁可牺牲经济增长,也充分尊重每一个人的生命权,并不惜一切代价去救治每一个病人,集中全国力量支援湖北。在抗击疫情的过程中,中国人民体现的是真正"爱"的精神,一种无畏的集体主义精神,能够全力支持国家的政策,全国人民和国家共渡难关,正是有这样的大爱精神,中国才能够在较短的时间内就取得了抗击疫情决定性的胜利。

新冠疫情的爆发是 21 世纪以来人类面临的最大公共卫生的挑战。人类文明已经进入一个新的时代,这应该是一个强调合作共赢的时代,习近平总书记在第七十五届联合国大会一般性辩论的重要讲话中再次强调中国倡导建立人类命运的共同体,要践行人民至上、生命至上理念;要加强团结;要制定全面和常态化防控措施;要关心和照顾发展中国家特别是非洲国家。中国的举措显示了一种负责任大国的态度,一种"博爱"的精神,就是无论古今,不论中西和肤色,人类爱的真谛首先应该是尊重生命,而放弃的应该是意识形态的偏见。

生命是人类社会的基础,人类智慧的意义就在于拯救生命。强调生命是第一位的,这是历史的事情,也是逻辑的事情,尊重生命应该是"博爱"的阐释最重要的部分。罗尔斯在《正义论》中阐述了自由原则、平等原则、差别原则,差别原则意在使最不利的群体也能得到一种最大的利益保障,实际上就是实现博爱的原则。人类的生命优先是没有差别的,应该是完全平等的,人类的"爱"应该首先尊重生命、尊重生命的平等。

对欧美"博爱"思想的审视必须回归到社会解构中去,欧美"博爱"原则的提出和普遍化本身具有"欧美中心论"色彩。欧美"博爱"的提出是资产阶级反抗神学统治、推翻封建专制统治的产物,具有一定历史时期的革命性和时代进步性,这是一种欧美的价值观,从它诞生之日起就具备特定的历史作用,具有鲜明的价值取向。欧美国家在制度设计层面上更强调和保护的是自由和平等,而不是"博爱",并缺乏明确和清晰的制度目标。它们在制度设计层面缺乏一些人类理所当然的需求,比如说集体利益、互相友爱等。欧美国家的社会价值观从"以人为中心"也逐渐走向了极端,变成了"以个人为中心",最终导致了个人主义在资本主义社会的恶性膨胀。因此,当欧美民众以维护消极自由为理由反对政府的抗疫措施,欧美国家的办法并不对,以特朗普为代表的欧美国家政客主张救经济比救人更重要,也没有破釜沉舟的防疫决心。我们看到在欧美国家面临新冠疫情这样的流行性疾病时候,极端个人主义的弊端得以充分暴露。在这样的极端个人主义面前,社会"爱"的力量如何体现? 在疫情面前,欧美的"博爱"观并无法显示出强烈的社会担当。

2020 年 5 月,美国明尼苏达州发生黑人乔治·弗洛伊德(George Floyd)被锁喉致死后,在全美发生了借助新冠疫情的爆发引发了大规模暴乱,进一步凸显了疫情背景下美国社会的矛盾。特朗普上台以后,美国的社会裂痕持续加深,新冠疫情冲击只是暴露了美国的社会矛盾。即使,今天人类的文明程度已经较高,欧美的"博爱"也无法超脱于资本主义的社会矛盾,资本主义社会的"博爱"是缺乏实质性内容的价值原则。

欧美国家认为他们的价值观是放之四海而皆准的"真理"。实际上,没有永恒不变的真理。即使马克思主义的普遍真理也是不断发展的。毛泽东指出:"马克思列宁主义并没有结束真理,而是在实践中不断地开辟认识真理的道路。"①理论是具体的、实践性的,要在实践中检验真理、发展真理。欧美"博爱"思想确实曾经在打破黑暗的教会统治、打破封建思想桎梏、宣扬人道主义精神中发挥了历史进步意义,但是资本主义社会生产关系决定了欧美"博爱"思想的有限性和历史局限性,欧美的"博爱"既不能改变阶级对抗,也无力缓解敌对的阶级情感。审视欧美"博爱"思想在疫情中的担当也有利于我们进一步看清欧美价值观的实质,它的作用被有意抑或无意地夸大。在审视欧美"博爱"的现代担当之后,有助于打破欧美对"自由、平等、博爱"

---

① 毛泽东.毛泽东文集(第 2 卷)[M].北京:人民出版社,1993:296.

的话语霸权和话语垄断,我们更加坚定中国必须沿着社会主义方向前进,要确保现代化建设的成果能为中国最广大人民所共享,只有建立在社会主义生产关系基础之上的"爱"才具有更加现实的意义,才能真正地体现个人价值和社会共享的原则,实现人的自由而全面发展。

马克思主义博爱文化及其实践发展

张九童①

博爱,从本质上说表征着一种公共关怀的价值取向,即人们超越私人利益、关系和价值诉求而对公共利益的关心和对公共价值的求索,体现了人类发展进步的共同文化理想和价值追求。自文艺复兴以来,博爱作为资本主义的核心价值观出现,以致于"博爱"价值成为马克思主义思想框架下受到批判的对象。其实,博爱绝不是资产阶级的专利,只是资产阶级在特定历史条件下赋予了博爱特殊的政治内涵。无数历史事实证明,在人类面临重大生存危机时,资本主义博爱价值观无不受到严峻挑战。因此,我们需要跳出资本主义的博爱阐释框架,从历史唯物主义和人类文化精神发展取向的高度反思人类的博爱文化,博爱价值观理应同"自由""平等""民主"一道受到人类的重新审视。在社会主义的价值立场下,我们要深入挖掘马克思主义思想体系和社会主义文化中内蕴的丰富博爱精神,进一步明晰马克思主义批判的是什么样的博爱价值、倡导的又是什么样的博爱文化,认真考量"马克思主义博爱文化何以可能"的问题,在马克思主义思想框架下赋予"博爱"文化鲜明的合法性,全面总结中国共产党人对马克思主义博爱文化的实践发展,赋予"博爱"以科学、真实和具体的时代内涵。

---

① 张九童,男,1988— ,山东东营人,博士,副教授,南京特殊教育师范学院马克思主义学院副院长(主持工作),研究方向:马克思主义文化哲学。

一、马克思主义博爱文化何以可能

之所以探讨"马克思主义博爱文化何以可能"的问题，是因为基于三个方面的考量：一是对"资产阶级博爱"的讽刺和批判始终是马克思主义的显性话语；二是资产阶级以"泛爱"的方式解读"博爱"，使"博爱"在超阶级的理想中走向虚幻和虚伪；三是从马克思主义具体的、历史的框架下来审视，对人民的无限热爱实质上有其特定的博爱内涵，或者说"对人民的爱"反映了真实的博大情怀。从这个意义上说，"博爱"之于马克思主义的真精神具有巨大的理论潜能和实践意义。

资产阶级所谓的"博爱"脱胎于基督教神学，这也使其具有普遍而抽象化的价值律令。耶稣基督在教训中说："我赐给你们一条新命令，乃是叫你们彼此相爱；我怎样爱你们，你们也要怎样相爱。"虽然资产阶级在运用"博爱"反对封建专制时逐渐隐去"博爱"宗教神学的外衣，却保留了其作为神性信条的普遍抽象性要求。在资产阶级反对封建专制的过程中，"博爱"信条曾经成为凝聚各类被压迫力量的纽带；但是在资产阶级政权确立之后，"博爱"的超阶级性恰恰为遮蔽"资本逻辑"阶级剥削本质创造了条件。它表面上号召不同阶级的人以彼此间友爱超越一切纷争、对立乃至仇杀，实质上将资产阶级的剥削压迫掩藏进温情的无差别之爱中。恩格斯对此嘲讽道："本应把一切人都联合起来的爱，则表现在战争、争吵、诉讼、家庭纠纷、离婚以及一些人对另一些人的尽可能的剥削中。"①毛泽东指出："世上决没有无缘无故的爱，也没有无缘无故的恨。至于所谓'人类之爱'，自从人类分化成为阶级以后，就没有过这种统一的爱。"②由此可见，马克思主义所批判的是资产阶级为掩盖阶级矛盾所提倡的"超阶级泛爱"，马克思主义主张以阶级分析法审视社会历史发展和人的社会关系，与这种虚伪的"超阶级泛爱"是决然对立的。正如恩格斯所说："我们驳斥一切想把任何道德教条当作永恒

① ［德］马克思，恩格斯.马克思恩格斯选集（第4卷）［M］.北京：人民出版社，1995：240.
② 毛泽东.毛泽东选集（第3卷）［M］.北京：人民出版社，1991：871.

的、终极的、从此不变的道德规律强加给我们的企图……社会直到现在还是在阶级对立中运动的,所以道德始终是阶级的道德。"①人类社会发展至今,尽管资本主义的发展方式与政策不断调整,但以普遍博爱之名行维护资产阶级利益之实的本质从未改变。在三年来的新冠肺炎疫情面前,中国党和政府始终把人民群众的生命安全和身体健康摆在第一位,党中央国务院运筹帷幄,百万白衣天使冲锋在前,解放军战士保驾护航,社区工作人员昼夜奋战,14亿中国人万众一心,充分彰显了中国国家治理强大的领导力、坚实的组织力、高效的动员力和强大的凝聚力,展现了万众一心、同舟共济的博爱情怀。相比之下,西方世界表现出的治理能力的孱弱、社会阶层的撕裂、防控效能的拙劣,特别是美国爆发的种族暴力冲突与疫情防控失效的相互交织,给资产阶级博爱的虚伪性写下了最鲜活的注脚。

马克思主义博爱理想为社会主义社会博爱文化指明了方向。恩格斯曾在《家庭、私有制和国家的起源》中假借摩尔根的"对文明时代的评断"来阐发科学社会主义的价值内涵:"管理上的民主,社会中的博爱,权利的平等,普及的教育,将揭开社会的下一个更高的阶段,经验、理智和科学正在不断向这个阶段努力。这将是古代氏族的自由、平等和博爱的复活,但却是在更高级形式上的复活。"②由此可见,马克思主义非但不拒斥博爱,而且认为"社会的博爱"是共产主义这一理想社会的基本价值导向,是对原始社会中"原始公有制"的更高水平的复活。

把握"马克思主义博爱文化何以可能"的问题关键在于,马克思主义从什么意义上理解"博爱"。马克思主义认为,真正的博爱应表现为对广大人民群众真实而无私的公共关怀,它绝不能超越阶级,而且内蕴着对反人民文化世界的尖刻批判。这种博爱文化与对一切人含情脉脉的温情"泛爱"是根本不同的。在社会主义初级阶段,公有制已然在社会物质生产方式中扮演决定性地位,即使我们还不能铲除"资本逻辑",但社会主义的价值导向与

① [德]马克思,恩格斯.马克思恩格斯选集(第3卷)[M].北京:人民出版社,1995:435.
② [德]马克思,恩格斯.马克思恩格斯选集(第4卷)[M].北京:人民出版社,1995:179.

"资本逻辑"保持着特定的距离，能够实现对"资本逻辑"的有效规制，具备了使"资本逻辑"由为少数人服务转化为全体人民谋求公共福祉的条件。马克思主义博爱文化所倡导的"博"并非指普罗天下的一切人，而是指能代表社会历史发展趋向的"大多数人民群众"，与人民为敌的反面势力自然不能包含在内；社会主义所倡导的"爱"也不是单纯的生理欲望或社会情感，而是对人民群众公共福祉的真切关怀和不懈追求。马克思主义博爱文化就是站在广大人民群众的立场上，既肯定了博爱理应具有的阶级属性，又赋予博爱最广阔的滋生土壤，使博爱牢牢根植于社会主义的物质经济基础之上，成为对广大人民利益获取、价值实现最真切的公共关怀。

从这个意义上讲，马克思主义批判的是在资本主义价值体系中被曲解、利用和披上伪善外衣的"博爱"，肯定的是符合人民群众价值追求和文化理想的具体的、历史的博爱精神和博爱情怀。资产阶级倡导的"对一切人的泛爱"并不是真正的博爱文化，只有对广大人民群众的真挚情感与价值关照才是人类博爱精神的现实复归。马克思主义博爱文化赋予"博爱"具体的、历史的内涵，体现了对博爱人民性的价值追索，从本质上宣誓了马克思主义博爱文化不仅是可能的，而且是必须和必要的，我们应当理直气壮地宣扬马克思主义博爱文化和社会主义人道精神。

二、马克思主义博爱文化的价值意蕴

（一）马克思主义博爱文化的价值基点：现实的人

马克思主义继承发展了西方哲学历史传统，与文艺复兴价值和启蒙运动精神一样，提倡肯定、尊重和关怀人的价值。所不同的是，马克思主义以实践观为基础，超越了西方式博爱中的"抽象的人"，第一次赋予了"人"以现实的内涵。第一，人是自然存在物。"全部人类历史的第一个前提无疑是有生命的个人的存在。因此，第一个需要确认的事实就是这些个人的肉体组织以及由此产生的个人对自然的关系。"[①]第二，人是社会历史性的存在物。

---

① ［德］马克思，恩格斯.马克思恩格斯选集（第1卷）［M］.北京：人民出版社，1995：67.

人不是抽象的"上帝创造物",其总是处于特定的社会关系与实践情境中,从属于一定的阶级或社会集团,其活动方式和方向都深受它所处的阶级的影响和制约。"他们不是作为个人而是作为阶级的成员处于这种共同关系中。"①第三,人是精神存在物。由于"支配着物质生产资料的阶级,同时也支配着精神生产资料"②,因而统治阶级的精神活动决定着社会的精神面貌和价值取向,也决定了人的实践活动的目的和方向。马克思主义博立足于"现实的人"这个价值基点,批判了"抽象之爱",把"博爱"拉回现实的着力点上。

（二）马克思主义博爱文化的价值立场:谋求人类利益最大化

谋求个人利益最大化还是谋求人类利益最大化是马克思主义博爱文化与资本主义博爱文化的本质区别。资本主义博爱思想建基于抽象的人性论基础之上,是借博爱之名而掩盖其为少数人谋利益之实。正如马克思所说:"每个企图取代旧统治阶级的新阶级,为了达到自己的目的不得不把自己的利益说成是社会全体成员的利益。"③资本主义博爱文化正是以这种"普遍形式"论证资产阶级统治秩序的合理性,成就资产阶级的"阶级之爱",从而谋求资产阶级阶级利益的最大化。

马克思主义的"人民之爱"之所以被称为真正的博爱,是因为它谋求人类利益的最大化。马克思主义在《青年在选择职业时的考虑》中写道:"如果我们选择了最能为人类福利而劳动的职业,那么,重担就不能把我们压倒,因为这是为大家而献身;那时我们所感到的就不是可怜的、有限的、自私的乐趣,我们的幸福将属于千百万人,我们的事业将默默地、但是永恒发挥作用地存在下去,面对我们的骨灰,高尚的人们将洒下热泪。"④这既表现了马克思"为人类而工作"的博爱情怀,也说明了马克思从始至终都是一个"为多数人谋利益"的博爱者。马克思主义博爱价值观中所指称的"类利益"是在

---

① ［德］马克思,恩格斯.马克思恩格斯选集(第1卷)［M］.北京:人民出版社,1995:121.

② ［德］马克思,恩格斯.马克思恩格斯选集(第1卷)［M］.北京:人民出版社,1995:98.

③ ［德］马克思,恩格斯.马克思恩格斯选集(第1卷)［M］.北京:人民出版社,1995:100.

④ ［德］马克思,恩格斯.马克思恩格斯全集(第40卷)［M］.北京:人民出版社,1982:1004.

"类的利益之中包含着群体的利益,群体的利益之中包含着个体的利益,当然,类的利益之中也包含着个体利益,但同时,个体的利益并不直接与群体的利益完全重合……当然更不直接与类的利益重合……个体在追求自身利益的同时,一定要考虑到群体的、类的利益,只有如此,人才是一个完整的、真正的、有尊严的人。"①这段话说明了两层含义:一是个人利益应以不妨碍社会公共利益的实现为底线。"每个人都互相妨碍别人利益的实现,这种一切人反对一切人的战争所造成的结果,不是普遍的肯定,而是普遍的否定。"②二是要实现个人利益与社会公共利益相互促进。博爱最关键的是个人对群体和公共事务的情感表达,但这种情感释放不可能是抽象的"温情",而必须以现实的利益为基础。马克思主义博爱既不要求个人一味关怀和服膺于公共利益,也不要求公共利益无限度让度于个人,而是在多元互动中找到为人类共同接纳的利益和价值契合点,站在类群生存价值本位的高度实现对人类利益的追求,谋求个人、群体和人类利益的有机统一,实现个体与群体情感上的良性互动、利益上的彼此满足和价值上的同构互塑。

(三)马克思主义博爱文化的价值旨归:每个人自由而全面的发展

人类解放的历史叙事和价值目标是马克思主义博爱文化的终极归宿。资产阶级打着博爱价值的幌子,却没有为人类博爱真正找到现实的制度出路。马克思主义始终致力于人类理想制度范型的探索与构建,试图在每个人自由全面发展中实现人类解放,在人类解放中促进每个人自由全面的发展,在个人、群体、人类的互养相成间实现最真实的博爱理想,并在社会主义和共产主义事业的伟大实践中力求找到人类博爱价值真正实现的长效制度机制。

在马克思主义视野中,这个人类理想制度范型要达成的目标就是建立"自由人的联合体"——"代替那存在着阶级和阶级对立的资产阶级旧社会

①　易小明.从人的三重利益诉求看先进伦理文化建设[J].河南师范大学学报(哲学社会科学版),2013(2):33-36.

②　[德]马克思,恩格斯.马克思恩格斯全集(第40卷)[M].北京:人民出版社,1995:106.

的,将是这样一个联合体,在那里,每个人的自由发展是一切人自由发展的条件"①。这反映了对类群价值的博爱追求和对个体价值的博爱关怀,展现了马克思主义博爱文化的价值旨归。

其一,马克思主义博爱文化立足于"现实的人",着眼于实现对人社会关系的合理性建构。在私有制背景下,生产与劳动相分离,使人的能力服从于物的力量。在社会主义初级阶段,尽管也存在一些不合理分工,但社会主义强调生产与劳动的科学实践,把消除不合理社会分工、推动社会分工的人道化建构作为实现人的自由全面发展的必要条件。"个人力量由于分工而转化为物的力量这一现象……只能靠个人重新驾驭这些物的力量,靠消灭分工的办法来消灭。没有共同体,这是不可能实现的。只有在共同体中,个人才能获得全面发展其才能的手段,也就是说,只有在共同体中才可能有个人自由。"②

其二,实现人的自由自觉的劳动。马克思指出:"一个种的全部特性、种的类特性就在于生命活动的性质,而人的类特性恰恰就是自由的、自觉的活动。"③自由自觉性是人的劳动的应然属性,劳动本身应当是指向人的自由的,这也是马克思主义博爱文化对未来的价值关切。在资本主义社会,工人的劳动成果、劳动过程和劳动本身都身不由己,导致人的生存境遇的"非人道性"。因此,马克思提出"共产主义革命则反对活动的旧有性质,即消灭劳动"④。一是消灭建立在私有制基础上的压制人的类群本质的异化劳动;二是实现在公有制基础上的自由自觉的劳动。在自由自觉状态中,人的劳动已不单单是谋生的手段,更是"自由个性"充分张扬的舞台,人发展着自己全方位的能力体系,实现对自然、社会和人自身的共同占有,人真正成为劳动的主人,自主地支配着整个生活世界。

① [德]马克思,恩格斯.马克思恩格斯选集(第1卷)[M].北京:人民出版社,1995:294.
② [德]马克思,恩格斯.马克思恩格斯选集(第1卷)[M].北京:人民出版社,1995:118-119.
③ [德]马克思,恩格斯.马克思恩格斯全集(第42卷)[M].北京:人民出版社,1979:96.
④ [德]马克思,恩格斯.马克思恩格斯全集(第3卷)[M].北京:人民出版社,1960:78.

其三,个人全面发展的价值目标反映了马克思主义博爱文化的终极关怀。联合起来的共同体是人的公共性的价值表达方式,成为马克思主义博爱价值和理想实现的最佳场域。"在真正的共同体的条件下,各个人在自己的联合中并通过这种联合获得自己的自由。"①自由人的联合体就是个人不受任何外在力量的支配而自主地开展实践活动,引导个体与共同体相互关怀。这个共同体建立在财产公有制基础之上,是个人合理私人财产和价值的公共确认形式。"真正的共同体并不意味着完全否定私有财产,而是对私有财产即人的自我异化的积极的扬弃……是在协作和对土地及靠劳动本身生产的生产资料的共同占有的基础上,重新建立个人所有制。"②因此,自由人联合体既是人类文明的高级形态,也体现了最高层次的博爱价值关怀。

三、中国共产党人对马克思主义博爱文化的实践发展

作为马克思主义博爱精神的忠诚信奉者和坚定实践者,一代代中国共产党人不断发展着马克思主义博爱文化,逐渐形成了革命的博爱情怀和社会主义的博爱价值。革命的博爱情怀主要体现在革命战争实践中把整个中华民族和中国人民的根本利益看得高于一切,救人民于水火之中,领导人民翻身做主人,始终坚持为人民服务的宗旨,引导个体与国家相互支撑,在实现个人梦想的基础上共同为实现中华民族伟大复兴的中国梦而努力奋斗,体现了社会主义应有的博爱价值追求。共产党人讲博爱,最核心的就是对人民的无限热爱。革命博爱和社会主义博爱一脉相承,在不同历史时期展现出不同的存在形态和表达方式,在理论和实践中不断丰富和拓展着马克思主义博爱文化的人民性内涵。

(一)毛泽东"为人民服务"的博爱思想

"为人民服务"是中国共产党博爱价值的最高准则。毛泽东指出:"我们的共产党和共产党所领导的八路军、新四军,是革命的队伍。我们这个队伍

---

① 〔德〕马克思,恩格斯.马克思恩格斯选集(第1卷)[M].北京:人民出版社,1995:119.
② 〔德〕马克思,恩格斯.马克思恩格斯选集(第1卷)[M].北京:人民出版社,1995:267.

完全是为着解放人民的,是彻底地为人民的利益工作的。"①毛泽东把博爱理想根植于人民解放事业中,树立起马克思主义博爱文化发展史上最伟大的丰碑。

人民是一个政治概念,在不同历史时期、不同性质的社会条件下,"人民"的内涵是不同的。在无产阶级革命政权的价值视野中,人民是指不同历史时期代表历史发展进步方向,向着一切腐朽黑暗势力坚决斗争的价值主体。在人民民主专政的社会主义国家中,人民是指有别于个别敌对势力的广大群众。马克思主义博爱文化的人民性既告别了资产阶级博爱文化的空洞泛化,又代表了博爱精神历史发展的真正走向。马克思说:"过去的一切运动都是少数人的或者为少数人谋利益的运动。无产阶级的运动是绝大多数人的、为绝大多数人谋利益的独立的运动。"②人类自封建时代起就有"人民"的概念,但只有无产阶级政党提出了"为人民服务"这一主张,就是因为在封建国家和资本主义国家,人民是被统治的对象,所谓"仁政"绝非是民主政治,而是专制制度下的温和政治。人民不是政权的目的,而是支撑政权统治的工具。毛泽东指出,剥削阶级讲"爱民"是为了剥削,同喂牛是为了耕田和挤奶差不多,这充分揭示了封建阶级、资产阶级仁政和博爱的虚伪性。中国共产党人对人民的博爱,既反映了马克思主义博爱文化的阶级性,又彰显了马克思主义博爱文化的广泛性和真实性。正如毛泽东所指出:"共产党就是要奋斗,就是要全心全意为人民服务,不要半心半意或者三分之二的心三分之二的意为人民服务。"③全心全意为人民服务,体现了中国共产党人最根本的博爱价值追求。

(二)邓小平"人民评价标准"的博爱立场

邓小平承袭了毛泽东为代表的中国共产党人"为人民服务"的博爱价值传统,指出:"共产党员的含意或任务只有两句话:全心全意为人民服务,一

---

① 毛泽东.毛泽东选集(第4卷)[M].北京:人民出版社,1991:1004.

② [德]马克思,恩格斯.马克思恩格斯选集(第1卷)[M].北京:人民出版社,1995:283.

③ 毛泽东.毛泽东文集(第7卷)[M].北京:人民出版社,1999:285.

切以人民利益作为每一个党员的最高准绳。"①邓小平确立了改革开放成果的评价标准——即人民评价标准。一方面，我们做任何事情，都要看人民"拥护不拥护，赞成不赞成，高兴不高兴，满意不满意"。另一方面，我们做任何事情都要看是否符合"三个有利于"。邓小平"人民评价标准"的博爱立场，从理论到实践上发展了马克思主义博爱文化。

（三）江泽民"代表最广大人民根本利益"的博爱取向

改革开放以来，我国社会经济结构发生了很大变化，出现了民营企业、外资企业从业人员等新的社会阶层，"人民"的内涵也随之扩大，江泽民在"三个代表"中提出"代表最广大人民的根本利益"体现了不同群体的合理利益诉求。江泽民指出："在社会主义条件下，人民群众的根本利益是一致的，但是，在不同的阶级和阶层，也有不同的具体利益。我们在制定和执行政策时，一定要反复调查，充分论证，统筹兼顾，正确处理个人、集体、国家三者利益的关系，既体现长远的根本的利益，又照顾当前的利益；既考虑国家整体利益，也关心群众的现实要求。"②这充分反映了社会主义博爱价值关怀的真实性。

（四）胡锦涛"以人为本"的博爱精神

科学发展观对于我国尽最大可能规避"以物为本"的资本逻辑具有重大现实意义，体现了深刻的博爱精神。我们可以从三个方面解读以人为本的博爱内蕴。一是"以什么样的人为本"。以人为本中的"人"指受法律保护的全体公民。2004 年通过的宪法修正案，首次明确规定"国家尊重和保障人权"，2020 年颁布的《民法典》更是对人权法治化的进一步确认和升华，这是马克思主义博爱价值观在法律层面的生动体现。二是"以人的什么为本"。个人合理的需要和利益、个人的人格和权利、个人实现全面发展的价值愿景，构成了"以人为本"的基本内容。三是"怎样以人为本"。胡锦涛指出："坚持以人为本，就是要以实现人的全面发展为目标，从人民群众的根本利

①　邓小平.邓小平文选(第 1 卷)[M].北京：人民出版社,1994：257.

②　江泽民.江泽民文选(第 1 卷)[M].北京：人民出版社,2006：99.

益出发谋发展、促发展,不断满足人民群众日益增长的物质文化需要,切实保障人民群众的经济、政治和文化权益,让发展的成果惠及全体人民。"①把人民群众根本利益作为着眼点,充分彰显了以人为本的博爱实践精神。

（五）习近平"以人民为中心"的博爱情怀

"以人民为中心"体现了新时代习近平中国特色社会主义思想的博爱价值情怀。"以人民为中心"既有中国古代民本思想的渊源,又与其有着本质的区别。中国古代民本思想的致思逻辑在于"官—民"的等级结构,即"以民为本"的承担者是官员,民依然是官的统治对象,是否"以民为本"要看统治者是否是"明君"或"青天"。习近平"以人民为中心"思想的致思逻辑是"人民公仆（人民勤务员）—人民"的服务型结构,社会主义的官员不是"官老爷",而是人民公仆,是人民勤务员,他们来自于人民、为了人民、真正把人民当成治国理政的目的而非手段,其本身也是人民的一员;他们的权力由人民赋予,理应为民所用。

一是人民是改革发展的价值主体。习近平指出:"人民不是抽象的符号,而是一个一个具体的人,有血有肉,有情感,有爱恨,有梦想,也有内心的冲突和挣扎。"②"人民是历史的创造者,群众是真正的英雄。人民群众是我们力量的源泉。我们深深知道:每个人的力量是有限的,但只要我们万众一心,众志成城,就没有克服不了的困难。"③这从历史和现实高度肯定了人民在新时代中国特色社会主义实践中的地位和作用。"把人民放在第一位"和"依靠人民"是最深层次的博爱逻辑。

二是把人民对美好生活的向往作为价值目标。习近平说:"我们的人民热爱生活,期盼有更好的教育、更稳定的工作、更满意的收入、更可靠的社会保障、更高水平的医疗卫生服务、更舒适的居住条件、更优美的环境,期盼着

---

① 胡锦涛.高举中国特色社会主义伟大旗帜为夺取全面建设小康社会新胜利而奋斗——在中国共产党第十七次全国代表大会上的报告[M]北京:人民出版社,2007:11.

② 习近平著作选读(第一卷)[M].北京:人民出版社,2023:291.

③ 习近平.习近平谈治国理政[M].北京:外文出版社,2014:2.

孩子们能成长得更好、工作得更好、生活得更好。人民对美好生活的向往，就是我们的奋斗目标。"①党的十九大把新时代中国社会的主要矛盾确定为"人民日益增长的美好生活需要和不平衡不充分的发展之间的矛盾"，提出："要坚持在发展中保障和改善民生，在幼有所育、学有所教、劳有所得、病有所医、老有所养、住有所居、弱有所扶上不断取得新进展，保证全体人民在共建共享发展中有更多获得感。"②进一步将社会主义博爱的人民性内涵具体化和真实化，体现了中国共产党对人民幸福和人的全面发展的自觉担当。

三是把人民共享发展成果作为价值归宿。把人民共享改革成果作为新发展理念的核心内容，2020 年前，我们党紧紧围绕"全面建成小康社会，一个也不能少"的执政目标，使一个 14 亿人口的大国全部消除了绝对贫困；当前，我们党又领导全国人民开启了全面实现共同富裕的新征程。我们有理由相信，新时代的中国必将创造人类最先进的博爱理念、博爱价值和博爱模式，实现对博爱文化的价值升华与意义复归。

①　习近平.习近平谈治国理政[M].北京:外文出版社,2014:2.
②　习近平.决胜全面建成小康社会,夺取新时代中国特色社会主义伟大胜利[M].北京:人民出版社,2017:23.

新时代博爱精神的生成逻辑与时代呈现

沈 卫①

习近平总书记指出:"人无精神则不立,国无精神则不强。精神是一个民族赖以长久生存的灵魂,唯有精神上达到一定的高度,这个民族才能在历史的洪流中屹立不倒、奋勇向前。"②新时代博爱精神是在全面建设社会主义现代化强国的历史进程中,中国人民所迸发出的普遍的爱以及由此凝聚起来的精神及其气象的总和。它是中国精神在新时代的体现,表现为"大爱"的情怀、"大义"的担当和"大侠"的修为。它是凝聚文化软实力的思想基础,为实现中国民族伟大复兴提供强大的精神力量。

追根溯源,新时代博爱精神从中华民族历史深处走来,历经革命文化的锻造,是与新时代中国特色社会主义文化需求有机融合的文化精魄。它植根于中华民族优秀文化之中,吸纳了马克思主义博爱理论的精华,彰显于社会主义先进文化之中。

一、传统仁爱文化为新时代博爱精神的生成奠定了思想根基

中华民族是博爱的民族,中华文化是充满博爱情怀的文化。"博爱"的观念和境界,携带中华文化自身基因,深深地浸润于传统仁爱文化及其生命智慧的源头活水之中,使中华民族在 5000 年中一直保有和谐的凝聚力、亲

① 沈卫,女,1967— ,江苏常州人,硕士,教授,南京特殊教育师范学院马克思主义学院教师,研究方向:高校思想政治教育。

② 习近平.习近平谈治国理政(第二卷)[M].北京:外文出版社,2017:47-48.

和力、向心力而得以绵延不衰。

《史记》云:"天下明德皆自虞帝始。"①说的是虞帝开启了中华德治的先河。孟子说:"大舜有大焉,善与人同,舍己从人,乐取于人以为善。"②舜的一生都乐于向人学习,特别是学习他人的善处,以顺从民意。善就是对所有人的无私大爱,也就是博爱。舜爱人,人也爱舜,都愿意聚集到舜的周围。舜统治天下时善于将爱的情感与善的德行融为一体。这就是儒家推崇的"仁政"的源头。由此看出,博爱观念萌发于舜帝的善行和先民们对善治的期许。它的出现和被提倡本身已经具备了一种普遍性的意义。

商周以后,观念层面的博爱思想逐渐孕育。《国语》中就有书证:春秋后期,晋公子孙周侍奉周王的卿士单襄公时"言仁必及人",深得单襄公赏识。单襄公评价孙周"爱人能仁",品行完美必会成为晋国的新君。③韦昭注《国语》的解释便是:"博爱于人为仁""言爱人乃为仁也"。由此可见,在孔子之前,人们已经以博爱释仁,以爱人为仁。中国的博爱观念一开始就带有道德的色彩,与西方博爱的宗教意蕴截然不同。

到了春秋战国时期,形成了以儒家"仁爱"、墨家"兼爱"、道家"大仁"观为代表的博爱思想体系。儒家"仁爱"从"亲亲"出发,并扩展到"泛爱众",充分展示了"爱人"的宗旨。墨家"兼爱",主张"使天下兼相,爱人若爱其身",突出"爱无差等"。④道家"大仁",崇尚自然,强调"泛爱万众,天地一体也"⑤,甚至"至仁无亲",主张超越式的爱。虽然儒墨道观点各有不同,但是基本围绕"仁"这个核心展开,并以爱释仁。汉代以来,罢黜百家,独尊儒术,墨家和道家式微,儒家的"仁爱"思想进一步发展。董仲舒等人将天与仁对训,认为"仁之美者在于天。天,仁也"⑥,将仁爱的普遍向度加以凸显。唐代

①　司马迁.史记·五帝本纪[M].北京:中华书局,2013:51.

②　焦循.孟子正义(卷七)[M].沈文倬点校.北京:中华书局,1987:240.

③　左丘明.国语(卷三)[M].上海:上海古籍出版社,1988:94,96.

④　墨子.墨子[M].方勇译注.北京:中华书局,2105:122.

⑤　庄子.庄子[M].方勇译注.北京:中华书局,2105:585.

⑥　董仲舒.春秋繁露[M].周桂钿译注.北京:中华书局,2000:151.

韩愈提出"博爱之谓仁"①的观点,直接将仁爱与博爱划上等号。宋代程颢主张"仁者,浑然与物同体"②,突出了"仁"涵盖万物的统摄力。张载则提出"民吾同胞,物吾与也"③的著名论断,重申血缘伦理和普遍的爱之间的"一本"性。明代王阳明"心学",以"致良知",构建"万物一体"、"天下一家"理想社会。近代,康有为在孔孟"以爱释仁"的基础上,把"仁"升格为人类伦理和行为规范的最高准则加以推崇。而孙中山则从资产阶级民主思想出发,提出"博爱云者,为公爱而非私爱"④的博爱观。他把资产阶级的政治诉求与中国的传统仁爱理论结合起来,倡导"救国之仁",具有反封建的进步意义。纵观历史长河,我国博爱观点纷呈,但"博爱之为仁"的思想一脉相承,充分显示了中国传统仁爱的"爱基于公"的特征。

(一) 天下大同的施爱目的

东周时期,中国社会处于划时代的历史变革中,周王室衰微,诸侯争霸,礼崩乐坏,人的生命朝不保夕,祸福难测,社会处于动荡之中。思想家们纷纷登上历史舞台,开出解救社会于苦难的药方,产生了各样的关于理想社会的设计。《礼记·礼运》借孔子之口这样描述大同世界:"大道之行也,天下为公,选贤与能,讲信修睦。故人不独亲其亲,不独子其子,使老有所终,壮有所用,幼有所长,鳏寡孤独废疾者,皆有所养。男有分,女有归。货恶其弃于地也,不必藏于己;力恶其不出于身也,不必为己。是故谋闭而不兴,盗窃乱贼而不作,故外户而不闭,是谓大同。"⑤儒家眼里的美好社会,不在于物质财富的极度丰富,而在于每个人能够从"公"的角度出发来维系道德人伦,实现人与人之间真正的互爱和关怀。要实现这样的大同理想,儒家开出的药方就是提倡"仁爱",推行"忠恕"之道。朱熹在《论语集注》中解释"忠恕":"尽己之谓忠。"意思是尽自己的心,就是忠。尽心待人,忠于本心,心无二

---

① 韩愈.韩昌黎文集校注(上)[M].马其昶校注.上海:上海古籍出版社,2014:15.

② 程颢,程颐.二程集(卷2上)[M].北京:中华书局,2004:16-17.

③ 张载.张载集[M].章锡琛点校.北京:中华书局,1978:62.

④ 尚明轩.孙中山全集(第6卷)[M].北京:中华书局,1986:22.

⑤ 礼记[M].陈澔注.上海:上海古籍出版社,2016:248.

心,意无二意。"推己之谓恕。"①意思是推己及人,把自己推到他人之境,推想别人之心,量度他人之苦。这样,可以把对亲人和家族的爱可以推广到家族以外的人,把对一个邦国的关切推广到整个天下。"忠恕"并行,大同社会的理想就可以实现。

（二）万物一体的施爱范围

说到儒家仁爱的施爱范围,很多人认为儒家讲"爱有差等",不讲博爱,以至于"泛爱众"和"博爱之谓仁"等观点形同虚设。其实,儒家讲"爱有差等"别有深意,它揭示了博爱存在的真实状态以及其内在的顺序和层次。孔子给仁下定义时说:"仁者人也,亲亲为大。"②就把爱亲族作为最大的仁。《孟子·尽心上》云:"君子之于物也,爱之而弗仁;于民也,仁之而弗亲。亲亲而仁民,仁民而爱物。"东汉赵岐注:"先亲其亲戚,然后仁民;仁民然后爱物。用恩之次也。"言"亲"、"民"、"物"有别,故"君子布德,各有所宜。"③孟子区分了爱的层次差异:首先是血亲之爱,它是爱之中最自然最亲密的一个层次;其次为仁民之爱,这是后天产生的人与人之间的情感;最后是万物之爱,这是后天产生的人与物之间的情感。孟子认为,只有当你能够亲爱亲人时,才有可能推己及人地去仁爱百姓;只有当你能够仁爱百姓时,才有可能爱惜万物,成就更为博大、无私的爱。这三者虽有亲疏的差别,却又有着内在的必然联系。这种联系孟子用"一体"论加以圆融解释。孟子承认对于兄弟之子的爱和对于邻家之子的爱必然有差别,但是并不影响从家庭的"亲亲"发展到普遍的"泛爱众"。因为,儒家的概念中"仁"最为根本的内涵是"道"。《孟子·尽心下》云:"仁也者,人也。合而言之,道也。"④道是宇宙最普遍的善,它赋予人和万物以普遍的生命本质。儒家内在之"仁"是通过个体在对象性关系之中情感的恰当表达来实现的。对于个体而言,家庭是其生命中

---

① 朱熹.四书集注·论语集注[M].长沙:岳麓书社,2004:81-82.

② 朱熹.四书集注·中庸章句[M].长沙:岳麓书社,2004:32.

③ 孟子.孟子注疏[M].赵岐注,孙奭疏.上海:上海古籍出版社,1990:244-245.

④ 朱熹.四书集注·孟子集注[M].长沙:岳麓书社,2004:405.

遇到的第一个生活共同体,理应成为源于天道之善得以表达的原始场域。在家庭场域中,通过血缘的"亲亲之爱",承担家庭中不同对象性关系(如父子、兄弟、长幼等)之中的伦理责任,历练个体处理人与人关系的能力。到了社会场域中,个体就可以运用已经练就的家庭伦理及担当能力"推己及人"。儒家的"仁爱"虽然以宗法血缘之爱登场,最终却能突破"亲亲"的局限,走向更为无私和博大的伦理道德之爱,使"仁爱"的光芒普照"天下",以实现"大道之行也天下为公"的美好理想。

由此可见,将儒家的"仁爱"仅仅理解为"差等之爱"是十分片面的。儒家"仁爱"其实包含"差等之爱"和"一体之仁"两个方面。两者是目的和手段的关系:"一体之仁"荀子谓之"兼爱""兼而爱之",是"仁爱"的目的,"差等之爱"是手段,通过"推扩"的方式最终走向"一体之仁",实现爱的超越。儒家的亲亲之爱作为爱的逻辑起点,把爱的本根基础设定在人能够普遍体悟的亲情之上,扎实了"泛爱众"的根基。这就像植物生长一样,只有先生了根,才能发芽长叶直至枝繁叶茂。这样的博爱较之墨家的"兼爱"无差等和道家的"至仁无亲",更契合生活实际。

(三)重义轻利的施爱行为

儒家的"仁爱"是饱含道德伦理的爱,"仁"的德性是通过"爱"的情感方式来实现的,而"爱"的现实表达之于其相应的伦理责任就是"义"。出自理性的"义"是用来节制源于亲情之爱的"仁",以调节人与人之间的利益关系。这就是《韩诗外传》所说的"爱由情出谓之仁,节爱理宜谓之义"[①]。因此,儒家把"仁义"并称,并将其作为指导人们道德行为的最高准则,处理好义利、公私、国家等的关系。

在处理义利的关系时,儒家认为,义是功利价值得以实现的根本保障,应以义制利、重义轻利。孔子所谓的"君子喻于义,小人喻于利"[②],用君子与小人对于义利的取舍,突出了君子义重于利的价值追求。荀子的"先义而后

---

① 韩婴.韩诗外传集释[M].许维遹校.北京:中华书局,1980:153.
② 朱熹.四书集注[M].长沙:岳麓书社,2004:82.

利者荣,先利而后义者辱"①以及董仲舒的"正其谊(义)不谋其利,明其道不计其功"②等观点,直接明确了义在利前的道德要求。而孟子的一句"舍生取义"③直接把义放在超越生命的最高位置。

在处理公私关系和家国关系时,儒家认为,公是人道与天道的贯通,应先公后私、克己复礼。荀子所谓"无有作好,遵王之道;无有作恶,遵王之路。此言君子之能以公义胜私欲也"④,要求君子区分公共道德和私人欲求,并以公共要求克制私人欲求,把公共要求放在首位。《礼记》中的"大道之行也,天下为公"说的也是这个道理。宋代二程提出"公则一,私则万殊,至当归一,精义无二"⑤的观点,直接用"一"与"万殊"来比喻"公"与"私"的关系,使得"公"具有了形而上的主宰性与原则性,"私"则成为被"公"统领的形而下的对象。因此,正确处理"大公"与"小私"的价值取舍,以国家、民族、民众利益为重,自觉地为国家民众效力,"先天下之忧而忧、后天下之乐而乐"成为处理公私关系和家国关系时不二之选。而那些秉承家国天下的理念,把维持天下公道、人间大义作为己任,不惜牺牲自己的人,被誉为"侠义之士"并流芳百世。

二、革命文化为新时代博爱精神的生成熔铸了理论内核

革命文化是马克思主义文化范畴中的一种特殊形态,是近代、特别是"五四"运动以来,中国共产党领导中国人民在伟大斗争中形成的思想理论、价值追求、精神品格的总和。它诞生于血与火的革命岁月,是中国革命实践的光辉产物,与革命的发展交相辉映。中国近代百年的革命斗争史是中华民族的抗争史,也是革命文化的淬炼史。

马克思主义是关于全世界无产阶级和全人类彻底解放的学说,揭示了

---

①　张觉.荀子译注[M].上海:上海古籍出版社,2012:32.

②　班固.汉书[M].颜师古注.北京:中华书局,2016:1918.

③　朱熹.四书集注·孟子集注[M].长沙:岳麓书社,2004:366-367.

④　张觉.荀子译注[M].上海:上海古籍出版社,2012:19.

⑤　程颢,程颐.二程集(卷15)[M].北京:中华书局,2004:144.

自然、社会和思维发展的普遍规律。在各种意识形态和救中国方案的选择中,中国共产党和中国人民选择了马克思主义,并把它确立为指导思想,写在自己的旗帜上。从此,中国人在精神上由被动转入主动。在马克思主义指导下,革命文化对包括博爱文化在内的中华优秀传统文化进行了再生再造和凝聚升华,并在革命实践中加以熔铸,形成了建构"自由人联合体"的博爱理想、以人民为中心的博爱立场以及集体主义的博爱原则,为新时代博爱精神提供了理论内核。

(一) 建构"自由人联合体"的博爱理想

在人类社会的历史发展中包含个人与共同体、个人与个人、每个人与一切人、一国之人同世界各国之人等四重最基本的关系。在不同的历史发展阶段,这四重关系的处理内容和方式不同,博爱理念也迥异。马克思主义关注的焦点始终是人类的前途和命运,其理论旨趣在于探寻正确处理这四种关系的路径。马克思在分析社会形态的基础上,提出了建构"自由人联合体"的博爱理想。

在前资本主义社会的"人的依赖关系"形态,生产力极其低,社会分工、商品交换都不发达。在这种经济基础上,个人与其生活的共同体捆绑在一起,形成了人与人之间基于血缘关系或人身依附关系的依赖性,道德的核心是利他主义。但由于不同等级之间经济关系的支配与从属性,利他主义是被动的,缺乏独立的自我意识和自我选择。因此,在此基础上形成的博爱常常是"差等之爱"。这也部分解释了倡导"爱无差等"的墨家为何走向没落的原因。在资本主义社会的"以物的依赖性为基础的人的独立性"的社会形态中,劳动者与生产资料分离,资本主导一切,解构了传统社会人身依附关系,建构了以个人原则为出发点并以物的关系为核心的共同体。每一个人都依赖于物,受物奴役,个人成为资本增殖的工具。在这种物的依赖关系中,"他人即地狱",每个人只须关心自己,利己主义盛行,根本不可能有真正意义上的博爱存在。

共产主义社会的"人的自由个性"形态,则克服了前两个阶段的局限性,形成了"自由人联合体"。在这个联合体中,个人与共同体之间消解了对立关系，个人通过共同体获得全面发展的条件，共同体也依赖个人，相互协调。人与人之间也不再以牺牲一部分人的发展来满足另一部分人发展的为条件，形成了平等互助的关系。在个人与一切人的关系中，"每个人的自由发展是一切人的自由发展的条件"①，个人也突破了一国的限制成为世界人。从而实现了个人与共同体、个人利益与公共利益、特殊性与普遍性的真正和解。这才有了真正意义上的博爱。

马克思、恩格斯指出，共产党是为实现共产主义而奋斗的政党。从诞生之日起，中国共产党就把实现共产主义、建构"自由人联合体"确立为最高理想。为了实现理想，无数仁人志士无私无畏、视死如归、前赴后继、矢志不移。夏明翰写道："砍头不要紧，只要主义真。"方志敏面对屠刀高唱："敌人只能砍下我们的头颅，决不能动摇我们的信仰！"他们是真正的博爱者。

（二）以人民为中心的博爱立场

马克思、恩格斯在《共产党宣言》中指出："过去的一切运动都是少数人的或者为少数人谋利益的运动。无产阶级的运动是绝大多数人的、为绝大多数人谋利益的运动。"②这既为马克思主义政党确定了根本的政治立场——以人民为中心的立场，也成为区别于其他政党的显著标志。

中国共产党讲的"人民"有两层含义：一是指大多数人，不能只为少数人服务；二是"每一个"，不能只重视集体而忽视个人。"以人民为中心"的博爱立场，是对历史唯物主义群众史观的坚持和发展。毛泽东说："人民，只有人民，才是创造世界历史的动力。"③这肯定了人民群众不仅是社会物质财富和精神财富的创造者，更是社会变革的决定力量。在民主革命时期，中国人民团结一致，浴血奋战，推翻了三座大山，实现了争取民族独立和自身解放的目标。在社会主义革命时期，中国人民本着"为有牺牲多壮志，敢教日月换新天"的豪情壮志，自强不息，成为国家的主人。事实证明：中国共产党和中

① ［德］马克思，恩格斯.马克思恩格斯文集（第10卷）[M].北京：人民出版社，2009：666.
② ［德］马克思，恩格斯.马克思恩格斯文集（第2卷）[M].北京：人民出版社，2009：42.
③ 毛泽东.毛泽东选集（第3卷）[M].北京：人民出版社，1953：1031.

国人民不仅善于打破一个旧世界,而且善于建设一个新世界。

"以人民为中心"要求中国共产党牢记为人民服务的宗旨,代表中国最广大人民的意志,与人民同呼吸、共命运、心连心,想问题、作决策、办事情都要站在群众的立场上,通过各种途径了解群众的诉求,真抓实干解民忧、纾民怨、暖民心。

(三)集体主义的博爱原则

集体作为人们的社会组合形式,有着与人类一样古老的历史。集体主义在不同的社会发展形态中,表现形式不同。在前资本主义社会的"人的依赖关系"形态下,集体主义表现为整体主义。此时,社会生产力水平较低,个体被血缘、宗族、土地等束缚,只能绝对服从整体利益,其个体利益和存在常常被忽视。资本主义社会终结了整体主义,追求个体的自由、平等和博爱。但资本主义私人占有的经济制度促使人成为资本的奴隶,人与人之间的关系只是金钱掩盖下的物与物之间的关系。所谓的集体利益只不过是掌握资本的资产阶级的利益。显然,这种集体主义具有欺骗性,是虚假的集体主义。只有到了共产主义,形成了"自由人联合体",才能产生真正的集体主义。在这样的集体中,人作为独立的人而存在,集体成为人实现全面发展的手段。"每个人为另一个人服务,目的是为自己服务;每一个人都把另一个人当作自己的手段互相利用。"[①]任何人要实现个体利益,都必须借助于他人的帮助。在互助互利中,集体利益得以产生,真正实现了个人利益与集体利益的统一。

集体主义,在政治生活中强调对集体、国家的忠诚;在经济生活中强调追求集体利益的同时保证个人正当权益的实现;在道德生活中强调人与人之间团结互助,维护集体利益和个人利益的统一。中国共产党是代表全人类的整体利益和长远利益的政党,遵从集体主义的博爱原则。革命英雄主义精神、"铁人"精神、雷锋精神、焦裕禄精神等都是集体主义原则的体现。

---

① [德]马克思,恩格斯.马克思恩格斯全集(第30卷)[M].北京:人民出版社,1995:198.

三、社会主义先进文化建设为新时代
博爱精神的弘扬提供现实场域

社会主义先进文化是我国社会主义制度建立以来,尤其是改革开放后,以马克思主义为指导,在中国特色社会主义的伟大实践孕育而成的"面向现代化、面向世界、面向未来"的社会主义文化。它包含思想道德和科学文化两大部分。先进的思想道德是社会主义意识形态的基本内容,决定了新时代博爱文化的性质,引领博爱文化发展的方向。先进的科学文化则是现代文明的知识基础,为促进社会全面进步提供智力条件。

当前,中国特色社会主义进入新时代,这是我国发展新的历史方位,标志着经历改革开放40多年发展的社会主义初级阶段进入了一个"新的历史阶段"。在这个新阶段,新思想、新价值、新方略、新斗争为新时代博爱精神的弘扬提供了新的契机。

（一）新思想指明爱的方向

以习近平同志为核心的党中央站在新的历史方位和历史起点上,系统回答了坚持和发展什么样的中国特色社会主义、怎样坚持和发展中国特色社会主义的重大课题。在治国理政的实践中丰富和发展了马克思主义关于人与自然、人与社会、国家与国家关系的理论,创新了马克思主义博爱观。在人与自然的关系问题上,提出"人与自然是生命共同体",要求我们"像保护眼睛一样保护生态环境",将生态文明纳入"五位一体"总体布局,确立了美丽中国建设新目标;在人与社会关系问题上,通过统筹推进"五位一体"建设,处理好人与人之间的经济、政治、文化、社会和生态关系,以满足人民群众美好生活需要;在国家与国家关系问题上,站在全人类整体利益的高度,超越国家间制度和发展阶段的差异,提出推动构建人类命运共同体,实现共同繁荣和共同发展。这些观点继承了实现无产阶级和全人类解放的思想主题,为新时代弘扬博爱精神指明了方向。

（二）新价值提供爱的遵循

当代中国,人民向往美好的生活,需要强大的价值支撑。党的十八大确定的"富强、民主、文明、和谐、自由、平等、公正、法治、爱国、敬业、诚信、友善"的社会主义核心价值观,为中国人民创造美好生活和弘扬新时代博爱精神提供了基本遵循。

在国家层面,社会主义核心价值观倡导"富强、民主、文明、和谐",符合我国人民实现中华民族伟大复兴的共同愿景,也是新时代博爱精神追求的价值目标;在社会层面,倡导"自由、平等、公正、法治",明确了中国特色社会主义的基本社会属性,是新时代博爱精神形成的社会条件;在个人层面,倡导"爱国、敬业、诚信、友善",明确了每一位公民应尽的责任和应该履行的义务,则是新时代博爱精神实现的具体标准,为社会主义核心价值观提供坚实基础。这三个层面的内容各有侧重又彼此贯通,体现了国家、社会和个人统一的价值理念。

大力弘扬新时代博爱精神必须体现国家、社会和个人三者利益的统一,在落细、落小、落实上下功夫。培育爱心是公民道德建设的基点,每个公民都能热爱祖国、爱岗敬业、诚信做人、友善待人,那么社会层面的公正、法治和国家层面的文明、和谐的价值观就能够落到实处,我国社会主义现代化国家"富强、民主、文明、和谐"的建设目标才能实现。

（三）新方略践行爱的担当

当今世界迎来新一轮大发展大变革大调整时期,不确定因素增多,给全球治理带来更多挑战。在错综复杂的全球问题和国际局势面前,以习近平总书记为领导核心的中国共产党人,提出和推进解决当前国际关系难题的新方略——坚持推动构建人类命运共同体,推动建设持久和平、共同繁荣的和谐世界,并把这一方略写入党章。更以言必信、行必果的诚意和担当,欢迎各国人民搭乘中国发展的"快车""便车",分享中国智慧和发展成果。世界各国人民每天都在见证以下鲜活事实:

在西方国家大谈弱肉强食的丛林法则、你输我赢的零和博弈等竞争法则时,中国政府和人民坚持天下一家,合作共赢。"一带一路高质量发展学术论坛"第二届年会公布了"一带一路"十年成绩单:"中国已与151个国家和32个国际组织签署200余份共建'一带一路'合作文件。""2013年至

2022 年中国与'一带一路'沿线国家货物贸易从 1.06 万亿美元增加至 2.07 万亿美元。""设立海外'一带一路'人才培养中心，增强'一带一路'科技创新人才培养能力。""加强对海上丝绸之路的研究。"……①

这一份沉甸甸的成绩单，充分展示了中国负责任大国的大爱担当。

在许多国家政府以"各人自扫门前雪"的思维方式和行动方式处理外交关系时，我国政府和人民遵循和平共处原则，在谋求本国发展中促进各国共同发展。双边、周边、亚太、中欧、中非、中拉、中阿……各大命运共同体应运而生，为各方共享和平、安全与繁荣探索路径。

在一些发达国家还在走"大国至上""国强必霸"发展道路时，我国政府和人民秉承相互尊重、理解、信任的平等交往理念，加强沟通，打造全球朋友圈。截至 2023 年 7 日，中国已经同 182 个国家建立外交关系，同 113 个国家和国际组织建立了不同形式的伙伴关系，朋友圈越来越大。

正如中国国际问题研究院国际战略研究所副所长苏晓晖所说："中国从不计较个人私利，而是着眼于人类长远发展，同各国共享发展机遇、实现合作共赢，为充满不确定性的世界注入了正能量。"②事实充分证明，中国共产党之大，不仅在于其体量大，更在于其胸襟大、担当大，无愧于世界第一大党的称号。

（四）新斗争彰显爱的力量

社会是在矛盾运动中前进的，有矛盾就会有斗争。站在新时代这个历史节点，我们比历史上任何时期都更接近于中华民族的伟大复兴。当然，"中华民族伟大复兴，绝不是轻轻松松、敲锣打鼓就能实现的"③，其艰巨复杂程度不亚于历史上的任何一场斗争。我们会遭遇各种艰难险阻，要应对重大挑战，抵御重大风险，克服重大阻力，解决重大矛盾。这就决定了在推进

---

① "一带一路"建设十周年成效显著　专家学者建言献策高质量发展［EB/OL］.中国新闻网,2023 - 03 - 06.

② 苏晓晖.70 年,中国的"朋友圈"越来越大［EB/OL］.人民网时政,2019 - 9 - 26.

③ 习近平.习近平谈治国理政(第三卷)［M］. 北京:人民出版社,2020:225.

新时代中国特色社会主义事业中,必须进行伟大斗争。

中国共产党人的斗争,"从来都是奔着矛盾问题、风险挑战去的"①。伟大斗争位列"四个伟大"之首,主要解决谁来干、干什么、怎么干的问题。斗争意味着牺牲,和平年代的斗争环境更复杂,斗争任务更艰巨,斗争程度依然激烈,就更需要极大的勇气和牺牲精神来应对。可见,伟大斗争本质上呈现的是一种精神状态和气势,彰显了爱的力量。从目的看,伟大斗争不仅仅是为了解决当前突出矛盾而选择的一种策略性工具,更是中国共产党人初心与使命的集中体现;从内容看,伟大斗争重点指向于反社会主义制度、危害人民利益、阻碍改革的顽瘴痼疾、分裂国家破坏社会稳定的行为以及重大自然灾害;从过程看,伟大斗争需要智慧与策略,掌握斗争艺术。要居安思危,做到精确研判风险挑战。要运筹帷幄,做到精准把握斗争大局。要灵活机动,做到敏锐把握出招时机,找准靶心,一击即中,务求必胜。

2020 年以来,在与新冠疫情的斗争中,党领导全国人民本着生命至上的价值追求,举国同心、舍生忘死、尊重科学,依靠集体的力量短时间内遏制了疫情传播,展现了与全世界人民命运与共的博爱情怀。这种伟大的"抗疫精神"正是新时代博爱精神的生动诠释,充分证明了在精神上站得住、站得稳的中华民族,在历史的大风大浪中一定能屹立不倒、行稳致远。

---

① 习近平.习近平谈治国理政(第三卷)[M].北京:人民出版社,2020:226.

新时代人民中心思想的伟大实践

王立新①

人民性是马克思主义政党最鲜明的品格,马克思主义政党与其他政党的根本区别在于其目标是为人民利益而奋斗。坚持以人民为中心的发展思想,为人民谋幸福,为中华民族谋复兴,是中国共产党的初心和使命,是立党为公、执政为民的本质要求,体现了新时代党热爱人民的真挚情感,反映了党的伟大光荣与崇高理想。

一、人民立场是中国共产党的根本政治立场

以人民为中心首先必须站在人民一边,秉持人民立场。立场代表着人们认识世界、改造世界的价值出发点,对于一个政党、一个政权来说坚持什么样的立场,决定着其性质,更关乎社会各方利益以及国家社会前途命运。

在奴隶社会和封建社会,奴隶主阶级和封建地主阶级为了维护本阶级的利益,实行专制统治,根本否定人民利益。在"奴婢畜产,类同资产"的剥削阶级社会里,劳动人民不仅失去了人身自由和独立人格,且经济上受剥削、政治上受压迫,其利益根本难以实现。

进入资本主义社会后,资产阶级打出了"主权在民"的旗号,马克思在深入研究资本主义社会之后发现,只要阶级对立的现象还存在,无产阶级就不可能成为人民,资本主义国家的人民只是作为价值理念被宣称,而没有真正

---

① 王立新,男,1967— ,江苏镇江人,博士,教授,博士生导师,南京特殊教育师范学院党委副书记、院长,研究方向:政治改革、社会发展比较研究。

落实到市民社会领域,在资本主义国家中人民是资产阶级统治的工具。资产阶级的"人民主权"只是在表面和形式上使人民代替了君主成为国家权力的主体,实质上这个国家在根本上仍然是维护资产阶级利益的,无产阶级和广大劳动人民仍是被压迫和被剥削的。只有在社会主义国家,人民才作为积极的政治主体第一次登上政治舞台的中央,真正成为国家的主人,最广泛地拥有政治权力并实现其利益。

马克思主义政党始终真正坚持人民立场。马克思恩格斯在第一个无产阶级政党的第一个纲领《共产党宣言》中公开宣布:"过去的一切运动都是少数人的或者为少数人谋利益的运动。无产阶级的运动是绝大多数人的、为绝大多数人谋利益的运动。"①无产阶级政党不屑于隐瞒自己的政治观点和政治意图,共产主义革命就是与旧的所有制关系、旧观念彻底决裂,他们的理论概括为一句话,就是消灭私有制。马克思主义政党代表着最广大人民的利益,以为人民群众谋利益为根本宗旨,除了国家、民族和人民利益外,没有任何自己的特殊利益。人民立场是马克思主义政党的根本政治立场,也是区别于其他政党的根本标志。苏联和东欧国家共产党在这个问题上犯了严重的错误,他们在执政之后逐渐脱离人民,忙于为捞取自身利益而牺牲人民利益,甚至蜕变为既得利益集团,抛弃了人民立场,丧失了人民性,最终被广大人民所摒弃。

中国共产党的党性、立场和人民性始终一致,人民立场和人民性始终贯穿于党的全部工作之中。中国共产党自从诞生以来,无论是在革命战争时期还是在经济建设时期,始终坚持人民性的立场,代表和实现人民利益,先天下之忧而忧,后天下之乐而乐,与人民同呼吸共命运,赢得了人民群众的拥护和支持。改革开放以来,党和国家更是把人民利益作为一切工作的出发点和立足点,坚定不移地代表最广大人民群众的根本利益。习近平总书记强调,要把人民对美好生活的向往作为党的奋斗目标,始终把人民放在心中最高的位置,从根本上回答了"为了谁"的问题,生动诠释了中国共产党人

---

① 〔德〕马克思,恩格斯.马克思恩格斯文集(第2卷)〔M〕.北京:人民出版社,2009:42.

的人民立场和全心全意为人民服务的宗旨。党的十九届四中全会着眼全局，从完善党的领导制度、提高党的科学执政方法、增强依法执政水平的角度，提出建立不忘初心、牢记使命的制度。这一重大举措把中国共产党维护和实现人民利益的立场上升到制度高度，确保党的一切工作顺应时代发展、体现人民愿望，进而使党的这一人民立场得到制度保障，使党获得人民群众的更多拥护，充分彰显了中国共产党的价值追求，深化了对唯物史观的科学认知，创新了马克思主义政党的执政方法。

人民当家作主是社会主义民主政治的本质和核心，是否始终站在最广大人民群众立场上是其有别于其他政党的试金石。坚持人民立场是党战胜一切艰险阻碍的根本保障，正是依靠人民，中国共产党才从最初仅有 50 多人的小党，发展成总人数已经突破 9000 万的第一大党。坚持人民立场是当代中国共产党人的崇高使命，随着经济社会的飞速发展和我国社会主要矛盾的转变，新时代如何站稳人民立场，推动社会主义民主政治健康发展，是中国共产党人做好无愧于时代和人民"答卷人"的关键所在。党的十九大报告明确了发展社会主义民主政治就是要彰显人民意志、保护人民权益、激发人民创造活力，用制度保障人民当家作主。维护好群众的合法利益，解决好群众的利益问题，正是坚持群众路线、依靠人民、始终保持人民立场的重要内容。

人民立场要端正。确立人民立场端正思想态度是基础，要自觉主动把最广大人民群众的根本利益摆在首位，把人民群众的冷暖放在心头，始终发自内心热爱人民，想人民所想，急人民所急。习近平总书记在党的十九大报告中指出："中国共产党人的初心和使命，就是为中国人民谋幸福，为中华民族谋复兴。"①端正思想态度既有赖诚挚的信仰，更要靠理性的自觉、真理的认知，靠深入持久的学习之后所掌握的深厚的马克思主义理论修养的支撑。习近平总书记引用"正心以为本，修身以为基"指明了"正心"与"修身"是党员干部坚定理想信念、保持站稳人民立场、端正思想态度的基础。理论是行

---

① 习近平著作选读（第二卷）[M].北京：人民出版社，2023：1.

动的指南,思想是行动的先导,只有牢固确立全心全意为人民服务的信念,才能树立人民立场,把人民群众所望、所需作为奋斗目标和前进动力,切实地为群众谋利,推动党和国家事业不断发展。

人民立场要坚定。站稳人民立场坚定正确导向是保障,政治上的坚定、党性上的坚强源于理论自觉和行动自觉。站稳人民立场,应始终将党员思想政治建设摆在首位,牢牢把握住意识形态工作的领导权和话语权,确保党员队伍的纯洁性和先进性,不断提升和锻造党员的政治素质。始终以人民的根本利益为重,坚决抵御歪风邪气的侵袭,守得住底线,经得起诱惑,不触"红线",绝不做有损人民群众利益的事。站稳人民立场坚定正确的政治导向,重点在于防止腐败,深入研究如何利用制度实现"不敢腐"。"制度性腐败不是制度的腐败,而是人'利用'制度中存在的问题或者'钻'制度空子而产生的腐败行为。"[1]要充分利用制度防治腐败,从根本上预防腐败行为的发生,在制度上预防各种损害人民利益的行为发生。

人民立场要践行。站稳人民立场践行理论路线是关键,人民利益落实的效果是检验人民立场的有效方法。实践观是马克思主义的重要理论基石,马克思曾经说过,一步行动胜过一打纲领,科学的理论和正确的政策必须付诸行动,而不是仅仅停留在理论宣传,更不能是空洞的说教,它需要的是脚踏实地、苦干实干的落实。习近平总书记指出:"以人为中心的发展思想,不是一个抽象的玄奥的概念,不能只停留在口头上、止步于思想环节,而要体现在经济社会发展各个环节。"[2]事虽小,不为不至,只有将民众放在心上,弯下身与民同心,戒骄戒躁,踏实做事,努力把党和国家各项为民、惠民的方针政策贯彻落实,才是更好地坚持人民立场。

二、人民当家作主制度是我国的根本政治制度

以人为中心不仅要心系人民、与人民群众心连心,还要有相应的制度

---

① 杜建明,郑智航.增强制度化意识 防治制度性腐败[N].中国社会科学报,2016,7(8):06.
② 习近平.深入理解新发展理念[J].求是,2019(10):14.

作为保障，而社会主义制度就是国家发展的根本制度保障。中国特色社会主义民主政治的本质特征是人民当家作主，中国当代政治制度中的根本政治制度，保证了人民可以行使国家权力。新时代我国的基本政治制度，确保了人民依法通过各种形式参与治理国家事务，是落实人民当家作主的关键。上述制度符合我国国情，有利于调动人民群众和社会各方的积极性、主动性和创造性，进而推动经济社会全面发展；有利于践行和维护公平与正义，进而持久保持党和国家的生命活力；有利于真正实现人民当家作主，最终实现全体人民共同富裕。

我国宪法总纲第二条规定："中华人民共和国的一切权力属于人民。人民行使国家权力的机关是全国人民代表大会和地方各级人民代表大会。"这些规定从实质上彰显了人民拥有一切权力的价值取向，同时也为人民当家做主提供了途径。"人民代表大会制度不仅是基于本质民主理论即人民主权理论建立起来的，而且其构成单元和运行过程体现着代表制民主理论和协商民主理论。"①人民代表大会制度充分体现了马克思主义的唯物史观、人民观，有力保证了人民依法参与国家政治和社会生活，从根本上保证人民拥有国家的一切权力。

民主的真义在于自由、权利，主要为人民享有选举、治理、监督等权利和自由。我国的根本政治制度不仅充分保障了这些权利的实现，还建构了权力制约和监督体系、有序的政治参与体系以及有效的治理体系。人民代表大会制度体系蕴含的现代国家治理所必需的重要功能，能够确保党和国家的执政与行政活动充分尊重人民主体地位、人民创造力量，将治国理政战略扎根于人民群众创造性的社会实践之中。

人民代表大会制度是中国共产党贯彻群众路线的最好方式。群众路线是党的根本工作路线，两者的价值目标取向一致。"人民代表大会制度本质性的功能：一是人民当家作主，这是群众路线的最高目的；二是人民起来监督，这是最广泛而有力的监督。这种本质以国家制度形态体现，具有刚性的

---

① 杨光斌.我国人民代表大会制度的民主理论基础[J].中国社会科学,2008(6):93.

宪法保障力度。"①人民代表大会制度是畅通社情民意表达的渠道,人民监督是保障人民权力属于人民的根本措施。

党领导的多党合作和政治协商制度推动着有效地落实协商民主。确保中国共产党与各个民主党派长期共存,互相监督,肝胆相照,荣辱与共,维护了人民权益,拓展了人民群众参与政治的途径,丰富了民主的形式,进一步推动了社会主义民主政治的发展。如瓦拉德斯所言,公民的分裂与对立是多元文化民主面临的最大危境。协商民主是一种具有巨大潜能的民主治理形式,它能够有效回应文化间对话和多元文化社会认知的某些核心问题。它尤其强调对公共利益的责任,促进政治话语的相互理解、辨别所持政治意愿以及支持那些重视所有人需求与利益的具有集体约束力的政策。

民族区域自治制度对于维系多民族国家的完整统一与和谐安定有着重要意义。民族区域自治制度的核心在于民族区域拥有自治的权力,坚持各民族真正平等,促进共同发展,保障其依法行使自治权,发展和谐的民族关系。这一制度努力发挥少数民族群众在国家治理和社会主义建设中的能动作用,不断促进各民族共同参与国家治理和中华民族复兴。

基层群众自治是人民当家作主最有效、最广泛的途径。基层群众自治制度强调以多元主体参与、协商共治,把打造共建共治共享的社会治理格局的理念落实到基层社会。该制度拓宽了人民群众反映事实和提出建议的路径,丰富了人民群众参与管理经济社会等各项事务的形式,推进了基层民主规范化和制度化的进程,加强了人民当家作主的制度建设。

完善社会主义民主制度是创新建设社会主义民主政治的关键,是发展广泛、深刻的人民民主的重要途径。社会主义第一次否定了人剥削人、人压迫人的政治制度,使被剥削、被奴役的无产阶级和广大人民群众上升到了统治阶级的地位,能够享受广泛的民主和自由,把人类的政治制度文明推进到了更高的层次。社会主义民主政治制度的创新就是要适应时代潮流和人民愿望,反映社会主义价值,调动人民投身于建设社会主义事业的热情,最大

---

① 汪洋.人民代表大会制度是党实现群众路线的最好形式[J].中国人大,2020(2):1.

限度地实现平等、自由和公正，推动国家的富强和人民的幸福。

三、人民根本利益是中国共产党一切工作的最高标准

党的初心和使命是为人民谋幸福，党的工作是以是否符合广大人民群众的利益为指针。

在新民主主义革命时期，中国人民的最大利益就是如何在一个半殖民地半封建的大国实现国家独立和人民解放。毛泽东强调：对于党员来说，"一切言论行动，必须以合乎最广大人民群众的最大利益，为最广大人民群众所拥护为最高标准"①。在艰辛的革命历程中，中国共产党同形形色色的机会主义展开坚决的斗争，努力克服各种脱离中国实际的"左"倾主义和放弃革命原则的右倾主义，把马克思主义思想结合到中国革命的具体实践之中，确定了新民主主义革命的政治路线，最终取得了伟大的胜利。新中国成立伊始，确立了社会主义国家制度，开展了社会主义革命和建设，实现了人民当家作主。

邓小平继承和发展了毛泽东人民观的思想，果断地决定将党和国家的工作中心转向经济建设。他在领导改革开放这一波澜壮阔的事业进程中，明确提出了判断改革正确与否的三条标准，即"是否有利于发展社会主义社会的生产力，是否有利于增强社会主义国家的综合国力，是否有利于提高人民的生活水平"②。"三个有利于"的思想坚持发展是硬道理，把发展作为党执政兴国的第一要务，解除了当时人们在姓"社"还是姓"资"问题上的顾虑，促使人们把主要精力投入到经济建设上来，尽快发展生产力以摆脱贫穷落后的面貌，把政治标准、人民利益标准和生产力标准结合起来，对于我国改革开放之初经济的快速发展和政治社会的稳定发挥了重要的指导作用。

在建设中国特色社会主义的伟大实践中，"三个代表"重要思想，坚持党要始终代表最广大人民群众的根本利益。通过对我们党奋斗实践成功经验

---

① 毛泽东.毛泽东选集(第3卷)[M].北京：人民出版社，1991：1097.
② 邓小平.邓小平文选(第3卷)[M].北京：人民出版社，1993：372.

的科学总结,江泽民总书记提出了"最大多数人的利益是最紧要和最具有决定性的因素"的重要论断,加深了对"建设什么样的党"的科学认识,强调只有代表最广大人民群众的根本利益,才能永保执政地位。"科学发展观"重要思想,贯穿了以人为本的理念。首要的是科学发展观改变了简单追求经济增长的做法,转向以人为本的发展观念。其次,科学发展观实现了人与社会协调可持续发展。第三,科学发展观更加注重实现人与自然的和谐发展。

习近平新时代中国特色社会主义思想,把以人民为中心的发展思想放在最核心的位置。这一发展思想不仅继承和发扬了马克思主义关于人的全面发展观,又使其全面内嵌于中国特色社会主义的实践之中,构成了中国共产党初心和使命的鲜明特征。以人民为中心的发展思想为人的全面发展和进步开辟了新境界,为实现中华民族的伟大复兴注入了新活力,为推动人类社会的进步提供了新能源。

以人民为中心的发展思想,不是玄幻的、空洞的词语,而是蕴含在社会经济发展过程的各个环节,并需要有效的检验。习近平总书记指出:"把人民放在最高的位置,需要实现好人民的根本利益,把人民群众是否高兴、是否答应、是否拥护、是否赞成作为我们工作取得显著成效的前提。"①因此,人民群众的评价意见是党改进工作方法、保护人民利益的重要标准。

坚持以人民为中心的发展思想,必须坚持全面深化改革。进入新时代,人民期盼更加美好的生活,必须通过深化全面改革打破束缚政治、经济发展的掣肘力量,建立有生机的新体制,为人民创造更加美好的物质生活和精神文化生活。在改革进程中,"要把促进社会公平正义、增进人民福祉作为一面镜子,审视我们各方面体制机制和政策规定,哪里有不符合促进社会公平正义的问题,哪里就需要改革;哪个领域哪个环节问题突出,哪个领域哪个环节就是改革的重点"②。实现国家治理体系和治理能力现代化是全面深化改革的目标,从我国国情出发,若想建立一整套层次分明、协调配套、功能完

---

① 习近平.习近平谈治国理政[M].北京:外文出版社,2020:142.
② 习近平著作选读(第一卷)[M].北京:人民出版社,2023:185.

善的制度体系,唯有坚定不移地贯彻全面深化改革,才能更好地满足人民的新需要。

坚持以人民为中心的发展思想,需要加强以民生为重点的社会改革。社会发展的文明程度是衡量经济政治改革成败的重要指标,同时也是反映经济政治改革成效的风向标。随着经济改革的深度推进,政治经济改革与社会改革之间必然出现不协调的矛盾,为此应同步推进政治经济改革和社会改革,避免产生新矛盾。尤其是在国际局势复杂的当下,面临着医疗、教育、就业等重要民生领域的疑难问题,亟需开展以民生为重点的社会改革,所以,必须以保障和改善民生为重点,大力发展社会各项事业,努力补齐民生短板,在全面建成小康社会基础上逐步实现共同富裕。

坚持以人民为中心的发展思想,需要依据国情统筹完善城乡的民生保障制度。就业是民生之本,建全有利于提升就业的推动机制,是坚持与完善统筹城乡的民生保障制度的核心;教育是民生之基,构建服务全民终身学习的教育体系,是坚持与完善统筹城乡的民生保障机制的根基;社保是民生之依,建立覆盖全民的社保体系,是坚持和完善统筹城乡的民生保障机制的要求;医疗是民生之需,强化提高人民健康水平的制度保障,是坚持和完善统筹城乡的民生保障机制的依托。

坚持以人民为中心的发展思想,须完善分配制度。若使广大人民群众能公平享有改革发展的成果,有必要完善分配制度。毫无疑问,改革开放调动了人民群众的积极性,推动了生产力的发展,但是,改革也导致了分配的不公,加大了贫富差距。共同富裕的根本要求是注重和实现再分配的公平原则,分配结构更加合理,改变资本、技术、管理分配比例过大的现象,加大劳动报酬的分配比重。完善宏观调控机制,打破垄断,保持市场竞争活力,强化税收调节,进一步协调国家与居民的收入分配关系,推进有利于让人民享有国有资产收益为主的国有资产管理体制改革,着力提升低收入者的收入水平。

坚持以人民为中心的发展思想,维护公共利益,须避免强势集团干预政治。在社会转型期,随着改革的深入,强势利益集团往往凭借掌握的优势资源,影响政府决策,在谋求集团利益最大化的同时必然会损害到公共利益。一是要采取有效措施,避免出现强势利益集团占有更多的社会政治资源的现象。二是要健全法律法规,规范强势利益集团在社会、经济、政治各领域中的行为,规避其违法活动。同时,要保障弱势群体的利益,维护社会公正。三是要从公共利益的立场出发,在社会主义民主政治体制的框架下,建立健全社会利益表达、沟通、协调和反馈机制,确保社会各个阶层的合理的利益要求通过有效的途径得到公正的实现,维护人民利益。

坚持以人民为中心的发展思想,必须把人民满意作为第一检验标准。习近平总书记指出,时代是出卷人,我们是答卷人,人民是阅卷人。中国共产党是代表最广大人民利益的政党,一切工作必须以人民拥护不拥护、答应不答应作为根本标准,在新的"赶考"中努力向人民交出优异的答卷。

四、群众路线是中国共产党的根本工作路线

辨别是否是科学历史观的重大标准之一,就是如何认识人民在历史进程中的作用,而唯物主义历史观肯定了人民群众是历史的创造者。"大树扎根于沃土,高楼立足于基石",尊重人民群众的主体地位,紧紧依靠人民群众推动社会主义事业发展,是中国共产党治国理政遵循的基本原则。中国共产党的历史表明,每当党和人民群众紧密联系的时候,党的事业就会健康发展;一旦脱离群众,党的事业就会停滞发展。人民是社会历史进步的推动者,群众路线是中国共产党在革命年代创造的"传家宝",新时代中国共产党更加要坚持群众路线,把群众路线贯穿于治国理政的全部活动中,只有紧紧依靠人民,把坚持推进全面深化改革的目标定位于实现最广大人民的美好愿景,才能让改革的成果惠及更多的人民。

首先,坚持人民主体地位。习近平总书记指出:"坚持人民主体地位,充分调动人民积极性,始终是我们党立于不败之地的强大根基。"①当下中国社会人民群众对美好生活的向往更加强烈,更应该解决好人民需要与发展之

---

① 习近平.习近平著作选读[M].北京:人民出版社,2023:211.

间的矛盾。因此,要根据国情突出人民群众的主体地位,正视党的根基在人民、血脉在人民、力量在人民。

人民群众拥有着无限的能量和智慧,这是实现中国梦的坚实力量。只有真正做到"发展依靠人民",人民群众才能焕发出主人翁精神,为发展贡献力量和智慧;只有尊重人民群众的智慧成果、维护人民群众的创新成果,社会才能不断进步;只有发挥好党组织的领导核心作用,以制度保证人民群众的主体地位,才能把为人民谋福祉的伟大事业不断推向前进。

其次,尊重和激发人民群众的首创精神。改革事业取得的点滴成果,都汇聚了人民的实践首创才智。改革不断取得突破和成功的首要前提是找准其中的根本病因对症下药,能否准确把握这个突破点在于是否善于从人民群众关注的焦点和遇到的难点中,敏锐地抓住改革的切入点。1978年安徽省凤阳县小岗村的农民承包土地,开启了家庭联产承包责任制的发轫。这一制度在改变农村经济格局的同时,奠定了经济发展和后续改革的基础,调动了农业生产者的积极性,为我国农民脱贫起到了重要作用,推动了农业生产的快速发展。回顾四十多年来改革开放的伟大历程,在认识和实践上取得的一次又一次突破和发展,都来自人民群众的智慧和实践创造。

我国地域辽阔,发展不平衡,当下推进改革的复杂程度、艰巨程度一点也不亚于改革开放之初。改革发展的任务越是繁重,面对的具体问题越是错综复杂,越要善于总结群人民群众的创造性经验,越要注重各地的实际情况因地制宜,越要鼓励基层改革创新,善于按照人民群众的期望完善政策措施,善于集纳民智、汇聚民心、激发民力。

第三,建立和完善密切联系群众的工作机制。紧紧依靠人民推动改革,促进人的全面发展,必须贯彻好群众路线,保持好党同人民群众的血肉联系,汲取前进动力。群众路线是一个整合人民群众利益,倾听人民意见提升党和国家的治理能力、检验执政效果的系统过程。毛泽东指出:"在我党的一切实际工作中,凡属正确的领导,必须是从群众中来,到群众中去……在群众行动中考验这些意见是否正确。然后再从群众中集中起来,再到群众中坚持下去。"①在新时代的治国理政中,实施群众路线的一些方式和方法与满足人民群众新需要之间存在脱节现象,群众路线发挥的作用不能充分满足党和国家治理政治、经济、社会的要求。因此,需要更进一步完善人民利益表达的渠道和实现机制,创新密切联系群众的方式和机制,坚决与损害人民利益的思想和行为作斗争。必须建立和完善密切联系群众的工作机制,深入推进转职能、转方式、转作风,完善惠民便民的体制机制,用制度保证党和人民群众的血肉联系。

深入推进政府职能转变,健全联系服务群众机制。强化政府职能部门对人民群众的服务职责,党员、干部要通过各种渠道和方式接触群众,收集和整合人民群众的意愿和建议,反馈到党政群职能部门。建立密切联系群众的工作机制,激励党员、干部持之以恒地联系群众、服务群众。健全群众诉求沟通机制,拓宽联系群众、深入群众的渠道。开展各级机关干部深入基层调研活动,改进了解民情、把握民意、发动群众的方式方法,在联系群众中提升政治站位,提高能力水平。随着科技和信息化的发展,要利用网络平台建立密切联系群众的信息化数据库,打破以往时间空间因素的制约,快速了解民情民意。必须深入推进党员、干部的作风转变,认真开展批评和自我批评,虚心接受人民群众的监督,努力克服形式主义、官僚主义。要更多关注底层群众和困难群众,让他们拥有更多的利益表达渠道和展现自己才华的机会,为基层社区提供更多的公共服务设施,吸收各种社会团体和更多群众参与到社会协同治理之中。

---

① 毛泽东.毛泽东选集(第3卷)[M].北京:人民出版社,1991:899.

弘扬社会主义博爱文化
助推残疾人事业现代化

王立新[①]

残疾人是一个特殊困难的群体,当代中国有 8500 多万残疾人。习近平总书记在党的二十大报告中指出:"完善残疾人社会保障制度和关爱服务体系,促进残疾人事业全面发展。"在全面建设社会主义现代化国家新征程中,必须以社会主义核心价值观为指导,树立正确的残疾人观,弘扬社会主义博爱文化,形成关心帮助残疾人,保障促进残疾人健康发展的良好文化氛围,促进残疾人事业现代化。

在残疾人观方面,应当大力弘扬社会主义博爱文化。首先,社会主义博爱文化反对歧视残疾人,是与对待残疾人的歧视观念根本对立的价值观。歧视是过去阶级社会对待残疾人的基本态度。在人压迫人、人剥削人的阶级社会中,少数统治阶级对被统治阶级实行政治压迫、经济剥削,以便维护自己的统治地位,享受政治经济上的特权,过着奢侈的生活,广大被剥削阶级和劳动人民则过着困苦的生活。残疾人更是遭受歧视,甚至被社会弃之不顾,根本不能享受健全人的正常生活。其次,社会主义博爱文化超越了资本主义博爱文化。在封建统治末期,面对封建社会的专制集权统治,为了促进商品经济的发展,实现自身阶级利益,新兴的资产阶级打出了博爱、自由、平等的旗号,但资本主义博爱文化具有很大的局限性。在本质上,资本主义

---

① 王立新,男,1967— ,江苏镇江人,博士,教授,博士生导师,南京特殊教育师范学院党委副书记、院长,研究方向:政治改革、社会发展比较研究。

博爱仅局限于资产阶级内部,广大无产阶级和劳动人民却难以享受,他们仍然在政治和经济方面深受资产阶级的压迫和剥削,处于社会底层的残疾人在弱肉强食的社会状况下依然困苦不堪。社会主义是高于资本主义的社会制度,它能够创造高于资本主义的物质文明和精神文明,社会主义核心价值观提出的自由、平等、公正、法治等内容是残疾人事业发展的根本遵循和指导原则,能够大大促进残疾人事业的发展和进步。第三,社会主义博爱文化远远高于人类对待残疾人的一般的怜悯情感和态度。怜悯是社会自上而下对待残疾人的积极态度,面对残疾人的身心的局限及其正常能力的部分或全部丧失,悲天悯人、施以援手是人类基本的美好道德品质。但仅仅以怜悯之心对待残疾人是远远不够的,怜悯只是一种自上而下的关心,并没有把自己摆在与残疾人平等的地位,残疾人虽然感受到了一定的关心,但与健全人相比仍然是不平等的。因此社会主义博爱文化萌发于传统文化中的"仁爱""兼爱"和"博爱",但超越了传统社会的超阶级的泛爱,它是一种博大之爱、深沉之爱,是社会主义核心价值观的具体体现,能够有效指导残疾人事业的现代化。

社会主义博爱文化要求弘扬社会主义公平观,公正对待残疾人。残疾人虽然有一定的障碍,但并不妨碍他们应当享有权利和尊严。习近平总书记在 2014 年于北京会见第五次全国自强模范暨助残先进集体和个人表彰大会受表彰代表时强调:"残疾人是社会大家庭的平等成员,是人类文明发展的一支重要力量,是坚持和发展中国特色社会主义的一支重要力量。古今中外,残疾人身残志坚、自尊自立、奉献社会的奋斗事迹不胜枚举。"面对残疾人,不能忽视、轻视,也不能持异样的态度,残疾现象是人类社会不可避免出现的正常现象,残疾人也是人,与健全人没有任何本质的区别,应该像对待健全人一样对待残疾人。在当今科学技术高度发达的社会,不断创造出来的先进的辅助工具能够有效帮助残疾人克服各种障碍。社会主义能够消灭剥削、消灭阶级、解放和发展生产力,其本质是实现人的共同富裕和自由平等,公正对待残疾人是社会主义的应有之义。因此社会主义社会不但要大力发展生产力,还要促进社会思想进步,实现物质文明和精神文明的协调发展,实现和保障越来越多的残疾人能够像健全人一样工作、学习和生活,享受广泛的政治经济和社会权利。

社会主义博爱文化坚持人民至上的理念,对残疾人格外关心、格外关注。残疾人作为一个特殊困难的群体,在生活、工作、学习等方方面面的确存在不易、不便之处,与健全人相比,他们往往需要借助辅助工具,才能进行正常的生活、工作和学习。在我国这样一个政治、经济、文化发展不平衡的大国,现在仍处于社会主义初级阶段,人民日益增长的对美好生活的向往与发展不平衡、不充分之间的矛盾依然存在,尤其要对残疾人给予特别特殊的关爱。中国共产党作为马克思主义政党,始终坚持人民至上立场,代表和实现最广大人民的根本利益,与人民同呼吸共命运。新时代习近平总书记进一步提出,始终要把人民放在心中最高的位置,把人民对美好生活的向往作为党的奋斗目标。他特别强调:“残疾人是一个特殊困难的群体,需要格外关心,格外关注。”因此,全社会要深刻认识残疾人事业的重要性,发挥社会主义制度的优越性,全方位支持关心残疾人,充分保障残疾人的平等权益。

社会主义博爱文化要求全面建成社会主义现代化国家,实现中华民族伟大复兴中国梦,残疾人一个都不能少。在历史上的剥削阶级社会,残疾人历经各种不公平的待遇,尽管社会生产力在不断发展,但残疾人实在难以过上正常的幸福生活。新中国成立后,在社会主义大家庭里,残疾人成为社会主义大家庭中的平等一员,享有各种平等的权利。特别是在全面建成小康社会的进程中,党和国家要求残疾人一个都不能少。在脱贫攻坚的进程中,残疾人成为精准脱贫的重要群体,得到全面有力的帮扶,他们与普通人一样过上了安居乐业、衣食无忧的幸福美好生活。2021年全面建成小康社会后,在全面建设社会主义现代化国家、实现中华民族伟大复兴中国梦的新征程中,残疾人也是建设社会主义现代国家的一支重要力量,必经进一步以社会主义博爱文化为指导,全面推进残疾人事业现代化,推动人的全面发展,促进社会全面进步,谱写残疾人事业发展的新篇章。首先,进一步弘扬大爱无疆、扶危济困、和衷共济的美德,广泛动员全社会力量参与残疾人事业,营造平等尊重、关心帮助残疾人的浓厚文化氛围。其次,全面完善政府主导,社会参与的残疾人保障体制,坚持全面建设社会主义现代化国家进程中残疾人一个不能少的政策,加大资金投入,完善残疾人社会保障制度和关爱服务体系,在经济社会发展的同时,不断提高困难残疾人生活补贴、重度残疾人护理补贴、残疾人扶养补贴,兜住残疾人基本生活底线,补齐短板。第三,完善残疾人救助政策,采取"特惠"与"普惠"相结合,完善残疾人保险和医疗救助制度,积极出台各类救助残疾人的政策,不断扩大残疾人救助范围,提高残疾人福利和救助标准,建立长期护理保险制度。第四,健全残疾人基本公共服务体系,建设高水平服务人才队伍,实现残疾人康复服务的全覆盖,全面满足残疾人康复服务需求。完善残疾人权益保障机制,全面推进无障碍环境建设,保障残疾人无障碍生活。第五,建立残疾人高质量就业服务体系,消除影响残疾人平等就业的不合理限制和就业歧视,不断扩大残疾人就业范围,完善残疾人就业支持体系,增加残疾人就业比例,提高残疾人就业收入,全面促进残疾人融入社会。第六,大力提升残疾人教育水平。教育是残疾人发展的根本支柱,要全面健全融合教育体系,为各类残疾人学习提供充分有效的支持,切实保障残疾人受教育的权利,提高残疾人受教育水平。

图书在版编目(CIP)数据

中华博爱文化传承与创新研究 / 王立新，沈卫，张九
童编著. —南京：南京大学出版社，2023.6
ISBN 978-7-305-26944-8

Ⅰ. ①中⋯ Ⅱ. ①王⋯ ②沈⋯③张⋯ Ⅲ. ①博爱—
文化研究—中国 Ⅳ. ①D081

中国国家版本馆 CIP 数据核字(2023)第 085834 号

出版发行 南京大学出版社
社 址 南京市汉口路 22 号 邮 编 210093
出 版 人 金鑫荣

ZHONGHUA BOAIWENHUA CHUANCHENG YU CHUANGXIN YANJIU
书 名 中华博爱文化传承与创新研究
编 著 王立新 沈 卫 张九童
责任编辑 黄隽翀 编辑热线 84592409
照 排 南京紫藤制版印务中心
印 刷 苏州市古得堡数码印刷有限公司
开 本 787 mm×960 mm 1/16 印张 17.25 字数 289 千
版 次 2023 年 6 月第 1 版 2023 年 6 月第 1 次印刷
ISBN 978-7-305-26944-8
定 价 78.00 元

网 址:http://www.njupco.com
官方微博:http://weibo.com/njupco
官方微信:njupress
销售咨询热线:(025)83594756

＊ 版权所有,侵权必究
＊ 凡购买南大版图书,如有印装质量问题,请与所购
图书销售部门联系调换